COMO FAZER
INIMIGOS E ALIENAR PESSOAS

Toby Young

COMO FAZER INIMIGOS E ALIENAR PESSOAS

Tradução de
MYRIAM CAMPELLO

2ª edição

EDITORA RECORD
RIO DE JANEIRO • SÃO PAULO
2009

CIP-Brasil. Catalogação-na-fonte
Sindicato Nacional dos Editores de Livros, RJ.

T559c
2ª ed.

Young, Toby, 1963-
    Como fazer inimigos e alienar pessoas / Toby Young; tradução de Myriam Campello. – 2ª ed. – Rio de Janeiro: Record, 2009.
    368p.:

    Tradução de: How to lose friends and alienate people
    ISBN 978-85-01-06589-6

    1. Young, Toby, 1963- . 2. Jornalistas – Inglaterra – Biografia. 3. Nova Iorque (Estados Unidos) – Usos e costumes – Século XX. I. Título.

03-2462

CDD – 920.5
CDU – 929YOUNG, T

Título original inglês:
HOW TO LOSE FRIENDS & ALIENATE PEOPLE

Copyright © 2001 by Toby Young

Publicação feita a partir do original publicado pela Da Capo Press. Todos os direitos mundialmente reservados ao proprietário. Proibida a reprodução, no todo ou em parte, através de quaisquer meios.

"Carta a Lord Byron", © 1937 de W.H. Auden, em "W.H. Auden: The Collected Poems", do próprio. Usado no original mediante acordo com Random House, Inc.

Direitos exclusivos de publicação em língua portuguesa somente para o Brasil adquiridos pela
DISTRIBUIDORA RECORD DE SERVIÇOS DE IMPRENSA S.A.
Rua Argentina 171 – 20921-380 Rio de Janeiro, RJ – Tel.: 2585-2000
que se reserva a propriedade literária desta tradução

Impresso no Brasil

ISBN 978-85-01-06589-6

PEDIDOS PELO REEMBOLSO POSTAL
Caixa Postal 23.052
Rio de Janeiro, RJ – 20922-970

EDITORA AFILIADA

Para
CAROLINE

Sumário

Prefácio   9

1. "Há milhões para serem arrebanhados aqui e nossos únicos concorrentes são idiotas"   25
2. LHR — JFK   35
3. O chamado suave   39
4. A primeira sala   51
5. A Besta   63
6. Na corte do Rei Sol   69
7. A experiência   79
8. Vanities   89
9. Despertador prematuro   95
10. A Betty total   99
11. Liberté, Egalité, Publicité   111
12. Na lista   123
13. Mundo noturno   129
14. Garotas de Uptown   137
15. O gorila de 250 quilos   147
16. Os Briterati   159
17. Nem de longe *gay* o suficiente   167

18	Brigas de celebridades	177
19	"Fique longe das celebridades, porra!"	183
20	"Vamos discutir o assunto"	197
21	Cool Britannia	203
22	Um derrame de coca	213
23	O que não ensinam na Escola de Jornalismo Elephant & Castle	221
24	O diário de Midget Jones	231
25	"Desculpe, senhor, mas o cartão foi recusado"	243
26	Alex através do espelho	251
27	Esquecido mas não acabado	255
28	Caroline	269
29	O problema com Harry	277
30	O massacre de São Valentim	289
31	Homens se comportando mal	297
32	Alex no País das Maravilhas	303
33	O monstro de olhos verdes	307
34	No fundo do poço	315
35	TPM (Tensão Pré-Milênio)	325
36	Val d'Isère	333
37	Adeus a tudo aquilo	339
38	De volta ao Remetente	345

Epílogo 355
Agradecimentos 357
Índice 359

Prefácio

*P*ARA QUALQUER PESSOA NUM raio de dez quarteirões do Mortons, o restaurante de West Hollywood freqüentado pelos poderosos, era óbvio que algo estava acontecendo. As segundas-feiras no Mortons geralmente atraíam grandes nomes da indústria, mas naquela segunda-feira em especial — 28 de março de 1994 — era como se toda a lista A de Hollywood tivesse resolvido se reunir na esquina de Melrose com Robertson. Filas de guardas lutavam para conter a multidão à medida que onda após onda de astros de cinema convergiam para a entrada do restaurante, alguns segurando estatuetas douradas. Era a 66ª edição dos Prêmios da Academia de Cinema, e a revista *Vanity Fair* ia dar sua primeira festa do Oscar.

Consultei meu relógio: 11:25 da noite. Em cinco minutos teria que abordar a nazista da prancheta guardando a entrada e convencê-la a me deixar passar. Comecei a tirar fiapos do meu *smoking* tentando acalmar os nervos. De todas as festas do Oscar que ocorriam naquela noite, esta sem dúvida era a de freqüência mais disputada. Tal distinção costumava pertencer à festa dada por Irving "Swifty" Lazar no Spago, mas o lendário superagente morrera em dezembro anterior. Um dos motivos que haviam tornado a festa de Swifty tão "quente" fora sua lista de convidados, restrita a um número limitado de VIPs. Aqueles considerados não importantes o bastante eram deixados de fora com a desculpa de que o Corpo de Bombeiros de Los Angeles não permitia mais de 300 pessoas na festa, uma artimanha do astucioso agente para restringir seu número de convidados. Devido a isso, a atmosfera da festa sempre fora surpreendentemente íntima. Meu amigo Alex de Silva tinha ido à festa em 1992 sem ser convidado e, no espaço de dez minutos, deparou-se com Sharon Stone, Michael Douglas e Tom Cruise. Cruise foi até ele e se apresentou, imaginando que se Alex estava na festa devia ser alguém importante. Na realidade, Alex era um jornalista britânico *free lance* que viera à cidade com o único objetivo de entrar nas festas do Oscar.

O motivo da festa da *Vanity Fair* ter surgido como o acontecimento mais quente entre as celebrações naquele ano tinha sido uma combinação de acaso e trabalho extremamente árduo da parte dos *promoters* da revista. A morte de Swifty por uma disfunção do fígado à idade de oitenta e seis anos desencadeara uma louca competição pelo seu lugar. Segundo Wolfgang Puck, proprietário do Spago, as pessoas haviam começado a telefonar com o corpo do agente ainda quente. No final, Puck decidira fechar o Spago na noite do Oscar como uma manifestação de respeito por Swifty, deixando o campo amplamente aberto para seu rival Peter Morton. Quando Graydon Carter, o editor da *Vanity Fair*, assegurou o Mortons, sua equipe de craques organizadores de festa pôs-se a trabalhar. Jane Sarkin, a principal "caçadora de celebridades" da revista, passara quase três meses em tensas negociações com agentes, gerentes e divulgadores certificando-se de que sua lista A de clientes concordava em comparecer. Quando um número suficiente de cavalinhos de circo foi alcançado e colocado no *paddock*, era apenas uma questão de tempo antes do resto se torcer para ir ao encontro deles. Uma boa caçadora de celebridades concentra seus esforços em alguns animais premiados; o instinto de horda de Hollywood faz o resto.

Quando liguei para Beth Kseniak na semana anterior, pensei que o fato de ter escrito uma matéria curta para *Vanity Fair* um ano antes me desse alguma vantagem, mas estava enganado. "Que tipo de cobertura você pretende dar à festa?", perguntou ela. Eu não pretendia dar nenhuma — estava em Los Angeles acompanhando Alex de Silva em sua peregrinação anual pelas festas — mas depois de minha conversa com Kseniak, liguei para um amigo do *The Daily Telegraph* e convenci-o a encomendar um trabalho. Nem isso impressionou a orgulhosa divulgadora "Vou dar uma palavrinha com Graydon mas não prometo nada."

Ela me deu um retorno na sexta-feira, concordando hesitantemente em me deixar ir, contanto que não chegasse antes das 11:30 da noite. Explicou que a fim de acomodar todos os convidados, os convites tinham que ter o horário estipulado no decorrer da noite. O primeiro grupo — o *crème de la crème* — fora convidado para as 5:30 da tarde, a fim de poder assistir aos Oscars em pequenos aparelhos de televisão em suas mesas enquanto degustavam uma refeição de quatro pratos. Das 9:30 da noite em diante, diferentes categorias de convidados eram introduzidos com intervalos de meia hora, numa ordem de importância descendente. E 11:30 da noite era o horário do lote final, meia hora antes da festa terminar. Como membro da "imprensa estrangeira", eu estava no final da cadeia alimentar de Hollywood, mas isso não me incomodava. Eu estava na lista.

Minha sensação de triunfo misturava-se ao fato de Alex não ter conseguido entrar apesar de se oferecer para escrever uma matéria para *The Daily Mail* que, como ele sublinhara para Kseniak, tinha uma circulação maior do que o *Telegraph*. De um modo frustrante para ele, ela não descartou a possibilidade das circunstâncias poderem mudar no último minuto — só que era "muito, muito improvável". Desnecessário dizer quanto o provoquei a respeito do assunto por todo o fim de semana. Cada vez que o telefone tocava eu dizia: "É melhor atender. Pode ser Kseniak." Quando chegou segunda-feira e ele ainda não tinha tido notícias sobre a festa, estava subindo pelas paredes.

Então o desastre ocorreu. Na segunda-feira, voltei ao meu hotel depois de um longo almoço com muita birita na companhia de Alex, e encontrei a luz piscando na secretária eletrônica indicando haver recados. Kseniak ligara quando eu não estava. "Lamento ter que lhe dizer isso", começava ela, "mas não foi possível encontrar um lugar para você esta noite. Simplesmente não há espaço suficiente. As autoridades do Corpo de Bombeiros de Los Angeles não permitem mais de 300 pessoas no local. Lamento profundamente."

Corri para o quarto de Alex num estado de raivoso ressentimento e me deparei com um dançarino idiota e sorridente. Ele também recebera um telefonema de Kseniak enquanto tínhamos saído, só que o recado informava que, desde que não chegasse antes das 11:30 da noite, ele poderia ir à festa. O canalhazinho ganhara o meu lugar na lista de convidados!

Fiquei arrasado. Até aquele momento estava exagerando sobre a questão que eu fazia de ir à festa para alfinetar Alex. Como a maioria das pessoas inteligentes e instruídas, ele achava tremendamente tolo ficar excitado com a perspectiva de acotovelar-se com celebridades. "Quem quer pular uma série de obstáculos só para esbarrar em Michael Caine?", falou arrastadamente quando aparentemente não ia conseguir um lugar na lista. No meu grupo, admitir que se ficava deslumbrado por astros de cinema era o mesmo que confessar uma queda pela Família Real — era algo que simplesmente não se fazia. As celebridades eram apenas os macacos amestrados dos magnatas do entretenimento que dirigiam o complexo industrial-mídia, e não se esperava que gente sofisticada como nós se impressionasse com eles.

Na realidade, Alex era tão incapaz de resistir à sedução dos astros de cinema quanto uma colegial de catorze anos. A atitude de meus amigos em relação às celebridades era completamente falsa. Eles podiam clamar indiferença mas tornavam-se humildes servos no momento em que alguém famoso entrava na sala. Cultuavam o altar das celebridades exatamente como qualquer outra pessoa; apenas ficavam constrangidos demais em admiti-lo. Conseqüentemente, fiz questão de me extraviar na direção oposta. Moldei minha obsessão com os astros da lista A como um modo de avisar meus amigos que eu achava a pretensa displicência deles totalmente inconvincente. Se Sylvester Stallone me agraciasse com sua presença, eu cairia de joelhos e abriria o zíper de sua calça. Mas isso era só uma maneira de chocar as pessoas. Pelo menos espero que sim. Acho que não ficaria tão nocauteado *assim* pelo astro de *Rambo*.

No entanto, agora que eu tinha sido claramente excluído da festa, comecei a ficar um pouco nervoso. Em parte era apenas uma reação humana natural: queria o que não podia ter, especialmente agora que me fora arrebatado e dado a Alex. Mas eu também estava começando a ser cooptado pela mística geral que havia crescido em torno da festa. Os *promoters* da *Vanity Fair* tinham feito um bom trabalho: o evento era a coisa mais quente da cidade. Se todos estavam implorando para entrar na lista, quem era eu para dizer que isso não era um privilégio digno de luta? Agora que me haviam feito passar por uma série de obstáculos, a expectativa de esbarrar com Michael Caine parecia muito atraente. Não ia chegar tão perto para ser excluído no último minuto.

De um modo ou de outro, eu iria ao baile.

Às 11:30 da noite em ponto, ajeitei a gravata-borboleta pela última vez, reuni o máximo de autoconfiança que pude e abri caminho pela barreira da polícia até estar face a face com a nazista da prancheta. Dois enormes seguranças a ladeavam.

— Posso ajudá-lo? — perguntou ela, olhando-me de alto a baixo como se eu fosse um sem-teto que acabasse de surgir de uma rachadura do chão.

— Alex de Silva, *Daily Mail* — respondi, estendendo a mão. — Eu estou na lista.

Ela ignorou minha pata estendida e examinou a lista de convidados. Nitidamente não estava convencida de que um jornalista britânico a caminho da calvície num *smoking* alugado tivesse algum lugar no Monte Olimpo.

— Seu nome não está na *minha* lista — disse ela. — Vou ter que lhe pedir para se afastar. Precisamos ter essa área livre.

Ouvi alguns risinhos sufocados da multidão atrás de mim. Observar penetras como eu fazendo sua entrada em cena era parte do divertimento da noite para eles.

— Deve haver um engano — balbuciei. — Beth Kseniak ligou esta mesma tarde para me dizer que eu podia vir.

— Olhe, se Beth lhe disse que podia vir seu nome devia estar na minha lista, e não está. O senhor vai ter que se afastar.

Agora os risinhos abafados tinham virado zombarias e vaias. As pessoas da multidão do lado de fora desses eventos são chamadas de mané pelos que estão do lado de dentro, e a devoção das primeiras às celebridades só tem paralelo com sua hostilidade para com aqueles que consideram intrusos. Eu era apenas um cidadão comum. Não pertencia ao outro lado da corda de veludo. Meu lugar era atrás da barreira da polícia junto com o resto da multidão.

Os seguranças começaram a me encarar com suspeita.

— Por favor, poderia verificar mais uma vez? — pedi. — Tenho certeza que meu nome está aí em algum lugar.

A nazista da prancheta passou novamente os olhos pela lista, dessa vez mais rápido ainda.

— Aqui não — concluiu ela. — Tchau.

O que estava acontecendo? Kseniak esquecera de tirar meu nome e substituí-lo pelo de Alex? Eu também não podia dizer à mulher para verificar meu próprio nome, agora que me identificara como Alex de Silva. Eu estava fodido.

Naquele momento senti uma comoção por trás de mim e me virei para testemunhar a chegada de Anna Nicole Smith, acompanhada por um cortejo de meia dúzia de "bicões". Era seu "seu séquito", um acessório essencial de qualquer celebridade, por menor que seja.* A multidão explodiu quando a nazista da prancheta me empurrou para um lado e ergueu a corda de veludo. Subitamente, de feroz guardiã do portão ela se metamorfoseara num obsequioso *maître d' hôtel*.

— Miss Smith! Que bom que veio!

— Estou com alguns amigos — disse a página central da *Playboy* mostrando o séquito com um gesto. — Tem algum problema?

— Claro que não, que absurdo — riu a nazista da prancheta, como se impedir alguém de entrar na festa fosse a coisa mais distante de sua mente. — Fique à vontade, entre.

Depois que Anna Nicole Smith e seus seis amigos passaram, a nazista da prancheta recolocou a corda de veludo e voltou novamente sua atenção para mim. Lançou-me um olhar como se dissesse "Você ainda está aí?". Resolvi tentar pela última vez.

— Seria possível confirmar com Beth? Alex de Silva, do *The Daily Mail*.

— Certo — suspirou ela —, mas não vai fazer diferença.

---

*Como regra geral, quanto mais insegura a celebridade, maior é o seu "séquito". Quando Jennifer Lopez apareceu no *The National Lottery Stars* da BBC, em 16 de dezembro de 2000 — um programa britânico de horário nobre — estava acompanhada por um grupo de 72 pessoas.

Desprendeu um *walkie-talkie* do cinto e pediu para falar com a patroa. Não houve resposta. Olhei o relógio: 11:35 da noite.

Subitamente ouvi uma voz familiar:

— Toby? É você?

Era Alex!

Pelo que pude perceber, ele estava atrás da barreira da polícia mas eu não ousava me virar. Olhei de modo implorante para a nazista da prancheta, mas sua atenção estava focalizada em Alex. Ele falou de novo.

— Toby, se é você, quer dizer a essa senhora simpática para dizer a esse simpático policial que estou na lista de convidados? Ele está se recusando a deixar passar qualquer um sem convite.

— Conhece aquele homem? — perguntou a nazista da prancheta.

— Desculpe, o quê?

— Aquele homem ali. O senhor conhece ele?

Lancei um olhar na direção de Alex.

— Ah, *aquele*. Sim, é um penetra conhecido. Tenta entrar em tudo. Se eu fosse vocês, não o deixaria nem chegar perto do lugar.

Nesse momento Alex já tinha certeza de que era eu.

— Toby, por que não me reconhece, seu nojento?

A nazista da prancheta continuava a olhar fixamente na direção de Alex.

— Escute, pode tentar Beth de novo? — implorei. — Não estou entendendo. Ela me telefonou esta tarde para dizer que eu podia vir.

Sem tirar os olhos de Alex, ela convocou a patroa mais uma vez no seu *walkie-talkie*. Dessa vez obteve resposta.

— Beth falando. Diz.

— Estou com um rapaz aqui chamado Jack Silver, do *Dayton Mail*...

— ALEX DE SILVA — gritei, inclinando-me para o *walkie-talkie* para que Kseniak pudesse ouvir. — Do *The Daily Mail*. Você deixou um recado na secretária eletrônica do meu hotel esta tarde.

Antes que ela pudesse responder, Alex começou a berrar.

— ELE ESTÁ FINGINDO QUE SOU EU. EU SOU ALEX, NÃO ELE. ELE SE CHAMA TOBY YOUNG. NÃO DEIXEM ELE ENTRAR.

A nazista da prancheta o ouviu? Não sei.

O *walkie-talkie* estalou, voltando à vida.

— É, estou lembrando. Certo, ele pode entrar.

Ainda olhando fixamente para Alex, a nazista ergueu distraidamente a corda de veludo. Contra todas as possibilidades, eu conseguira.

— Só um aviso — disse eu, pouco antes de mergulhar na festa. — Um dos truques favoritos desses penetras é fingir que são outra pessoa. Não acredite numa palavra do que ele diz.

Pouco tempo se passou antes de eu ter um palpite do que o final da festa guardava em seu bojo. A fim de se entrar de fato na festa, tinha-se que passar por um tapete vermelho com cordas de veludo dos dois lados, enquanto equipes de televisão, jornalistas e dúzias de *paparazzi* esticavam o pescoço, apertando os olhos para ver se você era alguém importante. Até Barry Norman estava lá, agarrando um microfone. Quando Anna Nicole Smith pisou no tapete, o pandemônio estourou. Gente na multidão começou a gritar o nome dela, os câmeras ligaram seus potentes refletores e ela respondia projetando o busto e batendo as pestanas para o fulgor das lâmpadas. Minha vez de passar por essa prova coincidiu com a entrada do último membro da *entourage* de Smith na festa e, em conseqüência disso, recebi a atenção total de todos. Era horrível, mas não podia ser evitado. Projetei o queixo, joguei os ombros para trás e mergulhei.

Foi nesse momento que um dos basbaques atrás de mim decidiu se vingar.

— Quem é ele?

Senti milhares de pares de olhos me vasculhando ao mesmo tempo.

— Ah, não é *ninguém* — concluiu ele. — Só um careca.

No momento seguinte, a área mergulhou na escuridão e fui quase varrido de meus pés por um poderoso jorro de ar. Por um segundo pensei que um pequeno vendaval causara uma interrupção de energia, mas logo percebi o que acontecera. Ao descobrirem que eu não era ninguém, não só todos os câmeras tinham desligado seus holofotes como todos os *paparazzi* haviam abaixado simultaneamente suas teleobjetivas, criando assim uma forte rajada de vento. Acabei tropeçando para dentro da festa como um bêbado no convés do baleeiro *Essex*.

A primeira coisa que me ocorreu depois que meus olhos se ajustaram à luz foi o grande número de astros de cinema. Para todos os lados que eu olhava havia fileiras de dentes brancos, campos de trigo com penteados caros e acres de fulgurante carne beijada pelo sol. Era como entrar nas páginas da *In Style*. Segundos depois de minha chegada vi Tom Cruise, Nicole Kidman, Leonardo DiCaprio, Sharon Stone, Ralph Fiennes, Alex Kingston, Liam Nesson e Natasha Richardson — e isso apenas na área do bar. Depois, em outros lugares, descobri que os convidados incluíam David Copperfield, Claudia Schiffer, Kurt Russell, Goldie Hawn, Prince, Anjelica Houston, Gabriel Byrne, Shirley MacLaine, Kirk Douglas, Rosie O'Donnell, Gore Vidal e Nancy Reagan. Não é um exagero dizer que, na festa como um todo, as celebridades eram em maior número que os "civis" na proporção de 2 para 1. Não era de espantar que eu tivesse tido dificuldade para entrar. Era quase miraculoso que tantos egos gigantescos conseguissem se espremer num local tão pequeno.

Era desconcertante estar num evento em que eu conhecia todo o mundo e ninguém me conhecia. Com quem conversaria? Resolvi que minha prioridade era conseguir uma bebida. Abri caminho para o bar, recebendo uma brusca cutucada nas costas com o Oscar que Holly Hunter acabara de ganhar por seu papel em *O piano*, e pedi ao *barman* um Black Label com gelo. Enquanto ele o providenciava, notei uma mulher extremamente atraente à minha direita, de vinte e poucos anos e aparentemente sozinha. Era Amanda de Cadanet, a atriz britânica que tinha sido casada com John Taylor, do Duran Duran; o decote do seu vestido era ridiculamente enorme. Seus peitos projetavam-se como dois cones de sorvete.

— Você foi indicada a quê? — perguntei, lutando para me fazer ouvir acima do burburinho. — Melhor Vestido Coadjuvante?

Ela me lançou um olhar vazio.

— Não fui indicada a nada.

— Eu sei. Foi só um modo de dizer que você está fantástica.

— Desculpe, o quê?

Ela virou a cabeça para que seu ouvido esquerdo ficasse perto da minha boca.

— VOCÊ ESTÁ FANTÁSTICA NESSE VESTIDO.

— Obrigada — disse ela, recuando. — Pode me dar licença? Acabo de ver um conhecido meu.

Antes que eu pudesse responder, ela disparou para o outro lado do restaurante. Não havia dado certo, mas talvez porque ela fosse uma celebridade da lista D. Quanto menor a estrela, mais distante é, disse comigo mesmo.

Peguei meu drinque e observei a multidão, buscando um alvo maior. Meus olhos imediatamente se iluminaram sobre Kenneth Branagh. Sua mulher, Emma Thompson, fora indicada em duas categorias naquele ano — Melhor Atriz e Melhor Atriz Coadjuvante — mas ela não estava por ali. Na verdade, tanto quanto eu podia ver, Kenneth Branagh não estava conversando com ninguém. Tomei outro gole de uísque e abri caminho pela sala.

— Toby Young, *The Daily Telegraph* — disse eu, plantando-me diretamente à frente dele.

Kenneth fez um aceno afirmativo com a cabeça e me olhou em expectativa. O que será que eu queria? Nitidamente, ele não estava com ânimo para uma conversa educada com um membro da imprensa estrangeira. Tentei desesperadamente pensar em algo engraçado para quebrar o gelo.

— Então, quantos executivos iletrados de Hollywood o abordaram esta noite e disseram — carreguei no meu sotaque americano — "Adorei você naquela coisa de Shakespeare"?

Ele inclinou a cabeça interrogativamente.

— Que coisa de Shakespeare?

Evidentemente não me ouvira direito. Senti uma onda de pânico subindo do abdômen. Não conseguia lembrar nenhuma das cerca de meia dúzia de adaptações que ele estrelara. Voltei à minha voz normal.

— Ahn, *Hamlet*?

— Não era eu. Era Mel Gibson.

— Nossa, onde é que eu estou com a cabeça? — dei um tapa na testa. — Quero dizer *Os Livros de Próspero*.

— Aquele era John Gielgud.

Tomei uma talagada de uísque.

— Isso não está indo muito bem, não é?

— Não, não está.

— Podemos começar de novo?

— Só se você me disser o nome da *minha coisa* de Shakespeare mais recente.

Ele cuspiu a palavra "coisa" como se fosse uma pílula de cianureto. Vasculhei meu cérebro em vão. O único filme dele que eu já vira era *Volta a morrer*. Quando se tornou óbvio que eu não lembraria de coisa alguma, ele me descartou com um pequeno sacudir de ombros. Relutantemente dei meia-volta, meti o rabo entre as pernas e arrastei-me de volta ao bar.

Pedi outro Black Label com gelo. Aquilo ali não chegava nem perto de ser engraçado como eu tinha pensado. Eu imaginava que a habitual diferença separando as celebridades dos mortais comuns desapareceria numa atmosfera de informalidade incentivada pelo álcool. Tom Cruise não se apresentara diretamente a Alex na festa de Swifty? Olhando para Tom Cruise naquele momento, recebendo cortesãos como um príncipe conquistador da Renascença, ocorreu-me que muito provavelmente Alex havia mentido. Na verdade, a rígida ordem hierárquica de Hollywood era ainda mais acentuada do que o habitual. Posso ter estado a poucos passos de alguns dos maiores nomes do *show business*, mas a distância entre nós nunca tinha sido tão grande.

Então, com o canto do olho, vi alguém que parecia quase tão deslocada quanto eu: a patinadora artística Nancy Kerrigan. Essa bela moça de vinte e quatro anos projetara-se para a fama no mês de janeiro anterior, ao ser atingida no joelho por um desconhecido com uma "barra de ferro" — como disse a imprensa — enquanto treinava para as Olimpíadas de Inverno de 1994. Quando se soube que o homem era ligado a Tonya Harding, uma patinadora rival, toda a saga tornou-se uma enorme reportagem de jornais sensacionalistas.

— Um grupo bastante impressionante, não é? — disse eu com o sorriso mais cativante que podia.

— Sem dúvida — respondeu ela, sorrindo também. — Eu me sinto como se estivesse assistindo a um filme ou coisa assim.

— Eu também. Acabo de pedir ao garçom um pouco de pipoca e uma Coca grande.

Para minha perplexidade, ela deu uma risada. Finalmente eu tinha encontrado uma audiência receptiva!

— Toby Young — disse eu, estendendo a mão. — Estou cobrindo este evento para um jornal britânico.

— Nancy Kerrigan — respondeu ela, envolvendo a minha mão com suas duas mãos. — Como vai?

Minha autoconfiança voltou como uma enchente. Comecei a tecer fantasias de levar aquela deliciosa torta americana para o hotel. A caminho do meu quarto com essa deusa pelo braço, bateria na porta de Alex e lhe daria boa noite. *Lembram-se do Momento Kodak*?

Vindo de não se sabe de onde, senti uma brusca batidinha no ombro.

— Desculpe, senhor, mas posso saber o seu nome?

Era um segurança.

— Não de novo — protestei. — Acabei de passar por tudo isso com a mulher da porta.

Ele pôs uma de suas enormes patas no meu ombro.

— Se o senhor me seguir, tenho certeza que podemos resolver isso e todo o mundo vai ficar satisfeito.

Olhei novamente para Nancy. Seus olhos estavam arregalados de alarme como se a qualquer momento eu pudesse sacar um "bastão retrátil" e martelar seu joelho.

— Vamos — disse o segurança, apertando-me com a garra. — AGORA.

Como eu fora pego? Olhei por cima do ombro e, não havia dúvida, lá estava Alex com um enorme sorriso no rosto. De algum modo ele conseguira persuadir a nazista da prancheta não apenas a deixá-lo entrar como a lhe dar poderes para ajudar a me expulsar. Ele sempre foi um canalha cheio de lábia.

— Está bem, está bem — disse eu. — Eu vou.

Trinta segundos depois eu estava novamente do outro lado da barreira da polícia, misturado aos outros manés. Felizmente nenhum deles me reconheceu.

Refletindo sobre a noite no meu quarto de hotel, gostaria de dizer que cheguei à conclusão de que esse admirável mundo novo não vale a pena ser conquistado. Eu teria me poupado um grande problema se não o tivesse tentado. Mas a verdade é que minha amargura por ter sido expulso da festa não durou muito. Eu ficara num estado de temor reverente pelo puro espetáculo dela. A visão de todas aquelas celebridades juntas debaixo do mesmo teto, assediadas por jornalistas e fotógrafos, tinha sido poderosamente sedutora. Mesmo os manés tinham um papel a desempenhar. Era como uma cena de *La Dolce Vita*. Aquela era a vida sobre a qual eu fantasiara ao me sentar no meu apartamento-estúdio em Shepherd's Bush, o equivalente londrino ao Alphabet City de Nova York.

Por que eu achava esse mundo tão atraente? Em parte era por saber que não devia achá-lo assim. Espera-se que as pessoas da minha origem — venho do que John Maynard Keynes chamava de "burguesia instruída" — vejam através desse *glamour* barato do *show business*.

Meu pai, que morreu em 2002, era membro do The Great and the Good (Os Grandes e os Bons), um intelectual de espírito público tornado lorde em 1978 por seus serviços a sucessivos governos trabalhistas, inclusive estabelecendo a Universidade Aberta. Minha mãe escreveu um romance que ganhou um prêmio literário e editava uma revista educativa. Comparecer à festa do Oscar da *Vanity Fair* para eles seria sua idéia de inferno.

Em Oxford, mesmo gente da minha idade achava que esse tipo de "bobajada de Hollywood" não tinha nada a ver. A cultura popular era estritamente dividida entre o que era certo gostar — filmes independentes, rock alternativo, qualquer forma de expressão cultural associada a minorias — e a papa descerebrada produzida pela indústria americana de entretenimento. A fim de passar pelo teste, a coisa tinha que ser "verdadeira"; tinha que ter "algo mais". A cultura popular normal era "plástica" e "segura". Se chegava a ser apreciada era estritamente no espírito da condescendência com o *kitsch*. Por exemplo, *Baywatch* era encarado como "hilariante" porque entrava na categoria "tão ruim que é bom".

Eu fazia objeção a isso. Virei essa hierarquia de cabeça para baixo, rejeitando tudo que fosse considerado remotamente autêntico em favor do puro entretenimento escapista. Gostava de filmes que se vê comendo pipoca; meus atores favoritos eram Charlton Heston, Clint Eastwood e Arnold Schwarzenegger. No que dizia respeito à música pop, estava mais interessado em disco do que em reggae. Eu gostava da música pop comercial do tipo que tocava nas estações de rádio FM. Ao contrário da maioria dos meus contemporâneos, eu não lia publicações de *nerd* como *The New Musical Express* ou *Sight & Sound*; eu lia *People* e *Playboy*. A cultura popular normal era a minha religião e os filmes campeões de bilheteria de Hollywood, a minha Meca.

Sob esse prisma, estar na festa do Oscar da *Vanity Fair* era como assistir a um *rally* de companheiros de fé. Pela primeira vez em minha vida eu estava rodeado de gente que tinha uma consideração tão alta por Hollywood quanto eu. (Os vencedores daquele ano incluíam *Parque dos Dinossauros*, *O fugitivo* e *Uma babá quase perfeita*.) É claro, eu estava tenuemente consciente de que, para aquelas pessoas, dizer que gostavam de filmes comerciais de grandes orçamentos não era um modo de proclamar sua hostilidade para com a inteligentsia liberal; não, aquelas pessoas realmente gostavam desses filmes. Mas de algum modo isso não parecia ter importância.

Mesmo assim, isso era apenas um motivo parcial de eu ter ficado deslumbrado. Além do mais, estar em tão estreita proximidade com todos aqueles astros de cinema me fizera sentir estranhamente feliz. Ver Tom Cruise em carne e osso a três metros de distância tinha tido sobre mim um efeito quase narcótico. Senti-me como o deputado conservador Alan Clark quando esteve face a face com Margaret Thatcher em 1986: "No final, quando ela falou de sua determinação em continuar, e seus olhos azuis relampejaram, obtive uma dose completa de compulsão de personalidade, algo tipo *Führer Kontakt*."

No passado, eu racionalizara meu entusiasmo por diversas celebridades de Hollywood dizendo a mim mesmo que era apenas um modo de mostrar a meus amigos esnobes o que eu pensava de sua indiferença. *Ao contrário de vocês, não tenho vergonha de confessar que sou apenas um fã comum, do tipo variedade de jardim.* Mas bem no fundo eu não achava de fato que ficaria *tão* impressionado por estar na mesma sala que os astros. Bem, a festa de *Vanity Fair* tinha posto um fim nisso. Meu primeiro impulso ao divisar Tom Cruise tinha sido ajoelhar. Nisso, eu era apenas outro fanzoca babando, um mané que conseguira ultrapassar a barreira da polícia.

Era um mundo de distância de meu apartamento-estúdio em Shepherd's Bush. Mesmo por padrões de West London, o distrito postal de W12 é um bairro bastante dilapidado; comparada a West Hollywood, é um subúrbio do Terceiro Mundo. Na verdade, a Grã-Bretanha como um todo parecia um tanto mal-ajambrada e de segunda classe depois daquela noite. Que celebridades temos para competir com gente como Tom Cruise e Sharon Stone? Comparado a eles, o elenco de novelas britânicas como *Coronation Street* parece um bando de competidores em *Survivor*. Não somos mais uma superpotência global em cultura popular, assim como não somos mais uma superpotência em política internacional. Os britânicos perderam um império e não conseguiram encontrar um papel — a não ser que se leve em conta o fato de entrarem nos elencos de filmes de Hollywood como vilões. Ao contrário da esperança de Harold Macmillan, a Grã-Bretanha nunca teve sucesso em bancar a Grécia para a Roma dos Estados Unidos — a antiga Grã-Bretanha para a Roma deles é mais provável.

Em meu quarto de hotel naquela noite resolvi buscar minha fortuna no Novo Mundo. Muitos britânicos que decidiram deixar a terra natal descreveram como se sentiam constrangidos por suas humildes origens de classe. No meu caso, era quase o contrário. Em Londres, apesar de minha imersão na cultura popular de massa, jamais conseguira escapar inteiramente das garras de meus pais. Sempre tive a sensação de que olhavam por cima de meu ombro, balançando a cabeça com desaprovação. Talvez nos Estados Unidos, a quase cinco mil quilômetros de distância, eu finalmente conseguisse expurgar a culpa que sentia por não fazer algo com a minha vida que valesse mais a pena, como trabalhar para a Unicef ou criar um abrigo para os sem-teto. Minha idéia de paraíso era poder rolar nu com Anna Nicole Smith numa enorme pilha de dinheiro *sem o mais leve peso na consciência.*

Evidentemente eu não admitia que o motivo de querer ir para os Estados Unidos era desejar mergulhar de cabeça na cloaca da cultura da celebridade. Disse a mim mesmo que o mundo que apenas vislumbrara daria um grande assunto para um romance cômico ou uma peça satírica; que como escritor eu tinha o dever de capturá-lo em todo o seu esplendor. Por isso eu queria viver nos States: pelo *material*.

Na realidade, estar na festa tinha tido um efeito estranho em mim. Algum tipo de transferência ocorrera e eu terminara abraçando totalmente o sistema de crenças com que apenas flertara antes. Em algum sentido esquisito, eu me tornei um americano. Não queria me mover entre esses potentados, caderno de notas na mão, registrando seus excessos para a posteridade; queria ser um deles. Não tinha nenhum desejo ardente de escrever um livro que oferecesse aos manés um vislumbre por trás da corda de veludo; queria que se prostrassem ante mim. Mal podia esperar para me pavonear em meu *smoking* Armani, brandindo os esplêndidos símbolos do meu sucesso para o mundo. *Dê uma espiada no meu Rolex! Avalie os peitos da minha namorada! Sou bacana ou não?*

Minha hora tinha chegado. Eu queria ser ALGUÉM.

1

"Há milhões para serem arrebanhados aqui e nossos únicos concorrentes são idiotas"

NA TARDE DE 8 DE JUNHO DE 1995 finalmente recebi o telefonema.

— Quem está falando é Dana Brown, do escritório de Graydon Carter. Falo com Toby Young?

— Ahn, sim.

— Um momento, por favor.

Pausa.

— Toby? É Graydon. O que acha de ficar por aqui durante um mês?

Pronto, era o telefonema que eu vinha esperando. Desde a noite da festa da *Vanity Fair*, quinze meses antes, eu vinha cultivando assiduamente o editor da revista. Já escrevera três matérias para ele e sempre que tropeçava em Graydon numa de suas regulares viagens a Londres, esforçava-me para encantá-lo. O fato de ele estar me oferecendo apenas um mês de trabalho era sobretudo teórico. Tratava-se de um período de teste de um mês de duração e, desde que eu não estragasse tudo, isso levaria a um emprego de tempo integral. Senti-me como Boot, o herói de *Scoop*, de Evelyn Waugh, sendo convocado por *The Daily Beast*.

Para mim a *Vanity Fair* não era só mais uma revista de luxo de Nova York. Era um vínculo com Manhattan durante sua era dourada, a era da Round Table do Hotel Algonquin. Na primeira encarnação da *Vanity Fair*, de 1914 a 1936, seus colaboradores incluíam Dorothy Parker, Edmund

Wilson, Robert Benchley, D. H. Lawrence, T.S.Eliot, Colette, Cocteau, Herman J. Mankiewicz — a lista é interminável. Até Houdini escrevera para a *Vanity Fair*. A ressurreição da revista se dera em 1983 através de S.I. Newhouse Jr., o bilionário proprietário da Condé Nast e, de 1984-92, a revista tinha sido editada por Tina Brown, anteriormente ao leme da *Tatler*. Tina estava com trinta anos quando recebeu a convocação de Si, como S.I. Newhouse era conhecido. Depois disso ela editou a *The New Yorker*, o emprego mais prestigiado das revistas americanas. Com Tina, a *Vanity Fair* tornou-se a bíblia mensal do jet set, uma eclética combinação do *glamour* de Hollywood, alta sociedade e crime verdadeiro chamada por Tina de "a mistura". Não era exatamente a revista culturalmente superior e literária que fora, mas ainda assim era tremendamente mais sensual do que qualquer uma de suas rivais britânicas.

Conheci Graydon em 1993 num almoço do *Sunday Times* em Londres, cerca de um ano depois de ele suceder Tina. Eu estava com vinte e nove anos na época e já trabalhara por uma ampla gama de publicações inglesas, desde a *The Literary Review* à *Hello!*, mas nunca havia encontrado um editor de revista como ele. Com seu terno de Savile Row gasto e camisa da Jermyn Street* no fio, sem se falar no penteado excêntrico, ele tinha um ar atraentemente desmazelado que lembrava mais *The Spectator* do que uma grande revista de luxo. Quando falava, porém, parecia um jornalista de Chicago da velha escola, cuspindo frases como um personagem em *A primeira página*.

Por exemplo, depois de alguns copos de vinho, sugeri que a *Vanity Fair* publicasse uma matéria fotográfica sobre a "Londres literária", apresentando fotos dos mais ilustres autores britânicos em seus *pubs* favoritos. A idéia era ilustrar a conexão entre o álcool e a vida literária londrina.

— Você está brincando — respondeu ele. — Ia parecer um manual de dentista, porra.

Graydon dava a impressão de um homem que fizera um grande esforço para cultivar uma certa imagem — a do WASP [branco, anglo-saxão, protestante] levemente boêmio e com aspirações literárias —

---

*Rua de lojas tradicionais e chiques de Londres. (*N. da T.*)

apenas para contradizê-la no momento em que abrisse a boca. Tanto quanto eu podia ver, sua corrente de ditos espirituosos rebeldes, pontuados de expletivos, era um modo de avisar que ele estava do lado dos colegas, mesmo se parecesse um membro do Sistema.

Eu esperava que fosse verdade.

Todos os jornalistas da Fleet Street* que conheço fantasiaram, uma vez ou outra, trabalhar numa revista de Nova York. Receber aquele telefonema de Tina Brown ou Graydon Carter é o equivalente ao telegrama que Herman J. Mankiewicz enviou a Ben Hecht de Hollywood em 1925:

> Você aceitaria trezentos por semana para trabalhar para a Paramount Pictures? Todas as despesas pagas. Os trezentos são ninharia. Há milhões para serem arrebanhados aqui e nossos únicos concorrentes são idiotas. Não espalhe isso por aí.

No meu caso, o telefonema chegou no momento certo. Exatamente duas semanas antes eu tomara a decisão de fechar *The Modern Review*, a revista que vinha editando nos últimos quatro anos, sem dizer nada à minha co-proprietária, Julie Burchill. Naquela época, Julie era provavelmente a jornalista mais famosa do Reino Unido, com uma reputação de extremamente vingativa. Aborrecê-la não era uma boa idéia. "Toby não tem nenhum futuro aqui", trovejara ela no *The Times* quando descobriu a coisa. "Terá que deixar o país, como todo mundo que se coloca contra mim." Julie e eu brigamos depois que ela abandonou o marido, um jornalista americano chamado Cosmo Landesman, e fugiu com Charlotte Raven, uma feminista bissexual de vinte e cinco anos. Charlotte, uma colaboradora da revista, despertara novamente a consciência radical de Julie e esta queria fazer de Charlotte sua editora. Juntas, iam transformar a revista num cruzamento de *The Nation* com *Ms*. Preferi fechar a

---

*Rua de Londres que abrigou no passado diversos órgãos da imprensa diária, e que passou a designar a imprensa inglesa como um todo. (N. da T.)

revista a deixá-la cair nas mãos do inimigo e o resultado é que eu estava agora desempregado — e muito, muito impopular.

Pelo certo, eu deveria estar deprimido. *The Modern Review* era a minha vida. Julie, Cosmo e eu a fundamos em 1991 e nos anos seguintes a revista conquistou um enorme público *cult*, vendendo quinze mil números no seu auge. A idéia original era fornecer um fórum para que jornalistas e acadêmicos escrevessem artigos longos e eruditos sobre temas como Bruce Willis e Stephen King — o lema da revista era "Cultura de massa para os de cultura superior." O objetivo, claro, era defender o tipo de cultura inferior que as classes articuladas encaravam como abaixo do desprezo. O objetivo da *The Modern Review* era *épater* a burguesia instruída.

No primeiro número, publicamos autores como Pauline Kael, Nick Hornby e James Wood falando sobre importantes ícones de nosso tempo como Bart Simpson, Kevin Costner e Hannibal Lecter. Artigos típicos incluíam uma bibliografia de Arnold Schwazenegger pelo editor literário da revista e a matéria de um jovem professor de Cambridge sobre a duradoura atração dos filmes *Porkies* no *underground* romeno. Continha até a resenha literária feita por um desconhecido graduado de Cambridge, Chris Weitz, que juntamente com seu irmão Paul, fez *American Pie* nove anos depois. Após folheá-la pela primeira vez, Julie descreveu-a como parecida com um número de *Smash Hits* editado por F.R. Leavis. (O equivalente americano a um número de *The National Enquirer* editado por Lionel Trilling.)

A revista deslanchou para um excelente começo quando Robert Maxwell, o infame magnata das editoras, ameaçou-me com um enorme processo. Era o outono de 1991, e, enquanto reuníamos o material para fazer o primeiro número, contrabandeei minha equipe para os escritórios de um dos jornais de Maxwell para usar suas instalações de produção de alta tecnologia. Ele ficou doido quando descobriu. Não era apenas o fato de eu ter usado seu equipamento sem pedir permissão, embora isso já fosse suficientemente ruim, mas também por agradecer a ele no sumário das matérias pela ajuda no primeiro número. Foi um ato de total insanidade. "É como os arrombadores de uma casa deixarem um cartão de visitas", desaprovou ele. E disse que se não concordássemos em desativar a revista de vez, ele entraria com um processo judicial e nos denunciaria à polícia como invasores de propriedade privada.

Decidi lutar contra ele — Maxwell era um vilão de James Bond, e eu não ia destruir o primeiro número da revista só porque havíamos ofendido sua vaidade — mas tratava-se de uma estratégia de alto risco. A revista dificilmente poderia arcar com uma onerosa batalha legal. Em seu primeiro ano, *The Modern Review* teve que se arrastar com um investimento inicial em torno de 25 mil dólares. No decorrer de seu quarto ano de vida, o investimento total na revista era aproximadamente a metade do que Graydon Carter gasta em limusines num único ano. Ela só conseguiu sobreviver com despesas muito baixas. Não era tanto uma miniempresa, era mais uma empresa de apartamento-estúdio, sendo produzida no meu apartamento em Shepherd's Bush. O "escritório" consistia em dois computadores Macs da Apple e um telefone/fax. Quando as pessoas ligavam perguntando pelo "departamento de assinaturas", eu simplesmente passava o telefone a Ed Porter, o editor-adjunto. Ele e eu éramos os únicos empregados de tempo integral, e pagávamos a nós mesmos a grandiosa soma de 4.500 libras por ano. Ninguém poderia nos acusar de estar naquilo por dinheiro.

No fim de 1991 as coisas pareciam lúgubres. A tentativa da abertura de um processo por parte de Maxwell contra a *The Modern Review* fora rejeitada, mas ele instaurara uma ação contra mim pessoalmente e isso pairava no ar. Nesse meio tempo, os advogados que contratei para atuar no caso me apresentaram uma conta de 25 mil dólares, ameaçando-me com uma ação de sua própria autoria se eu não pagasse a conta imediatamente. Você não vê *isso* em *Ally McBeal*. Então, exatamente quando tudo indicava que eu teria que hipotecar meu apartamento pela segunda vez, algo aconteceu do outro lado do mundo que mudou completamente minha sorte. Soube da novidade por meu amigo Aidan Hartley, um jornalista baseado em Nairóbi, que me ligou às 4 da manhã em 5 de novembro. Ele acabara de ver algo no telex que poderia me interessar.

— É melhor que seja bom — disse eu.
— É. Robert Maxwell está perdido no mar.

A morte de Maxwell pôs um fim à sua ação. Quanto aos advogados da *The Modern Review*, eles reduziram a conta para 20 mil dólares e concordaram que a revista pagasse em prestações. A polícia nunca entrou em contato conosco.

Ultrapassando aquele obstáculo, *The Modern Review* sobreviveu por mais quatro anos. Nada jamais aconteceu que fosse páreo para a excitação daquelas primeiras semanas, mas houve alguns pontos altos. No verão de 1992 despachei uma repórter sob disfarce para a Cornualha a fim de receber instruções pessoais do romancista premiado D.M. Thomas a respeito da arte de escrever sobre erotismo. Como era esperado, ele se comportou mal. Em 1993, a revista publicou a transcrição não expurgada de uma correspondência por fax crescentemente acrimoniosa entre Julie Burchill e Camille Paglia que terminou com Julie chamando a Professora de Humanidades de "um velho sapatão maluco". Ainda se pode encontrar todo o diálogo na Internet. A realização que mais me deu orgulho foi convencer Rob Long, um produtor executivo de *Cheers*, a escrever uma coluna regular na qual documentasse sua estranha relação com seu agente. As colunas formavam a base de um livro hilariante — *Conversations with my agent* (Conversas com meu agente) — que foi para a lista dos mais vendidos do *LA Times*.

Houve também alguns baixos. Fui ameaçado com outra ação em 1994, dessa vez por Elizabeth Hurley. Ela se irritou com o fato de eu pretender imprimir algumas fotos seminuas dela e fez com que seus advogados me assustassem. Pensei que isso era um pouco absurdo, considerando-se que ela posara para fotos semelhantes em *GQ* e *Esquire*, mas isso fora antes de ela ficar famosa por usar um vestido Versace de decote baixo na *première* de *Quatro casamentos e um funeral*. Elizabeth Hurley é a primeira atriz na história que só foi notada depois que se vestiu.

O momento mais baixo, de longe, foi minha briga com Julie Burchill. Conheci Julie em 1984 quando ela deixou seu primeiro marido e foi morar com Cosmo Landesman, um nativo de St. Louis de vinte e nove anos, por acaso meu vizinho de porta. Julie passou a ser — literalmente — a moça da casa vizinha e nos tornamos instantaneamente os Novos Melhores Amigos. Acho que ela gostava do fato de eu ser tão desagradável. Eu era um estudante de Oxford de vinte anos sofrendo na época do que eu diagnosticava como "carisma negativo" — só precisava entrar numa sala cheia de gente que eu não conhecia para fazer dez inimigos. Julie provavelmente gostou de mim porque me detestar teria sido óbvio demais. Ela sempre gostava de fazer o oposto do que se esperava dela. Fosse qual fosse o motivo, eu era grato por sua amizade. Estava desesperado por abrir caminho no jornalismo e apesar de ter apenas vinte e cinco anos, Julie era uma das jornalistas mais prolíficas do país, com colunas em três publicações de circulação nacional.

Quando ficou enjoada de fazer sua coluna na *Time Out* — a precursora londrina da *Time Out New York* — ela sugeriu que eu a escrevesse, ela assinasse e dividíssemos o dinheiro. Esse arranjo só produziu uma matéria, mas Julie ficou tão contente com o resultado que o incluiu em *Love it or shove it*, uma antologia dos "Maiores Sucessos" de seu jornalismo. Ela também mantinha um fluxo de conselhos fraternos em cartas para mim enquanto eu ainda estava em Brasenose, minha faculdade em Oxford. "Como você convence as mulheres de que não é apenas um fofinho urso de pelúcia substituto, com esse nariz de garoto de doze anos?", escreveu ela em 1986. "Cosmo diz que a resposta é sodomia — nenhuma mulher deixa de levar a sério um homem depois de ser sodomizada. Para um democrata liberal ele pode ser muito ELEMENTAR às vezes."

Nossa briga começou quando um jornal mostrou interesse em comprar *The Modern Review* em março de 1995. Entretanto, os executivos do jornal deixaram claro que a fórmula original da revista — escritores inteligentes escrevendo sobre coisas tolas — teria que ser atualizada para eles continuarem interessados. Organizei uma série de reuniões com a equipe da revista para discutir a direção que poderíamos tomar. Achei que ficariam todos encantados por eu ter conseguido um comprador. Finalmente salários adequados! O que eu não previra era que a possibilidade da *The Modern Review* ser removida do meu apartamento significaria que outra pessoa pudesse editá-la. Um foco de oposição logo surgiu e, para meu espanto, na pessoa de Charlotte Raven. Charlotte tinha apenas vinte e cinco anos. Era uma escritora viva, inteligente, mas jamais editara coisa alguma. Sua tarefa principal no escritório era datilografar! Contudo, tinha uma vantagem que os outros candidatos potenciais não tinham: estava dormindo com Julie Burchill.

Diante da perspectiva do meu reino cair em mãos inimigas, e sem nada ter sobrado no meu tesouro, vi-me dolorosamente tentado a simplesmente pôr fogo no local. Quanto mais eu pensava nisso, mais a idéia era atraente para mim. *The Modern Review* viera ao mundo num fulgor de publicidade — por que não deixá-lo do mesmo modo? As dúvidas remanescentes que eu pudesse ter foram varridas quando Julie ameaçou romper um compromisso que fizera de aparecer num seminário da *The Modern Review* que eu organizara. Vários milhares de libras do dinheiro de patrocínio estavam vinculados ao seu comparecimento; se ela não fosse, a revista não conseguiria o dinheiro. Por que ela não iria?

— Porque não quero nunca mais ver sua carinha feia de novo — explicou ela, bruscamente. — Você tem sido um constrangimento para mim há anos.

Clique. Ruído de linha desocupada.

Certo, pensei. Você pediu por isso. Organizei uma reunião de emergência dos membros da equipe ainda leais a mim — todos os três — e lhes disse o que queria fazer: fechar a revista em segredo sem contar a Julie. Miraculosamente, eles concordaram em ajudar. Nas duas semanas seguintes organizamos secretamente um número de "Os Maiores Sucessos" e o contrabandeamos para nossos impressores. Escrevi um editorial de duas mil palavras anunciando que esse seria o último número da *The Modern Review* e descrevi as circunstâncias escandalosas que levaram a seu desenlace: Julie estava tendo um caso lésbico com uma das colaboradoras. Na capa as palavras: "Isso é tudo, pessoal!"

Assim que o número chegou às bancas, a imprensa enlouqueceu. Segundo um crítico da mídia, minha disputa com Julie recebeu mais de quarenta metros somando-se todos os centímetros das colunas jornalísticas, tornando-a o segundo maior assunto da semana depois da Bósnia. A imprensa inicialmente relatou-a como uma matéria de noticiário, depois passou a se perguntar se uma briga entre dois jornalistas deveria ter recebido tanta cobertura. De certo modo, eu gostaria que não tivesse. A publicidade estava longe de ser favorável. Na época, eu brincava que só havia uma coisa pior do que ser falado: era ser Toby Young. Entre outras indignidades, fui comparado a Hitler pelo *The Independent on Sunday*. Durante a semana em que o escândalo estourou, perdi quatro quilos e meio — a dieta da humilhação pública!

O argumento de Julie, repetido em incessantes entrevistas, era que eu tivera uma espécie de acesso e destruíra a revista num ataque de raiva. "Ele agiu como uma criança mimada que está correndo o risco de perder o brinquedo favorito", disse ela ao *The Evening Standard*. Julie tocara num ponto certo. Eu tinha me matado para produzir *The Modern Review* e esse era o agradecimento que recebia? Como é que membros da equipe da revista ousavam se voltar contra mim, gente que eu arrancara pessoalmente da obscuridade? Achavam mesmo que Charlotte tinha a energia, a paciência e o talento para produzir um novo número da revista a cada mês? Que ingratidão!

Mas foi por Julie que eu mais me senti traído. Como podia me rejeitar por Charlotte? Eu acreditava no juramento que fizéramos repetidamente, sempre que ficávamos bêbados, prometendo imorredoura lealdade um ao outro. Havia algo absurdamente juvenil na coisa — eu perdera a conta das vezes em que selamos esse pacto furando nossos polegares e unindo nossos sangues — mas parecia real para mim. *Um juramento é um juramento é um juramento, droga!* Senti como se ela quebrasse um acordo sagrado.

Eu estava nervoso quando Graydon Carter ligou. Como deveria levar a coisa? Desejava desesperadamente o emprego mas não queria que Graydon me considerasse um cachorrinho de colo que corria sempre que ele assobiasse.

— Quanto vocês estão pensando em me pagar? — arrisquei.

Graydon estava incrédulo.

— *Quanto*? Quem é você, Woodward Bernstein, porra? Está me dizendo que não virá por um mês a não ser que eu lhe pague uma tonelada de dinheiro? Achei que você queria isso. Ouça, eu não devia lhe dizer, mas Si quer conhecê-lo. Ele não pede para conhecer muita gente, você sabe.

Ah, meu Deus! S.I. Newhouse Jr. queria me conhecer! O que é que eu dissera? Comecei a pedalar para trás furiosamente.

— Puxa, nossa, é uma honra. Eu *adoraria* conhecer Si. Não me importo com o que você me pague. Na verdade...

— Olhe, vou lhe pagar 10 mil dólares, está bem?

Agora era a minha vez de assobiar. Se eu conseguisse encompridar essa oferta num emprego de tempo integral, acabaria recebendo 120 mil dólares por ano. Isso era quatro vezes o que eu ganhava em 1994.

— Quando quer que eu comece?

— Que tal em 5 de julho?

A data ficava a quatro semanas dali. A idéia de me desenraizar de Londres em menos de um mês era, francamente, ridícula. Fora todo o resto, tinha que considerar minha namorada, Syrie Johnson. Syrie tinha um emprego de tempo integral. Estaria preparada para largar tudo e ir embora comigo? Eu duvidava disso.

— Nenhum problema — disse eu.

2

LHR — JFK

*C*HEGUEI NO BALCÃO DE CHECK-IN DA VIRGIN, no aeroporto de Heathrow, a 4 de julho de 1995, num estado de certa excitação. Depois da conversa com Graydon, tinham me enviado uma passagem Econômica Premium para o aeroporto JFK, uma honra totalmente inesperada. Eu só voara até então em classe econômica simples e esperava um pouco de paparicação. Esperava sobretudo que pudesse ser guindado à Primeira Classe. Alguns dias antes, Alex voara para Los Angeles com uma passagem Econômica Premium para fazer o perfil do Guns N' Roses para *The Daily Mail*, e fora guindado à Primeira Classe quando a matéria se transformou num emprego. Segundo Alex, que ligou para se gabar disso no momento em que chegou ao hotel, a equipe de terra automaticamente qualificava os passageiros como "APC" (Adequável à Primeira Classe) ou "NAPC" (Não Adequável à Primeira Classe). Assim, tinham dado uma olhada nele e chegado à conclusão que não ficaria deslocado na Primeira Classe. "Eu estava de *smoking*", observou ele. Imaginei que estivesse brincando — sobre o *smoking*, de qualquer modo — mas não ia me arriscar. Eu usava um pesado terno de *tweed* e segurava um número do *The Spectator*.

Havia uma longa fila de gente esperando para a Classe Econômica simples, mas nenhuma fila na Econômica Premium. A colocação hierárquica já começara.

Andei a passos largos para o balcão de recepção, abaixei a valise e entreguei a passagem à mulher.

— O senhor é um passageiro da Econômica Premium? — perguntou ela, ignorando minha mão estendida. — Esse balcão é reservado só para os que têm esse tipo de passagem.

— Sim, eu sei — disse eu altivamente. Então, sem querer antagonizá-la, sorri, abaixei a voz e acrescentei: — Não se preocupe. Não estou tentando furar a fila.

Não queria pôr em perigo minha chance de subir de classe.

— Nossa seção Econômica Premium está cheia esta tarde, senhor — disse ela, pegando minha passagem. — Vamos ver o que posso fazer.

Enquanto ela enterrava a cabeça no terminal de computador, minhas esperanças voaram alto. *Finalmente! Vou ver como o outro lado vive!* Por vias das dúvidas, pesquei um volume de *Brideshead Revisited* do bolso do paletó e coloquei-o no balcão.

— O melhor que posso oferecer é um lugar no corredor.

— Qualquer lugar da Primeira Classe está bem para mim.

Ela ergueu os olhos do terminal.

— Como?

Fixei-a por alguns segundos até que a ficha finalmente caiu.

— Você quer dizer que é um lugar no corredor da Econômica?

— Exatamente.

— Você está me *rebaixando*?

— Desculpe, senhor, mas a Econômica Premium está totalmente lotada.

— Por que então não me põe na Primeira Classe?

— Não estou autorizada a fazer isso, senhor.

Ela me deu um olhar ligeiramente congelado: NAPC.

O *melhor* que ela pôde me oferecer, descobri depois, foi um lugar no final do avião junto a Bryce, um cavalheiro mórmon que insistiu em me contar tudo sobre sua viagem a Londres. Aparentemente, a viagem incluíra o Buckingham Palace, o Madame Tussaud e o Museu Britânico! A única parte agradável da jornada de sete horas e meia foi quando o avião começou a descer no aeroporto JFK e Bryce apontou a silhueta de Manhattan, naquele exato momento iluminada por dúzias de fogos de artifício. Eu tinha esquecido que o 4 de Julho era o Dia da Independência americana.

— Então é verdade o que dizem — murmurei. — Vocês realmente recebem os estrangeiros de braços abertos

Bryce me deu um olhar interrogativo.

— Não sabe o que está acontecendo? — perguntou. — Estamos festejando o fato de termos nos livrado de seu povo há duzentos anos.

Quando aterrissamos no aeroporto JFK, tornou-se claro que eles poderiam não estar muito propensos a deixar gente como eu entrar no país de novo. Gordos funcionários da Alfândega, com as costuras de seus uniformes pretos a ponto de estourar, pastoreavam os passageiros que desembarcavam em cercados diferentes, cidadãos americanos em um e estrangeiros em outro. Subitamente vi-me rodeado por um mar de rostos escuros. Aterrissar no JFK é o equivalente moderno a chegar na Ilha Ellis no início do século vinte. Como meus companheiros viajantes, eu era um imigrante buscando recomeçar no Novo Mundo. O compartimento em que eu estava era assinalado pelas palavras "Não-americanos", mas poderia muito bem anunciar "Massas Cansadas e Amontoadas". Tive a sensação, que se repetiria diversas vezes nos próximos cinco anos, de estar num melodrama comum de Hollywood sobre os Estados Unidos do que de estar no país em si.

Fiquei no terminal de Desembarques Internacionais por mais de uma hora antes de emergir na umidade tropical de julho em Nova York. Ninguém me contara sobre isso. Era como ser mergulhado numa piscina superaquecida e espessa de cloro. O fato de eu estar com um terno de *tweed* não ajudava. Enquanto abria caminho para o ponto do ônibus carregando uma grande mala e um lap-top, sentia pequenas gotinhas de suor escorrendo pelas minhas costas. Quando ficava acordado imaginando uma nova vida para mim nos Estados Unidos, não era assim que eu visualizava minha entrada.

Eu alugara por um mês um quarto de meu amigo Sam Pratt na Rua 37, entre a Nona e a Décima, uma área de Manhattan conhecida como a Cozinha do Inferno. Tinha a vantagem de ser perto do terminal de ônibus da Port Authority na Rua 42, o que não me obrigaria a arrastar a mala por uma distância muito grande; fora isso, o local tinha pouco que o recomendasse. Originalmente um bairro irlandês, nos anos 1980 ficara apinhado de drogados e bêbados, o que tornara essa parte da cidade uma das menos salubres. "Você vai pensar que caiu num filme de Tarantino", riu Sam.

Andando os poucos quarteirões até a Rua 37, de terno de *tweed* e carregando uma mala, eu estava convencido que seria assaltado. Era o mesmo que ter um cartaz pendurado no pescoço dizendo "Turista". Um conhecido meu fora assaltado duas vezes em vinte e quatro horas depois de ter chegado a Manhattan, e ele ficara no Upper East Side. No segundo assalto ficara até sem os sapatos! Eu não estava ansioso para pisar só de meias as garrafas quebradas e agulhas descartáveis que juncavam o pavimento da Cozinha do Inferno.

Felizmente consegui chegar incólume ao 441 Oeste da Rua 37. Fui imediatamente para a cama e sonhei com Syrie.

3

O chamado suave

*N*A REALIDADE, EU JÁ TINHA MORADO NOS ESTADOS UNIDOS uma vez. Meu enamoramento romântico com a idéia de ser jornalista em Nova York, especialmente jornalista de revista, originava-se desse período.

Após me formar em Oxford em 1986, recebi uma bolsa da Fullbright que me dava direito a passar um ano na Universidade de Harvard como "Estudante Especial". Esse título era enganoso já que, tanto quanto eu podia perceber, qualquer um poderia se tornar um Estudante Especial desde que quisesse pagar o que a universidade cobrava por isso. Mesmo assim, essa bolsa me deu a chance de freqüentar vários cursos de pósgraduação com alguns dos melhores professores do mundo. Meu pai fazia questão que eu me tornasse um acadêmico e aquela era uma oportunidade de testar a coisa.

Escolhi um mau momento para me alistar numa universidade da Ivy League [as mais prestigiadas universidades do leste dos Estados Unidos]. Quando cheguei em Harvard, em setembro de 1987, o país estava dominado pela epidemia do politicamente correto. Todo o corpo estudantil parecia atingido por ela. A ortodoxia prevalecente era que conceitos como "verdade" e "beleza" não tinham lugar na educação contemporânea. A idéia de que uma pessoa podia transcender a influência de sua raça, gênero, orientação sexual e *status* socioeconômico para atingir uma espécie de visão global de um assunto era completamente falsa. Não havia uma coisa chamada "objetividade", apenas um número de pontos de vista em competição, e as universidades estavam na obrigação de ensinar todos eles. Nos departamentos de Humanidades de Harvard, o corpo docente estava sob pressão para atirar fora seu currículo central em favor de uma abordagem mais diversa e multicultural, algo que já ocorrera em Stanford, onde o curso obrigatório de humanidades sobre os "Grandes Livros" fora substituído por outro chamado "Cultura, Idéias e Valores".

Eu escolhera morar num dormitório para fumantes embora eu próprio não fumasse, imaginando que era mais fácil faturar mulheres que fumavam. Não era o caso. Pelo contrário, elas passavam todo o tempo policiando o comportamento dos residentes do dormitório em busca de sinais de sexismo. Qualquer um que esperasse ter sexo com essas Generalas Caçadoras de Bruxos tinha que seguir um código bizantino chamado "as regras de Antióquia", pelo qual se obtinha a permissão formal da mulher em cada estágio do processo de sedução. "Pode-se apalpar seu peito esquerdo ou você prefere que eu continue com as mãos na sua cintura?" As regras de Antióquia provavelmente foram mais eficazes para controlar a promiscuidade nos câmpus americanos nos anos 1980 do que a epidemia de Aids.

A fim de ajudar a pagar as cotas da universidade — a Fulbright só cobria minhas outras despesas — tornei-me professor na Graduate School of Arts and Sciences. Isso me pôs em contato diário com um bando de alunas bonitas, mas qualquer coisa de natureza sexual era estritamente *verboten*. Segundo outro conjunto de regras, não me era permitido socializar com nenhuma de minhas alunas fora da sala de aula a não ser que pelo menos três delas estivessem presentes *em todos os momentos*. Eu podia mais ou menos entender a proibição de ver uma delas sozinha — que homem europeu branco poderia resistir à chance de dar um bote numa indefesa virgem americana? — mas por que não duas? Presumivelmente havia o risco de eu fazer um triângulo sexual com elas.

Lembro de ficar muito animado quando *O declínio da cultura ocidental* foi publicado pouco depois que cheguei. Um ataque ao relativismo cultural por Allan Bloom, da Universidade de Chicago, foi uma flecha diretamente apontada para o coração do movimento da correção política. Bloom era um intelectual peso pesado que traduzira a *República* de

Platão e *Emilio*, de Rousseau, defendendo persuasivamente a abordagem Grandes Livros para as Humanidades. Segundo Bloom, o objetivo de uma educação liberal é capacitar os jovens a transcenderem as circunstâncias singulares de suas vidas individuais e a se tornarem criaturas racionais capazes de pensar por si mesmos. As universidades não estão aí para segurarem espelhos para os alunos, afirmando suas identidades como mulheres, homossexuais ou afro-americanos. Estão aí para desafiá-los, para ensinar que esses fatos arbitrários sobre si mesmos são irrelevantes no que diz respeito à resposta da pergunta mais importante de todas: como viver uma boa vida?

Eu concordava completamente com Bloom, mas o que me deixava mais escandalizado no "politicamente correto" não era o credo em si e sim o dogmatismo de seus defensores. Esse ponto tem sido tão repisado que se tornou um clichê, mas depois de três anos em Oxford, com sua atmosfera quase decadente de liberdade intelectual, fiquei chocado pelo fato dos dissidentes serem tão pouco tolerados em Harvard. Qualquer um que discordasse da nova ortodoxia era automaticamente tachado de racista, sexista ou homofóbico — e as conseqüências disso eram tão sérias quanto haviam sido para os acusados de comunista na era McCarthy. Em Harvard, a vítima mais famosa do politicamente correto foi o historiador Stephan Thernstrom, que teve que abandonar seu curso de Povoamento da América quando foi rotulado de "racialmente insensível". Seu crime fora referir-se à população nativa da América como "índios" em vez de "nativos-americanos."

A conseqüência disso foi que poucas pessoas discordavam dos princípios do politicamente correto. Isso era o mais surpreendente em Harvard: a ausência de qualquer verdadeira diversidade intelectual. Em Oxford, todos os pontos de vista políticos estavam representados, do marxismo revolucionário ao escancarado fascismo. Entre os dez alunos que estudavam Filosofia, Política e Economia comigo no Brasenose College, havia um espectro mais amplo de opiniões do que em todo o meu curso em Harvard. Os relativistas culturais podem ter acreditado em apresentar aos alunos uma multiplicidade de perspectivas diferentes, mas na realidade apenas uma era tolerada — o relativismo cultural.

Era mais como estar na universidade da Espanha do século quinze do que nos Estados Unidos do século vinte.

Fiquei estupefato com isso. Como era possível haver tão pouca liberdade de pensamento quando a liberdade de discurso era garantida na Constituição americana? Não combinava. Só quando descobri Tocqueville comecei a entender como tal estado de coisas surgira.

Alexis de Tocqueville tinha apenas trinta anos quando o primeiro volume de *Democracia na América* foi publicado em 1835. Rebento de uma família nobre francesa, Tocqueville encarava os Estados Unidos como uma experiência bastante bem-sucedida em democracia e um modelo para o tipo de sociedade que a França poderia se tornar. Entretanto, *Democracia na América* é perpassada por um anseio nostálgico pelas sociedades aristocráticas do passado recente da Europa, especialmente do Reino Unido. Ele via a chegada da democracia na Europa como inevitável, mas não se sentia nada convencido da superioridade dela sobre o tipo de regime que estava destinada a substituir. Para Tocqueville, o melhor tipo de sociedade democrática era o que preservasse as virtudes da sociedade aristocrática, especialmente o espírito feroz, independente, que ele considerava o bastião mais firme contra a tirania.

À diferença de seus contemporâneos, Tocqueville não igualava democracia à liberdade. Embora fosse verdade que, nos Estados Unidos, a liberdade coexistisse com a democracia, a tirania era um perigo sempre presente dentro de qualquer sociedade democrática. No caso dos EUA, Tocqueville não se preocupava com a possibilidade do governo tornar-se poderoso demais, uma vez que reconhecia fornecer a Constituição todo tipo de salvaguarda contra aquilo. Não, o perigo estava nas pessoas. A maior ameaça à liberdade na América estava na "tirania da maioria".

Tocqueville considerava o amor à igualdade como principal pedra de toque de uma sociedade democrática. De fato, o princípio da democracia repousa na igualdade — somente se todos os homens são considerados iguais a regra da maioria faz sentido. Um número maior de votos é superior a um número menor de votos porque é dado à opinião de cada pessoa um peso igual. Contudo, isso significa sempre um perigo que a maioria possa exercer domínio sobre o indivíduo. Tocqueville não estava preocupado com a possibilidade das pessoas serem oprimidas *fisicamente* nas sociedades democráticas, pelo menos não nos Estados Unidos. Era a mente das pessoas que corria perigo. Uma vez que a maioria se manifestasse, uma vez que se expressasse em favor de um ponto de vista, como poderia alguém discordar? Segundo o princípio da democracia, a maioria *deve* estar certa: "A maioria possui um império tão absoluto e tão irresistível que, de certo modo, a pessoa deve renunciar a seus próprios direitos como cidadão e, em outras palavras, à sua própria qualidade como homem quando quiser se desviar do caminho que a maioria traçou." Desse modo, a liberdade de pensamento é extinta; as únicas opiniões são opiniões de rebanho. Mais ainda, as pessoas perdem gradualmente a capacidade de agir sob seu próprio impulso. Elas se tornam dóceis e surdas, mais seguidoras do que líderes.

Tocqueville referia-se a essa forma de opressão como "despotismo brando", uma erosão da liberdade muito mais séria do que a forma violenta de despotismo característico das sociedades feudais:

> ele cobre a superfície da [sociedade] com uma rede de pequenas regras complicadas, uniformes e arduamente elaboradas através das quais as mentes mais originais e as almas mais vigorosas não podem abrir caminho para ir além da multidão; ele não quebra as vontades mas as amolece, curva-as e dirige-as; raramente força alguém a agir, mas opõe-se constantemente à ação do indivíduo; não destrói, impede as coisas de nascer; não tiraniza, prejudica, desacredita, enerva, extingue, aturde e finalmente reduz cada nação a ser nada mais do que um rebanho de animais tímidos e industriosos dos quais o governo é o pastor.

Assim, teriam os Estados Unidos sucumbido a esse torpor intelectual? Ou conseguiram preservar o espírito ousado e masculino do qual a liberdade depende? Os sentimentos de Tocqueville sobre os Estados Unidos eram mistos. Ele elogiava o povo americano por ter arquitetado todos os modos engenhosos de manter sua vitalidade: autogoverno local, separação entre Igreja e Estado, uma imprensa livre, eleições indiretas, um judiciário independente e uma vasta multidão de associações voluntárias. Contudo, por mais que tais organismos fossem admiráveis, não tinham sido suficientes para preservar a autonomia de pensamento e conduta que a verdadeira liberdade requer. A marca da democracia nos Estados Unidos era preferível à maioria dos regimes da Europa do século dezenove, especialmente ao da França sob Louis Philippe. Mas os americanos não tinham tido êxito em importar as virtudes das melhores sociedades aristocráticas da Europa. Num famoso trecho de *Democracia na América*, Tocqueville escreve: "Não conheço nenhum país onde, em geral, haja menor independência de mente e genuína liberdade de discussão do que nos Estados Unidos da América."

Olhando Harvard no final dos anos 1980, nada parecia ter mudado. O que era o politicamente correto, com seus códigos de discurso racialmente sensíveis destinados a proteger os sentimentos de minoriais se não um tipo de suave obrigatoriedade? Os estudantes eram os melhores e mais brilhantes que os Estados Unidos tinham a oferecer, e embora fossem vivos e atraentes em todos os aspectos, pareciam sofrer do que Allan Bloom chamava de "um empobrecimento de alma". Estavam menos interessados em expandir seus horizontes do que em rechear seus currículos com atividades que realçassem suas carreiras. O motivo deles subscreverem o dogma do politicamente correto era por este gozar do apoio da maioria, e eles não terem força de vontade para resistir a qualquer coisa que tivesse uma autoridade moral tão incriticável. Os estudantes eram incapazes de pensamento ou ação independente; simplesmente seguiam a multidão. Faltavam a eles a virilidade e a coragem moral requeridas para uma oposição à tirania.

Eu estava prestes a concluir — baseado na minha pequena experiência em Harvard — que os Estados Unidos, afinal de contas, não eram a terra dos livres e lar dos bravos quando de repente tropecei exatamente no tipo de cidadão vigoroso que Tocqueville valorizava tão intensamente. Eu resolvera assistir a um curso sobre "a comédia hollywoodiana de casais que recasam" dado por um professor de filosofia chamado Stanley

Cavell. Meu interesse fora despertado quando descobri que boa parte do trabalho do curso incluía assistir a comédias excêntricas dos anos 1930 e 1940. Segundo o professor Cavell, em filmes como *Levada da breca*, *A terrível verdade* e *A costela de Adão*, Hollywood redescobrira "o tema do re-casamento" explorado por Shakespeare em suas comédias românticas, especialmente *Conto de inverno*. De modo surpreendente, Cavell acreditava que aqueles filmes eram tão dignos de crítica séria quanto as peças de Shakespeare.

As duas paixões de Stanley Cavell eram a filosofia e esses filmes preto-e-branco: em seu curso, encontrara um modo de combiná-los. Não demorou que compartilhasse o entusiasmo por tais filmes com seus alunos e me sentei para assistir ao primeiro — *As três noites de Eva* — com um verdadeiro entusiasmo. Não fiquei desapontado. Preston Sturges é provavelmente o diretor-roteirista mais dotado que Hollywood já produziu e *As três noites de Eva* é a sua obra-prima. Eu não estava convencido que se comparasse a Shakespeare, mas era melhor que qualquer coisa feita por George Farquhar. As sementes da *The Modern Review* tinham sido plantadas.

O segundo longa da série foi *Aconteceu naquela noite*. Dirigido em 1934 por Frank Capra, foi o primeiro filme a ganhar Oscars em todas as cinco categorias mais importantes. Abiscoitou especialmente uma estatueta de melhor ator para o protagonista masculino, Clark Gable. Não sei como consegui viver até a idade de vinte e quatro anos sem notar esse astro tremendamente atraente, mas assistindo-o naquela tarde em *Aconteceu naquela noite* fiquei completamente transfixado. Que contraste ele fazia com os desanimados rapazes por quem eu estava rodeado em Harvard. Com seu jeito orgulhoso e brigão de rapaz e as maneiras diretas e realistas, Clark Gable parecia corporificar todas as virtudes que Tocqueville tinha buscado. Finalmente! Ali estava um homem que conseguia combinar a feroz independência da nobreza britânica com a abertura e a informalidade de um verdadeiro democrata. Pobre do estudantezinho que acusasse Gable de ser politicamente incorreto. Se os Estados Unidos podiam produzir homens assim, talvez a experiência não fosse um fracasso tão grande, afinal de contas.

Sem dúvida uma das razões que me fez achar Gable tão atraente em *Aconteceu naquela noite* foi porque ele desempenhava o papel de um jornalista de Nova York. Eu podia brincar com a idéia de me tornar um acadêmico nesse período, mas o jornalismo estava no meu sangue. Entre a formatura em Oxford e minha chegada a Harvard, eu trabalhara no *Times* por seis semanas e achara a idéia do repórter como um herói romântico muito embriagadora. Para meu encanto, essa arrojada figura provara ser um pilar das comédias de re-casamento de Hollywood. Pelas próximas semanas, assisti a um monte de filmes nos quais o protagonista masculino era um jornalista determinado e empreendedor, de James Stewart em *Núpcias de escândalo* a Cary Grant em *Jejum de amor*. Parecia que a genuína independência de mente e liberdade de ação existiram nos Estados Unidos, enfim. Tais qualidades podiam ser encontradas entre os jornalistas de Nova York. Se pudéssemos nos fiar nesses filmes, tais sujeitos eram uma raça de super-homens. Realmente, eles pareciam qualificar-se como membros da "aristocracia natural" que Thomas Jefferson identificou como a melhor esperança dos EUA numa famosa carta para John Adams em 1813.*

Logo descobri por que os repórteres eram retratados tão simpaticamente nesses filmes: estes eram escritos por jornalistas ou baseados em material — peças, romances, contos — produzido por jornalistas. De fato, não é um exagero dizer que a comédia como gênero foi inventada por um grupo de jornalistas e escritores de revistas que foram para o Oeste nos anos 1920 conhecido como o grupo "Algonquin-para-Hollywood." Segundo a crítica de cinema Pauline Kael, esse grupo, que incluía "alguns dos mais talentosos alcoólatras que esse país já produziu", foi atraído para Los Angeles pela promessa de enormes salários e imediatamente posto a introduzir seu estilo irreverente e espirituoso nos filmes. Saíram de cena os aborrecidos melodramas passados em míticos principados da Europa Central e entraram as comédias bizarras e malucas passadas em jornais de Nova York.

---

*A frase "aristocracia natural" foi cunhada originalmente por John Adams.

Claramente, os intrépidos e despreocupados repórteres que esses escritores puseram em seus roteiros eram versões idealizadas de si próprios, mas as qualidades heróicas que deram a eles não eram totalmente fictícias. O membro mais prolífico do grupo Algonquin-para-Hollywood era Ben Hecht, co-autor de *A primeira página*, que participou de mais de 100 roteiros, inclusive *Scarface — A vergonha de uma nação, Quanto mais quente melhor, Interlúdio*. A autobiografia de Hecht, *A child of the century*, é um tributo de 654 páginas às virtudes dos escritores e jornalistas com quem se associou em Chicago e Nova York, alguns dos quais o seguiram até Los Angeles. "Falávamos francamente de todos os assuntos e cada um de nós sentia-se mais fundamental para o mundo do que todos os seus filósofos políticos. Nossas línguas eram nossos únicos líderes e nossa imaginação espirituosa, a única arquiteta do amanhã."

A maior criação de Ben Hecht foi Walter Burns, o cínico editor de jornal no centro de *A primeira página*. Quando *A primeira página* foi produzido em 1926 pela primeira vez, o crítico de teatro do *New York Times*, Walter Kerr, descreveu a essência da atratividade de Burns como sua capacidade de "entrar numa situação difícil a fim de ser brutalmente displicente." Essa era a característica principal do círculo de Ben Hecht, sua completa falta de sentimentalismo. Eles se orgulhavam de ser muito mais duros do que o joão-ninguém. Não eram constrangidos pelas limitações menores que governavam o comportamento das pessoas comuns; a maioria não os aterrorizava. Afinal de contas, o que é sentimento senão emoção do rebanho? De fato, toda a existência deles, com seus acessos regulares de bebedeira, jogo e sacanagem, era uma saudação debochada para a moralidade burguesa. Como coloca o escritor da *The New Yorker*, Brendan Gill, na "Introdução" a *The collected Dorothy Parker*, Manhattan nos exuberantes anos 1920 era Sodoma: "Beber, fumar, cheirar cocaína, cortar o cabelo curto, dançar o Charleston, bolinar, ficar grávida — era difícil imaginar que as coisas pudessem ir muito mais longe antes da própria civilização desmoronar." Mesmo que o termo não existisse então, os escritores e jornalistas que faziam a crônica da Era do Jazz eram profundamente incorretos politicamente. Não apenas não tinham medo de serem censurados pela maioria; ficavam demoniacamente encantados com isso. Partilhavam o desprezo aristocrático pelas classes médias — e na América isso incluía a maior parte da população.*

De todos os colegas de Ben Hecht, talvez o mais heróico fosse Herman J. Mankiewicz, o ex-jornalista do *New York Times* que escreveu *Cidadão Kane*. Especializava-se em antagonizar os ricos e poderosos. Por exemplo, certa vez Mankiewicz estava sentado na sala de jantar dos estúdios da Colúmbia quando entrou ali o diretor do estúdio, Harry Cohn. Depois de ocupar seu lugar habitual à cabeceira da mesa, Cohn começou a criticar um filme "horroroso" que vira na noite anterior. Quando um de seus subalternos protestou que a audiência que ele vira tinha adorado o filme, Cohn silenciou-o com um gesto da mão. O magnata possuía um dispositivo que era uma prova de fogo para determinar se um filme era bom ou não: "Se meu ânus se contrai, é ruim. Se não se contrai, é bom. É simples." Todo o seu séquito sentado à mesa saudou a declaração com um ar adequadamente reverente — todos exceto um: Herman J. Mankiewicz.

— Imagine só — disse ele. — O mundo inteiro ligado por um fio ao rabo de Harry Cohn!

Claro, o fato de os aristocratas naturais de John Adams outrora estarem vivos e bem na comunidade jornalística, não significava que ainda estavam. Havia algum indício de que homens como Ben Hecht e Herman J. Mankiewicz ainda poderiam ser encontrados trabalhando em jornais e revistas de Nova York? No final de 1987, resolvi passar uma tarde vasculhando as prateleiras da banca de jornais em Harvard Square na esperança de descobrir seus equivalentes contemporâneos.

Não fiquei muito impressionado. A atitude dos brigões jornalistas americanos quanto aos ricos e famosos parecia ser muito mais diferente do que a de seus colegas da Fleet Street. Os jornalistas transformados em ídolos nesses filmes preto-e-branco haviam aparentemente desaparecido.

---

*Quando Harold Ross concebeu originalmente *The New Yorker* em 1922, o subtítulo da revista seria: "Não recomendável para a senhora idosa de Dubuque."

Então uma revista me chamou a atenção. A primeira coisa que notei foi seu título: *Spy*. Era o nome da revista ficcional onde James Stewart trabalha em *Núpcias de escândalo*. Coincidência? Retirei-a da prateleira e a folheei. Aha, pensei comigo mesmo. Agora estamos chegando lá. *Spy* parecia consistir inteiramente em fofocas maliciosas sobre várias figuras públicas importantes. Página após página, os personagens mais odiosos do palco nacional eram eviscerados com um sujo contentamento. Era um pouco como *Private Eye*, a revista satírica britânica, mas evidentemente era produzida com muito mais cuidado e atenção. De fato, com seus ensaios elegantemente escritos e um estilo tipográfico antigo, parecia uma tentativa autoconsciente de imitar as grandes revistas de Nova York dos anos 1920 e 1930. Sem dúvida era exatamente o que eu estava procurando.

Spy tornou-se um farol-guia no resto do meu tempo em Harvard. Não era apenas a qualidade dos artigos, muito mais espirituosos e mais bem escritos do que qualquer coisa que eu vira no Reino Unido. Era o completo destemor com que a revista espetava os indivíduos mais poderosos do pedaço. A *Spy* não fazia prisioneiros; as pessoas que a produziam não eram submetidas a ninguém. Ali, entre as capas dessa pequena revista, destilava-se o espírito independente e aristocrático elogiado por Tocqueville. O ar claro e não poluído que os deuses respiravam no Monte Olimpo.

No verão de 1988, fui embora de Harvard com uma noção totalmente romântica do que seria trabalhar para uma revista de Nova York. Em minha mente, os escritórios da *Spy* eram povoados dos equivalentes contemporâneos dos personagens desempenhados por James Stewart, Cary Grant e Clark Gable. Como jornalista, não haveria melhor lugar para se estar. Nos sete anos seguintes, onde quer que eu trabalhasse, minha imaginação estava sempre fixada nesse paraíso mítico do outro lado do Atlântico. Um dia, pensava eu. Um dia.

Ai de mim quando recebi o telefonema de Graydon Carter, a *Spy* era a sombra do que fora, sem ter quem gostasse dela e sem ter quem a lesse. Mas isso não tinha importância. Trabalhar para a *Vanity Fair* era a melhor coisa depois da *Spy*. Em seu auge, a *Spy* fora editada por dois homens. Um deles era Kurt Andersen, um sujeito inflexível natural do Meio Oeste, e que trabalhara anteriormente para a *Time*; o outro era Graydon Carter. No que me dizia respeito, Graydon Carter era uma figura tão singular quanto o próprio Walter Burns.

4

A primeira sala

A 5 DE JULHO DE 1995, tive que resolver o que vestir no meu primeiro dia de trabalho. Naquela época, a *Vanity Fair* localizava-se na Madison Avenue 350, entre as ruas 44 e 45, um edifício de vinte e três andares poucos quarteirões a oeste da Grand Central Station. O "350", como todos a chamavam, era então o quartel-general da Condé Nast, a companhia que publica a *Vanity Fair* juntamente com mais uma dúzia de outras revistas de luxo, inclusive *Vogue, The New Yorker, GQ, Architectural Digest, House & Garden, Condé Nast Traveler, Allure, Self* e *Glamour*. (Desde então a Condé Nast mudou-se para Times Square, 4.) Pessoas que visitavam o edifício tinham que se dirigir ao balcão da frente e eram então conduzidas aos elevadores principais mais adiante ou tangidas para "o elevador de serviço", uma máquina estranha e frágil *à la* Buster Keaton reservada aos *boys*, garotos de entrega e coisas semelhantes. A segurança era rigorosa, depois que um grupo de ativistas pelos direitos dos animais tinha ocupado o escritório da editora da *Vogue*, Anna Wintour, no 13º andar.

Quando eu trabalhava no *The Times* em 1986, disseram-me para que eu me vestisse como se pudesse ser enviado a qualquer momento para entrevistar o Arcebispo de Canterbury. Contrastando com isso, o código de roupas na *Vanity Fair* me fora descrito por Dana Brown, o secretário de Graydon, como "bastante informal", o que imaginei que fosse *jeans* e camiseta. Isso combinava muito bem comigo por causa do calor opressivo. Após pensar um pouco, resolvi usar uma Levis de boa qualidade e uma camiseta Hanes extragrande que reproduzia uma capa da *The Modern Review* apresentando Keanu Reeves de peito nu e a frase: "Jovem, Tolo e Cheio de Porra." Eu já enviara uma dessas camisetas a Graydon, e achei que ele poderia achar divertido me ver usando uma.

Eu devia estar no escritório dele às 10 horas da manhã, portanto às 9:55 apresentei-me ao balcão de recepção do 350.

— Poderia me dizer onde é a *Vanity Fair*, por favor? — perguntei ao funcionário da segurança.

— Nono andar — grunhiu ele. — Dirija-se ao supervisor.

Supervisor? Minha nossa, pensei. Eles realmente levam a segurança a sério.

Entrei num dos elevadores — um cintilante cubículo de aço inoxidável — e notei que só me eram dadas as opções de ir para dois andares: o três ou o onze. Onde estava o nove?

Voltei ao balcão da frente e perguntei ao funcionário da segurança como chegar ao nono andar.

— Pegue aquele ali — disse ele, apontando para outro elevador escondido atrás de duas colunas. Segui suas instruções e me encontrei numa gaiola de aço que não estaria deslocada num quarteirão de alojamentos construído pelos soviéticos em 1925. Um negro idoso sentava-se num banquinho à frente da gigantesca alavanca de madeira que podia ser empurrada ou puxada para duas posições: "Avançar" ou "Parar". Sem dúvida nenhuma o funcionário da segurança tinha dado uma olhada no meu *jeans* e camiseta e concluiu que eu era um *boy*. Aquele era o elevador de serviço.

— Que andar? — perguntou o ascensorista.

Resolvi arriscar.

— O nono, por favor.

A alavanca foi puxada e a velha máquina gemeu, acordando.

O nono andar revelou-se como o Centro de Mensageiros Condé Nast, uma rede de corredores povoados quase que totalmente por rapazes hispânicos. Em Londres, quando eu queria enviar um pacote para algum lugar com urgência, eu o mandava de bicicleta, mas o distrito dos negócios de Manhattan é tão atravancado que os pacotes são geralmente entregues a pé. Esses rapazes eram os *boys*, e mostravam um fascinante vislumbre da vida nas entranhas da Condé Nast, vislumbre este que eu jamais teria de novo. O grau de segregação entre as classes no 350 era bem maior do que qualquer outro que eu vira na Fleet Street. Não apenas eles usavam elevadores diferentes como, uma vez que você estivesse no Centro dos Mensageiros, era virtualmente impossível sair dele a não ser tomando o elevador de serviço de volta ao saguão. Quando os assistentes editoriais da Condé Nast precisavam despachar um pacote, tomavam um dos elevadores normais para o nono andar e literalmente jogavam o pacote por uma portinhola. Aquela era a extensão de seu contato com o Centro de Mensageiros.

O "supervisor" era o rapaz que recebia os pacotes no outro lado da portinhola e, no momento em que o encontrei, eu estava cinco minutos atrasado para meu compromisso. Ele me olhou suspeitamente — eu estava vestido de modo excessivamente informal até para os padrões dos *boys* — e me disse que esperasse enquanto ele ligava para o escritório de Graydon.

— Estavam procurando você — disse ele com uma risadinha enquanto desligava o telefone. — Vão mandar alguém para buscá-lo.

Alguns minutos depois, surgiu um rosto na portinhola.

— Dana Brown, do escritório de Graydon Carter — anunciou ele. — Acredito que você tem um "pacote" para mim.

Ainda rindo, o supervisor pegou um enorme monte de chaves e destrancou uma pequena porta. Segundos depois encontrei-me face a face com alguém que parecia um modelo masculino. Além de ser extremamente bonito, estava imaculadamente vestido no estilo conhecido como "rapaz ligado e chique": uma resplandecente camisa cinza-escuro, gravata combinando, calças pretas de xadrez e mocassins pretos com borlas. Desnecessário dizer, era o mesmo Dana Brown que me dissera ser o código de vestir na *Vanity Fair* "bastante informal". Posteriormente eu soube que Dana tinha sido "descoberto" por Graydon enquanto trabalhava como garçom no 44, o restaurante no andar térreo do Royalton Hotel conhecido como "a cantina da Condé Nast". "O garoto era tão bonito que quase partia o coração da gente vê-lo ali", confessou Graydon. De fato, Graydon tinha uma opinião tão elevada da aparência de astro de cinema de Dana, que freqüentemente brincava colocando-o na capa da revista: "Ninguém notaria a diferença, não é?"

— Você deve ser Toby Young — disse Dana, exibindo seus ofuscantes dentes brancos e apertando minha mão. — Não se preocupe, isso acontece o tempo todo. Alguns anos atrás, Norman Mailer se perdeu totalmente quando tomou o elevador de serviço. Tivemos que despachar uma equipe de resgate para retirá-lo do subsolo. Felizmente ele não deu um soco em ninguém.

Dana levou-me para um elevador e deslizamos para o quarto andar. Ele explicou que certos elevadores no saguão central só iam para os andares três e onze, mas o resto não era assim.

— Você vai entender — disse ele.

A *Vanity Fair* tem sido descrita como "a porta-voz do lixo europeu". À primeira vista, porém, os escritórios da revista, pelo menos os do 350, não eram nada especial. Quando Graydon sucedeu Tina Brown, ele se queixou de que os escritórios da revista pareciam "um cenário de *Dinasty*, porra", mas três anos de seu reinado os haviam deixado parecidos com os de qualquer outra revista. Quando se chegava a eles vindo dos elevadores, a primeira coisa que se via eram as palavras "VANITY FAIR" em letras grandes e em negrito e, abaixo delas, uma senhora de aparência amável sentada a uma mesa. Era Bernice Ellis, a recepcionista da revista. O contraste não poderia ser maior. Era como se ela fosse colocada lá para lembrar à equipe quem exatamente eram os leitores da revista. Quando a revista foi originalmente relançada em 1983, um *press release* a descrevia como "uma revista 'divertida' para um público muito, muito culto", mas isso não é rigorosamente verdadeiro. Como um antigo funcionário de lá disse a um jornalista britânico: "O maior equívoco sobre a *Vanity Fair* é pensar que ela seja lida por celebridades como Claus von Bülow, sentado numa sala forrada de livros e usando chinelos de veludo com monograma. Na verdade, a revista é lida por mulheres na manicure em *shoppings* de Illinois."*

---

*Segundo a *Spy*, em 1990, apenas 33 % dos leitores de *Vanity Fair* tinham formação universitária, com os outros 34,4 % jamais tendo freqüentado uma. "A lisonja conseguirá 10 páginas para você... talvez." *Spy*, agosto de 1990.

O escritório de Graydon, porém, era coisa diferente: enorme, o segundo maior do edifício depois do de Anna Wintour, a editora da *Vogue*, tinha uma grande mesa feita sob encomenda, de onde Graydon vigiava seu reino. Dispunha de duas enormes janelas de vidros inteiriços — era um escritório de canto, naturalmente — e à esquerda da escrivaninha, uma mesa de reunião rodeada por cadeiras de madeira. Graydon fumava um Camel Light e falava ao telefone quando entrei, e fez um gesto para que eu me sentasse. Nessa altura já eram 10:15 da manhã, um começo não muito bom.

Depois que ele desligou, suas primeiras palavras foram:

— Que porra de roupa está usando? Parece que você é de uma banda grunge.

— Seu secretário me disse que as pessoas aqui se vestiam de modo muito informal — protestei.

Graydon saiu de trás da escrivaninha e fechou a porta do escritório. Usava uma camisa branca da Jermyn Street, gravata preta com bolinhas brancas e calças de terno castanhas. Parecia tudo, exceto informal.

— Primeiro nós não os chamamos de "secretários" por aqui — disse. — O termo correto é "assistente pessoal". E segundo, "informal" não significa isso. — Fez um gesto para minhas roupas. — É uma palavra-código. Significa calça esporte de brim e uma camisa pólo. Leve Dana para ajudar você a fazer compras no The Gap.

— The Gap? — repeti, incrédulo. — Posso pôr as roupas como despesas?

Graydon riu.

— Como foi de viagem?

Peguei a deixa.

— Obrigado por me mandar uma passagem executiva — disse eu, quase servil. — Agradeço muito.

— Eu mandei? — respondeu ele, genuinamente surpreso. — Foi um equívoco.

— Bem, se lhe serve de consolo, fui rebaixado para a Econômica.

Ele riu de novo.

— Bem, é bom ter você aqui — disse ele, sentando-se novamente à mesa. — Fique aqui por um mês, venha a algumas reuniões, veja o que acha. Se funcionar, ótimo, se não, não tem tanta importância.

De modo agourento, não houve nenhuma menção ao fato de Si querer me conhecer. Mesmo assim, não parecia o momento certo para trazer isso à baila.

— Olhe, muito obrigado por me dar essa oportunidade — disse eu, tentando parecer sincero. — De fato agradeço muito. Não imagino outro lugar onde eu quisesse estar mais.

Graydon estreitou os olhos para mim.

— Você acha que chegou, né? — disse ele. — Detesto lhe dizer isso, mas você só chegou à primeira sala. — Fez uma pausa. — Isso não é nada — não me interprete mal —, mas não é tão fantástico assim. Acredite, há um monte de gente nessa cidade que chegou à primeira sala e não foi mais adiante. Depois de um ano mais ou menos, talvez mais, você vai descobrir uma entrada secreta nos fundos da primeira sala que leva à segunda sala. Com o tempo, se tiver sorte, vai descobrir uma entrada nos fundos da segunda sala que leva à terceira. Há sete salas ao todo, e você está na primeira. Não esqueça disso.

Isso, descobri mais tarde, era o discurso de Graydon sobre as "sete salas", uma arenga encorajante que ele faz a todos os novatos. É a teoria do clube noturno no avanço na carreira. Eu era o aspirante ao Studio 54 que, de algum modo, conseguira passar por Steve Rubell à porta, mas ainda estava muito longe de cheirar coca entre os seios de Margaret Trudeau na sala VIP. Parecia o discurso que Gordon Gekko dá a Bud Fox no filme *Wall Street*. "Você teve as qualidades necessárias para chegar até à minha porta. A pergunta seguinte é: Vai ter as qualidades necessárias para ficar?"

O progresso do próprio Graydon pelas sete salas foi rápido. Nascido em 1949, filho de um piloto da Real Força Aérea Canadense, foi educado na periferia de Ottawa e conseguiu seu primeiro emprego em revista editando *The Canadian Review* em 1974. Chegou a Nova York em 1978 e desembarcou num emprego na *Time*, onde ficou por sete anos. Saiu de lá em 1985 para deslanchar a *Spy* com Kurt Andersen; editou-a por seis anos, tornando-se depois o editor do *The New York Observer*. Finalmente, em 1992, chegou ao posto máximo na *Vanity Fair*.

Depois que fui despachado por Graydon, Dana me levou para conhecer Matt Tyrnauer e Aimée Bell, os dois editores que seriam meus "rabinos" na revista. Matt e Aimée — ou "matteaimée", como todos os chamavam, já que são completamente inseparáveis — estavam com Graydon desde seus dias de *Spy*, e são mais próximos dele do que quaisquer outros na *Vanity Fair*. Eles não são um casal, mas vêm trabalhando juntos por tanto tempo, que conseguem terminar as frases um do outro. Como todos os membros do círculo interno de Graydon, eles dão a impressão de considerarem a atmosfera tipo Absolutamente Fabulosa do mundo das revistas da Condé Nast como um completo absurdo, uma fonte de desprezo e ridículo constante. Mas calam antes que isso passe a ser uma crítica propriamente dita. É mais um mecanismo de defesa, um modo de avisar às pessoas que eles não encaram a vida na Condé Nast de modo muito a sério. É como se estivessem presos num episódio de *Além da imaginação* e querem que você saiba que, à diferença da maioria dos outros membros da equipe, eles notam que as coisas são um pouco esquisitas.

Naquela época, Matt e Aimée eram os editores de uma seção chamada "Vanities" ("Vaidades") e partilhavam uma sala no lado do edifício que dava para a Madison Avenue. Decidiram compartilhar a sala, derrubando uma parede para criar um espaço bastante grande, mas outros editores mais antigos preferiam ter seus próprios feudos, os mais prestigiosos sendo os que davam para a Rua 44. Estes se localizavam no lado esquerdo da rua mais movimentada, quando se ia para o escritório de Graydon vindo da área da recepção, um corredor conhecido como "a passarela" porque as pessoas tendiam a andar por ali se exibindo quando eram vistas pelo patrão. Entre suas muitas idiossincrasias, Graydon gosta que seus subalternos andem apressados pelas salas da revista, e de vez em quando criticava os que andavam de modo lento demais, dizendo-lhes para "se animarem".

Aimée incumbiu-se de me apresentar para o resto da equipe da revista, começando com Wayne Lawson, que tem o título tediosamente longo de "Editor Literário Executivo". Posteriormente Graydon me confidenciou que, se a gente põe a palavra "executivo" ou "sênior" na frente do posto de uma pessoa, nós lhe damos a impressão de que foi promovida sem ter que lhe garantir mais poder. A seguir conheci Elise O'Shaughnessy, a "Editora Executiva", George Hodgman e Douglas Stumpf, os "Editores Seniores de Artigos". Finalmente chegamos à sala de Elizabeth Saltzman, a lendária "Diretora de Moda". Elizabeth não precisa de um título profissional elegante para convencê-la de sua importância. Depois que Aimée nos apresentou, Elizabeth indicou uma foto na sua mesa de Si Newhouse embalando uma criança nos braços, e me pediu que adivinhasse quem era o bebê. Estudei a foto por vários segundos imaginando alguma celebridade, mas me deu um branco.

— Desistiu? — perguntou ela.
— Sim.
— Sou eu! — exclamou ela, rindo. O subtexto desse diálogo aparentemente inocente era: "Não se meta comigo."

Na porta ao lado da sala de Elizabeth ficava um guarda-roupa no qual se podia entrar, conhecido como "o *closet* da moda". Aimée explicou que ele fora esvaziado, aparentemente em minha honra, mas por enquanto eu teria que dividi-lo com alguém chamado Chris Lawrence. Era inacreditável como eu estava sendo bem tratado. *Espere até Syrie saber disso!*

— É um sistema hierárquico padrão da Condé Nast? — perguntei, reverente.
— O quê?
— Ter sua própria sala para trocar de roupa.
— Acho que você não entendeu — respondeu ela. — Essa vai ser a sua sala.

Depois que Aimée foi embora, enfiei a cabeça pela porta. *Deus do Céu!* Não era o tamanho do *closet* que me surpreendia, embora ele fosse pouco maior do que uma cabine telefônica, e sim o fato de que estava ocupado por uma réplica exata de Graydon Carter em miniatura, até na gravata preta de bolinhas brancas.

— Oi — disse a aparição, levantando e estendendo a mão. — Sou Chris Lawrence.

Chris era um pesquisador de vinte e cinco anos levado para lá por Matt e Aimée para diminuir um pouco a carga de trabalho deles. Era confessadamente um "mauricinho culto da Costa Leste" e, para minha alegria, um anglófilo total. "Vista britânico, pense iídiche", replicou ele quando o cumprimentei por sua indumentária. Ele me crivou de perguntas sobre bandas de Manchester de que eu jamais ouvira falar, e me perguntou qual era o meu filme preferido de Bond. Quando eu disse *Moscou contra 007*, nos demos bem imediatamente.

— A cena da briga das ciganas! — exclamou.

— Minha primeira fantasia masturbatória — suspirei.

Depois de compararmos observações sobre outras grandes cenas de briga de mulheres na obra de Bond, e de eu me oferecer para lhe emprestar meu *James Bond Companion*, de Kingsley Amis, ele perguntou como eu estava me ajustando. Graydon já me fizera o discurso das "sete salas"? Eu disse que sim, e comecei a lhe dar corda para obter mais informações. Que outros rituais de iniciação poderia eu esperar?

— Já tentou dar uma espiada numa revista na banca de jornais do prédio?

— Não. Por quê?

— Então tente — riu ele. — Você vai ver.

No final de meu primeiro dia, depois que eu explorei minuciosamennte o quarto andar, concluí que o que mais surpreendia ao entrar nos escritórios da *Vanity Fair* pela primeira vez era a gravidade que havia em tudo. Enquanto eu andava pelo corredor principal, vi gente dos dois lados curvada sobre telas de computador como se estivessem arquitetando o Plano Marshall. Essa atmosfera de intensidade estudiosa parecia diferir completamente do tom geral da revista. Eu queria agarrá-los pela lapela e dizer: "Mais leveza, pelo amor de Deus! Isso é apenas um tablóide de supermercado que está situado perto da caixa-registradora."

Claro, a *Vanity Fair* é muito mais do que isso. É a mais importante revista de variedades do mundo, e seu orçamento editorial por página é três ou quatro vezes maior do que o de sua rival mais próxima. O custo de produzir uma só de suas capas poderia manter *The Modern Review* por um ano. Uma aura de riqueza e *glamour* emana de suas páginas juntamente com o cheiro de uma dúzia de inserções de perfume, e eu ficava tão embriagado por ela quanto a senhora no *shopping* de Illinois. Mas eu esperava que o ambiente nos escritórios fosse mais... um tanto *teatral*. "Eu não dirijo uma revista" foi o primeiro pensamento de Graydon ao assumir a editoria. "Dirijo uma companhia de ópera." A mim parecia mais uma firma de contabilidade.

Por volta das 6:30 da tarde, saí da sala com Chris e resolvi ver o que aconteceria se eu folheasse uma revista na banca do prédio. Entre os editores de revistas pequenas, essa banca era lendária. Se você queria que sua publicação fosse noticiada pela mídia de Nova York, tal publicação tinha que estar à venda aqui. Infelizmente, os proprietários da banca eram um duro e determinado casal alemão, Margit e Helmut Larsen, e eles não se impressionavam com títulos como *The Modern Review*. Eu tinha feito todo o possível para que tivessem a revista no estoque, inclusive mandar a Helmut uma caixa de charutos, mas não havia adiantado.

Quando pus os olhos neles por trás do balcão imediatamente percebi meu equívoco. Helmut era uma figura magra, levemente curvada, com uma expressão de dor no rosto, enquanto Margit tinha a constituição de um lutador de sumô. Eu conversara com o Larsen errado. Nitidamente era Margit quem usava as calças — ou melhor, as calcinhas brancas gigantes.

Peguei displicentemente um número de *The New Yorker* e abri na página do sumário.

— Com licença — disse Margit com um forte sotaque alemão —, o senhor vai comprar essa revista?

— Não tenho certeza — respondi, piscando para Chris. — Primeiro quero ver o que contém.

— SE O SENHORR QUERR VERR O QUE ESTÁ NELA, OLHA A CAPA — berrou ela. — ISSO AQUI NÃO É UMA BIBLIOTECA.

Não conseguia acreditar na ferocidade da resposta. Ouvi um riso por trás de mim e me virei para ver Chris sacudindo o dedo.

— Meu Jesus — disse eu para ele, colocando a revista de volta no suporte. — Entendo o que você quer dizer.

— Bem-vindo à Condé Nast — respondeu ele.

5

A Besta

A COZINHA DO INFERNO NÃO ERA NEM UM POUCO como eu esperava. Sam Pratt a pintara como se eu tivesse que enfrentar um bando de viciados em *crack* brandindo facas todas as noites, mas isso se revelou uma típica bravata novaiorquina. Descobri que os moradores da cidade se orgulham da imagem de Nova York como de uma terra selvagem e ingovernável, e adoram discorrer sobre ingênuos interioranos que são aliviados de todos os seus bens quinze minutos depois de chegarem. Falam de suas histórias de guerra como se falassem de viver em Beirute.

Na verdade, Restaurante Popular teria sido um nome mais apropriado para a área. Os empobrecidos habitantes locais sentavam à entrada de suas casas, jogando cartas e balançando a cabeça benignamente para mim enquanto eu passava, olhando-me mais como extras num comercial da Budweiser do que em *Cães de aluguel*. Ao cair da noite, todos já estavam em êxtase em suas cadeiras de balanço, mortos para o mundo. A área de onde eu vim, na zona oeste de Londres, era um férvido caldeirão de criminalidade comparado à Cozinha do Inferno.

Manhattan sofreu um terrível golpe em seu amor-próprio pouco depois que cheguei, quando o Chefe de Polícia anunciou que as taxas de assassinato, roubo e assalto às residências da cidade tinham caído a seu nível mais baixo em vinte e cinco anos, tornando-a uma das cidades mais seguras da América. Se o Japão tivesse comprado a Estátua da Liberdade, não teria sido pior.

Diversos especialistas foram acionados para explicar o que dera errado. Alguns punham a culpa na nova política de "tolerância zero" da Chefia de Polícia, fazendo com que o menor distúrbio numa esquina de Nova York se deparasse com uma reação instantânea e freqüentemente letal. Outra teoria era que os adolescentes assassinos responsáveis pelos mais violentos crimes da cidade haviam assassinado uns aos outros nas ferozes guerras de gangues irrompidas nos anos 1980. Mas a explicação mais plausível era que o *crack* substituíra a heroína como droga de eleição da estação entre a população criminosa da cidade. A heroína, segundo os especialistas, é o Prozac dos excluídos, transformando psicopatas potenciais em despreocupados zumbis.

Uma conseqüência disso foi que partes de Manhattan previamente classificadas como áreas proibidas subitamente entraram na moda. Foi assim que me vi arrastado ao "distrito dos processadores de carne", de nome agourento, certa noite pouco depois de chegar.

Meu anfitrião da noite era o lendário jornalista britânico Anthony Haden-Guest. Anthony é o filho ilegítimo de um lorde inglês e meio-irmão de Christopher Guest, o cineasta casado com Jamie Lee Curtis* que mora em Los Angeles. Logo que Anthony chegou a Nova York em 1976, ele achou que um brilhante futuro estendia-se à sua frente, tendo já conquistado um nome na Fleet Street; além disso, teve uma fila de patronos influentes, entre os quais Tom Wolfe. Entretanto, ficou estremecido com esses benfeitores e, embora ganhe bem como autônomo, sua ofuscante carreira jornalística jamais se concretizou realmente. Não por falta de talento. Pelo contrário, Anthony possui as três virtudes essenciais do jornalista: um modo agradável de fazer as coisas, uma astúcia de rato e um pouco de habilidade literária.** No entanto, sofre também do vício do jornalista: ele bebe. Por si só, isso não teria importância. Christopher Hitchens, outra importação britânica, é também um grande bebedor, mas isso não prejudicou nem um pouco sua carreira.

---

*Segundo Anthony, o nome legal da atriz é Lady Jamie Lee Curtis-Haden-Guest.
**Eram as três qualidades apontadas por Nicholas Tomalin, o correspondente estrangeiro britânico morto no Vietnã.

Pelo contrário, o hábito de beber de Hitch é uma parte integral de seu licencioso e que tudo-vá-para-o-inferno caráter. Mas, ao contrário de Hitch, que parece se tornar mais brilhante quanto mais bebe, Anthony é um *mau* bebedor. No transcorrer da mesma noite, ele vai de uma companhia afável e reservada de professor, cheio de observações espirituosas e eruditas, a uma espécie de *hooligan*, desafiando todos que cruzam seu caminho para uma briga. Sua transformação pode ser mapeada através dos quatro nomes pelos quais é conhecido. Logo que chega numa festa, ele é Haden-Guest; depois de vários copos de vinho, é o "Indesejável Guest"* então, depois de uma garrafa ou duas, é o "Haden-Besta"; até que finalmente, tendo passado à vodca, ele se torna simplesmente "a Besta". Wolfe foi um dos primeiros a deixá-lo ao léu, imortalizando-o como Peter Fallow, o dissoluto jornalista inglês de *A fogueira das vaidades*.

O outro vício principal de Anthony, do ponto de vista da carreira, é que ele não consegue resistir a uma boa festa. Na verdade, não consegue resistir a uma má festa também, contanto que haja birita de graça e canapés para comer. A *Spy* manteve um Iron man para descobrir quem ia a mais festas em Manhattan. Havia diversos competidores fortes, inclusive Taki, Jay McInerney e Morgan Entrekin, o proprietário da Grove-Atlantic, mas a Besta sempre ganhava.

A noite que saí com Anthony foi pura rotina para os seus padrões, mas para alguém que acabava de descer do barco como eu serviu verdadeiramente para me abrir os olhos. Ele me convidou para acompanhá-lo a um tributo a Leigh Bowery, o artista performático que morava em Londres e que morrera de Aids no ano anterior. A primeira indicação de que a noite não ia ser convencional foi quando eu avistei duas mulheres atraentes andando pela rua vestidas com o que parecia uma roupa justa cor de carne.

— Olhe — disse eu cutucando Anthony. — À distância elas parecem completamente nuas!

Ele deu uma olhada nas mulheres e, com invejável sangue-frio, disse:
— Elas estão nuas.

---

*Na língua inglesa, *guest* significa convidado. (*N. do T.*)

Eram apenas 8:30 da noite e ainda estava claro, mas à medida que as mulheres se aproximavam, tornou-se evidente que Anthony tinha razão: elas de fato estavam nuas. Na fila para comprar as entradas, a próxima coisa que notamos foi que as duas mulheres estavam em pé bem atrás de nós. Eu me senti tão constrangido que mal podia falar — *elas estavam nuas!* —; mas todos os outros pareciam impassíveis. Bem podiam ser duas freiras com seus hábitos, pela ausência de olhares lascivos que atraíram.

O local do evento, uma galeria de arte na Rua 13 Oeste, estava totalmente apinhado mas, surpreendentemente, toda a fila da frente se mostrava vazia. Imaginei que estivesse reservada para a imprensa e me espremi por entre a multidão, arrastando Anthony atrás de mim. Como um veterano desses eventos, ele parecia relutante em sentar na fila da frente, sentindo que deveria haver um bom motivo para ela estar vazia. Entretanto, resolveu fazer minha vontade.

O primeiro a se apresentar foi um performático famoso por ser soropositivo e se mutilar no palco. Seu corpo nu estava coberto da cabeça aos pés por um tecido adesivo, e o "ato" do performista consistia em ter esse tecido adesivo cortado numa velocidade atordoante por dois assistentes com tesouras de jardineiro. Enquanto essa rotina continuava, e as tesouras iam fazendo pequenos cortes em sua carne, ocorreu-me que as suspeitas de Anthony podiam ter fundamento.

A seguir veio um homem vestido de inseto que tentou equilibrar-se sobre um banquinho velho e bambo. Após cair diversas vezes, ele deixou o palco e voltou alguns segundos depois com um machado, com o qual começou a atacar o banquinho com uma enorme vontade. Na verdade ele entrou numa tal espécie de frenesi que a cabeça do machado voou e aterrissou com um tremendo baque a poucos centímetros de onde estávamos. Anthony e eu nos entreolhamos num alarme crescente.

O terceiro ato, com uma drag-queen chamada "Lady Bunny", começou rememorando Leigh Bowery. Com lágrimas de riso nos olhos, Lady Bunny recordou a vez em que Bowery submetera-se a um clister pouco antes de aparecer no palco e depois borrifara toda a fila da frente com os resíduos de seu corpo.

— Como um tributo ao homem que viemos homenagear esta noite — disse ele — resolvi repetir seu lendário ato de arte performática.

A platéia veio abaixo em aprovação. Anthony e eu engolimos nervosamente em seco.

Então, Lady Bunny virou-se de costas para a platéia e começou a levantar a saia até as coxas, centímetro por centímetro. Aquele era o momento que todos esperavam. Enquanto os segundos se passavam e a saia ia sendo erguida cada vez mais alto, o projetor caiu sobre os dois idiotas sentados na fila da frente. Alguém atrás de nós começou a contar os segundos e toda a platéia o acompanhou: "Dez, nove, oito..."

Quando eles chegaram ao "um", Anthony e eu tínhamos quebrado o *record* mundial dos cem metros.

6

Na corte do Rei Sol

EM LONDRES, EU OUVIRA a Condé Nast chamada de "condescendente e nojenta", mas minha impressão inicial era que sob essa fachada glamourosa havia apenas mais uma editora de revistas. Não foi preciso muito tempo para eu perceber meu equívoco. Estranhamente, foi num dos elevadores do saguão central que experimentei a infame altivez da Condé Nast pela primeira vez. Enquanto tentava descobrir que elevador me levaria ao quarto andar, descobri que as portas de todos os elevadores do 350 eram perigosamente imprevisíveis. Às vezes, se se pusesse um pé ou um braço para fora, a porta tornava a abrir, mas outras vezes ela simplesmente se fechava. Certa manhã, cerca de uma semana depois de chegar, eu estava esperando num elevador quando uma mulher linda, provavelmente a caminho de *Vogue*, esticou a mão para impedir que a porta se fechasse. Ela tentou segurá-la para uma amiga, mas a porta do elevador fechou-se bruscamente, quase prendendo a mão dela em suas mandíbulas.

— Ele é sensível à moda — brinquei. — Se você não está usando Prada ou Gucci, ele arranca seu braço.

Em vez de rir, ela me olhou como se eu fosse um mensageiro que não tivesse tomado o elevador de serviço.

— Mas eu estou usando Prada — disse ela com desdém.

Condescendente e nojenta.

Posteriormente soube que, segundo a etiqueta na Condé Nast, não se espera que as pessoas falem umas com as outras nos elevadores. Na realidade, uma regra não escrita estipula que Anna Wintour não partilha o elevador com ninguém. Se você está esperando um elevador e Anna aparece, você deve deixá-la entrar e tomar o elevador seguinte. Chris Lawrence brincava que estava planejando esconder-se atrás de uma coluna no saguão com um bando de seus colegas de fraternidade e, quando Anna entrasse num elevador, eles sairiam correndo de trás da coluna e se empilhariam no elevador com ela. "Todos teríamos comido uma tonelada de feijão na noite anterior e bebido litros de cerveja", ria ele.

Quase não se passava um dia durante minhas primeiras semanas em *Vanity Fair* sem que algum incidente ocorresse, ilustrando como os Condé-Nojentinhos eram diferentes dos colegas sujos de tinta lá da minha terra. Por exemplo, pouco depois de chegar, descobri que uma mulher na "foto" — o departamento fotográfico — morava no Upper West Side pouco acima da Cozinha do Inferno. Eu vivia com problemas tentando entender qual era o modo mais rápido de chegar no 350 pelo metrô e, uma vez que ela trabalhava na revista há vários anos, achei que saberia. Perguntei-lhe se podia me dar alguma dica.

Foi como se eu pedisse informação sobre o clube erótico mais próximo.

— Não tenho a mínima idéia — bufou.

O motivo de não ter qualquer idéia era que jamais tomava o metrô para ir trabalhar. Nos três anos em que ela esteve lá, sempre tomava um Lincoln Town Car para ir e voltar da Condé Nast todos os dias. Desnecessário dizer que ela não me ofereceu carona.

Para o pessoal da equipe de certa categoria, os carros Lincoln Town são um dos traços de bom posicionamento hierárquico do emprego. Se você saía do 350 a qualquer momento entre 5 e 7 da noite num dia de semana, a rua estava coalhada de Lincolns. A companhia que detinha a conta era a Big Apple Cars e o controlador, um homem que parecia muito com Gert Fröbe, estava sempre na calçada junto ao edifício expelindo ordens num *walkie-talkie* por um canto da boca e mascando um charuto pelo outro. Naturalmente Chris Lawrence e eu o apelidamos de "Goldfinger". Esperamos em vão que ele dissesse no *walkie-talkie*: "Escolha sua próxima frase espirituosa com cuidado, Mr. Bond. Pode ser a última."

Antes de eu chegar lá, o executivo-chefe da Condé Nast, Steve Florio, anunciara que estava contendo as despesas, mas havia pouca evidência disso em 1995.* Si Newhouse — ou "Sua Alteza Real", como ele era chamado às vezes — era encarado como um rei esplendidamente generoso que ficava feliz em satisfazer os apetites dos súditos, por mais extravagantes que fossem. Depois de meia dúzia de idas ao 44, onde um modesto almoço para dois podia custar mais de 100 dólares, descobri que a frase de uso mais corrente na Condé Nast é "Deixe que Si fica com isso". Uma editora sênior da Condé Nast, lembrando que esquecera de devolver uma fita de vídeo, enviou um mensageiro da companhia ao seu apartamento para pegar a fita e devolvê-la à loja de vídeos. Economia para ela: 1 dólar e cinqüenta. Custo para a companhia: 20 dólares. Os esforços de Florio para cortar custos não eram ajudados pelo fato da *Forbes* colocar a família Newhouse em quarto lugar na sua lista dos 400 mais ricos dos Estados Unidos em 1995. A fortuna deles, combinada, era de mais de 9 bilhões de dólares.

Florio também se deparou com um formidável adversário na pessoa de Alexander Liberman, um extravagante russo branco que fora diretor editorial da Condé Nast até 1994. "Eu acredito em desperdício", anunciou ele certa vez. "O desperdício é muito importante para a criatividade." Essa mensagem não escapou aos notórios membros do cintilante grupo da Condé Nast. Ele convenceu a companhia a lhe alugar um apartamento em Paris o ano todo, mas recusou-se a ficar nele quando viajava àquela cidade para assistir às coleções de primavera e outono, insistindo em ser instalado no Ritz. Inicialmente trabalhara na *Vogue*, mas havia sido rebaixado para uma revista menos importante quando foi pego mandando o namorado a Paris de Concorde, à custa da companhia.

Os *fashion designers* — os *monstros sagrados* que trabalham no departamento de moda da *Vogue*, *Vanity Fair*, *Glamour*, *Allure* e *Self* — são

---

*Florio costumava brincar que era tão impopular na Condé Nast que contratara um provador de comida em tempo integral. Havia boatos de que seu motorista carregava uma arma "com objetivos de segurança."

os mais paparicados de todos os cortesãos de Si. Por exemplo, sempre que partem numa viagem, seja relacionada a trabalho ou não, despacham antes a bagagem via FedEx, para que esteja esperando por eles quando chegarem ao destino. "É tão mais simples do que levá-la para lá você mesmo, *querrido!*" Se querem cortar o cabelo, furam a fila de espera do Frédéric Fekkai — o salão mais caro de Nova York — e reembolsam a si mesmos das despesas menores. O mesmo se aplica a tratamentos faciais, manicures e pedicures — tão populares com os homens como com as mulheres. Entre os *fashion designers*, tal prática é conhecida como "scouting", como se fosse uma despesa justificável feita no decorrer da condução da pesquisa editorial.

No que diz respeito a roupas, eles podem se abastecer com guarda-roupas inteiros sem pôr o pé fora do edifício. Se precisam de um acessório para a noite, simplesmente "pedem para vir", ou seja, ligam para o *designer*, que manda o que precisam por um mensageiro. Às vezes devolvem o objeto no dia seguinte, às vezes não. Isso, à parte as roupas que lhes são enviadas todos os dias como uma forma de tributo. Um membro do departamento de moda da *Allure* recebeu tantos acessórios que organizou uma "liquidação-relâmpago" em seu apartamento e ganhou milhares de dólares.

Na transcorrência de moldar um "estilo" para uma sessão de fotos, os *fashion designers* apresentam contas enormes de todo tipo de artigo que declaram absolutamente essenciais se a história em questão é "trabalho." Uma editora de moda da *Vogue* conseguiu mobiliar sua casa de verão com itens comprados desse modo. Entre os "Voguettes", essa casa-longe-de-casa era conhecida como "Conexão Pequena Quantia."

Elizabeth Saltzman, uma diretora de moda de trinta anos da *Vanity Fair*, era tão poderosa que não precisava solicitar presentes — eles simplesmente se materializavam do lado de fora de sua sala todos os dias. Certa vez encontrei no chão um fax que começava: "Querida Elizabeth, há algum tempo, o Centro de Informação do Diamante presenteou-a com um colar de diamante solitário..." Minha sala ficava próxima à dela e, sempre que eu tinha problemas para entrar em alguma festa glamourosa, Elizabeth sempre ajudava muito gentilmente. Por exemplo, a 16 de novembro de 1995, pedi-lhe se podia conseguir alguns ingressos para a *première* de *007 contra Goldeneye*, o primeiro filme de Bond depois de seis anos. Chris Lawrence e eu tínhamos tentado o dia inteiro, sem resultado. Ela imediatamente ligou para o divulgador encarregado do evento e colocou o chamado em viva-voz.

Elizabeth (Ronronando): Oi. É Elizabeth Saltzman. Por acaso será que eu poderia conseguir alguns ingressos para o evento desta noite?

Divulgador: Puxa, Elizabeth, vai ser difícil. De quantos vocês precisa?

Elizabeth me olhou e eu levantei três dedos. Pensei em convidá-la, se quisesse se juntar a nós.

Elizabeth: Três.

Divulgador: Para quem são?

Elizabeth (incrédula): Para quem são? Como assim, para quem são? PARA MIM, ELIZABETH E EU, CERTO?

Divulgador: Certo, certo, nenhum problema. Vou mandar um *boy* aí imediatamente.

Eu mesmo não era ineficiente no departamento de conseguir coisas de graça. Pouco depois que cheguei, um editor sênior me iniciou no vodu de conseguir ingressos de teatro grátis. Aparentemente, você não ligava para o divulgador do teatro e pedia um ingresso de cortesia — qualquer pateta da imprensa podia fazer isso. Você ligava para o divulgador, identificava-se como um editor da *Vanity Fair* e pedia para "comprar" ingressos. O divulgador ficava tão impressionado com sua demonstrada vontade de pagar que não apenas oferecia imediatamente dois lugares grátis como seriam os melhores lugares da casa. Desnecessário dizer que não se esperava que nenhum editor da *Vanity Fair* tivesse menos que isso.

No alto topo da árvore, o corpo de elite dos editores-em-chefe de Si vivem como paxás. Além de seus enormes salários — Graydon recebia 775 mil dólares em 1995 — Si lhes compra os carros que escolhem e paga motoristas para eles. Também lhes concede empréstimos sem juros para que possam comprar o tipo de casa que precisam, agora que são *figurões* da Condé Nast. É quase como se Si fosse um monarca à moda antiga recompensando os cortesãos favoritos com baronatos. Quando Graydon foi indicado editor da *Vanity Fair* em 1992, Si emprestou-lhe 450 mil dólares para que ele pudesse arcar com a reforma de sua casa em Connecticut e morasse num apartamento no Dakota — o edifício do Upper West Side onde morara John Lennon. Art Cooper, o editor de GQ, pediu emprestado a redonda soma de um milhão para comprar sua casa de campo.

A Abelha Rainha da Condé Nast é Anna Wintour, a editora da *Vogue*. Em 1996, seu salário atingiu a marca de 1 milhão de dólares, tornando-a a editora mais bem paga do mundo. Nascida em 1949 numa família inglesa da alta classe média — seu pai, Sir Charles Wintour, fora outrora o editor de *The Evening Standard* — o primeiro emprego de Anna, aos vinte anos, foi no departamento de moda de *Harpers & Queens*. Após cinco anos ela cruzou o Atlântico para trabalhar para uma série de revistas de moda antes de se tornar diretora de criação da *Vogue* em 1983. Voltou a morar em Londres em 1986 para assumir o leme da *Vogue* britânica e depois voltou para Nova York em 1987, para editar *House & Garden*.* Posteriormente, em 1988, chegou ao topo da nau capitânia da Condé Nast.

As histórias sobre a notória *froideur* de Anna são legião. Como por exemplo o caso da chefe de departamento da *Vogue* que conseguiu um emprego para a filha de dezesseis anos, no verão de 1994. A adolescente caminhava despreocupadamente pelo corredor, cuidando de seus assuntos, quando viu Anna andando em sua direção, o que, posso dizer por experiência própria, é uma visão assustadora. Depois de superar o choque inicial, a garota fixou um ponto acima do ombro esquerdo de Anna e, concentrando-se nisso, esperou atravessar os trinta segundos seguintes. Subitamente, bem no momento em que passavam uma pela outra, o salto do sapato de Anna, um Manolos, quebrou e ela estatelou-se no chão, aterrissando aos pés da outra. O primeiro impulso da garota foi perguntar a Anna se ela tinha se machucado, mas lembrou do que a mãe lhe dissera: sob nenhuma circunstância devia dirigir a palavra a "Ms. Wintour" — *jamais*. Assim, cautelosamente, a garota pulou por cima do corpo prostrado de Anna e continuou seu caminho. Assim que dobrou o corredor, disparou

---

*Uma das inovações de Anna foi renomear a revista como *HG*. Ela encheu-a com tantas celebridades que a revista se tornou conhecida na Condé Nast como *Vanity Chair*.

para a sala da mãe e explicou o que acontecera. Teria feito a coisa certa? Sim, assegurou-lhe a mãe. Fizera exatamente a coisa certa.

Eu consumia avidamente essas fofocas. Ali, finalmente, estava Patsy de *Absolutely Fabulous* em carne e osso. Ou estaria Anna emulando Diana Vreeland, a mais célebre editora da *Vogue*? Segundo uma Voguette de quem eu era amigo, Anna freqüentemente manda sua assistente ao banheiro dos homens para buscar os membros de sua equipe atrasados para reuniões. Ela também é notoriamente enjoada com cheiro de comida, e uma regra no 13° andar não permitia que ninguém comesse em suas mesas até que Anna deixasse o edifício. A parcimônia também era *verboten*. Sua extravagância — à custa da companhia — é lendária. Como editora da *Vogue* britânica, Anna continuara a "morar" em Nova York, indo e voltando de Concorde. Em seu atual emprego, dizem que ela contrata um decorador para rearrumar as fotos na parede de seu escritório de tantos em tantos meses.

Talvez o boato mais persistente é que a marca registrada de Anna, os óculos escuros Chanel, jamais saem de seu rosto. (Posso confirmar isso. Certa vez eu a vi sentada no escuro na fila da frente de um cinema em Nova York, de óculos escuros.) É como se ela seguisse à risca a máxima de Diana Vreeland: "Nunca tema ser vulgar — apenas aborrecido, classe média ou sem graça."

O estilo de vida privilegiado dos Condé-Nojentinhos tem outro lado da moeda. A equipe da *Vanity Fair* se queixa habitualmente do efeito enervante de todo esse luxo, referindo-se à revista como "o caixão de veludo". Os editores da Condé Nast desenvolveram todo um vocabulário para transmitir sua visão de mundo impiedosa e levemente brega. Um restaurante mal decorado, por exemplo, é a "sala de espera de um aeroporto" ou — pior — um "McDonald's", enquanto uma festa ou clube com gente demais é uma "foda de ratos" ou "foda grupal". Uma pessoa que não tem onde cair morto é "de aparência assustadora", e qualquer um que ligue duas vezes num mesmo dia, por mais urgente que seja o assunto, é uma "ameaça". É como se eles fossem celebridades tendo que lutar contra fãs problemáticos. Lá, o pior qualificativo que pode se aplicar a alguém é de ser "excessivo".

Durante minhas primeiras semanas na *Vanity Fair*, fiquei chocado ao ver como as pessoas eram abertamente desdenhosas com os que estão situados abaixo delas na cadeia alimentar. Nas revistas britânicas onde trabalhei, qualquer membro da classe dos oficiais que desprezasse as fileiras mais baixas era imediatamente rotulado de "um esnobe pretensioso e desprezível". O esnobismo de qualquer tipo era completamente tabu. Mas na *Vanity Fair* não; ali não se faz nenhum esforço para camuflar a rígida hierarquia dos escritórios. Pelo contrário, jamais é permitido às pessoas esquecerem seu lugar na ordem hierárquica. A equipe editorial sênior trata os pesquisadores como empregadas domésticas arrogantes.

A mais baixa forma de vida no universo da *Vanity Fair* são os *free lancers* que enviaram artigos não solicitados. Mesmo os pesquisadores os encaram desdenhosamente, e aos assistentes editoriais é deixada a tarefa de enviar-lhes as estereotipadas cartas de rejeição.* Lembro de uma ocasião, não muito depois de minha chegada, em que Aimée Bell me mostrou uma "hilariante" sátira que fingia ser o diário de um desmazelado jornalista *freelance* chamado Josh Freelantzovitz. Achava eu que daria uma boa coluna em *Vanities*? Li-a toda e disse que não. Não ficava bem, argumentei, zombar de pessoas que lutavam para obter o *status* profissional que os colaboradores da *Vanity Fair* tinham conquistado. Supostamente, a sátira era uma arma com que os destituídos atacavam o *Establishment*, não o contrário. O autor dessa matéria, disse eu segurando o artigo ofensivo, é um esnobe querendo chutar a escada que ele mesmo subiu para que ninguém mais o faça.

Depois que despachei esse pequeno sermão, Aimée pacientemente explicou que Josh Freelantzovitz era na realidade seu marido, David Kamp, um escritor da equipe de *GQ*. Desnecessário dizer que "O Diário

---

*Este é o exemplo de uma carta de rejeição enviada a 25 de junho de 1997 por Beth Altschull: "Cara Srta. Browne. Muito obrigada por seu interesse na *Vanity Fair*. Eu gostaria realmente de poder resenhar seu livro de não-ficção, *That Old Black Magic: Essays, Images & Verse on The Joys of Loving Black Men*, na nossa revista. Infelizmente não poderemos fazê-lo. Mais uma vez agradecemos por pensar em *Vanity Fair*. Desejamos-lhe sorte na divulgação do seu livro e, por favor, sinta-se à vontade para nos contactar com qualquer idéia de matérias no futuro."

de Josh Freelantzovitz" logo se tornou uma coluna regular em *Vaidades*. E na verdade, quando David soube de minha objeção, escreveu outra sátira chamada "O Diário de Jeremy Feckless-Expat", da qual se deduzia que os britânicos em Nova York são alcoólatras preguiçosos e inúteis. (Como é que ele ousa?) Isso também foi publicado na *Vanities*.

7

A experiência

CERCA DE UNS QUINZE DIAS depois de minha chegada, Syrie veio a Nova York para uma " semana de experiência." Não conhecia a cidade e queria vê-la antes de se decidir a mudar para lá. Eu fingia que não era nada demais, e se não funcionasse sempre poderíamos ter uma relação a longa distância. Mas estava preocupado que ela me deixasse, se resolvesse permanecer em Londres. Cruzei os dedos. Não estava apaixonado, mas me sentia totalmente fixado em Syrie sexualmente.

A primeira vez que pus os olhos nela foi em 1989, no refeitório do Trinity College, em Cambridge. Depois de Harvard, eu fora para Cambridge, onde tentava obter um doutorado em Filosofia. Era o primeiro dia do novo ano acadêmico e, mantendo a tradição da Faculdade, eu e vários outros alunos "maduros" conferíamos a última fornada de "calouras". Não que tivéssemos qualquer esperança de dormir com elas; na hierarquia dos estudantes de Cambridge, pós-graduados são o mesmo que "cienats" (cientistas naturais). Sentir tesão pelas calouras — e saber que isso nunca seria correspondido — era apenas mais um exercício de autoflagelação, passatempo favorito de pós-graduados.

Syrie destacou-se imediatamente — e não só por seus cabelos castanhos longos e olhos verdes flamejantes. Era também o seu porte orgulhoso e ereto como uma dançarina de flamenco. Lançava a cabeça para trás desafiadoramente ao entrar no refeitório, olhando firmemente para a frente quase como se esperasse causar uma comoção e estivesse decidida a planar acima dela. Ao passar pela mesa dos pós-graduados, ela sequer deu um olhar em nossa direção, embora fosse perfeitamente óbvio que estávamos todos de língua de fora em relação a ela. Tudo em Syrie irradiava desprezo, o que combinava lindamente com nosso estado de ânimo masoquista. Essa arrogante beleza de lábios cheios incorporava tudo que era proibido a tristes perdedores como nós. Minha infelicidade aumentou quando ela escolheu um lugar diretamente oposto ao meu na biblioteca da Faculdade, tornando impossível que me concentrasse em meus livros de filosofia. Durante o resto do ano acadêmico até que eu abandonasse totalmente meu Ph.D., torturei-me imaginando como seria, nu, seu núbil corpo de dezoito anos. Eu tinha 100% de certeza que jamais saberia.

Syrie ressurgiu em minha vida em 1994. Aos vinte e três anos, como pesquisadora de uma companhia produtora de televisão independente, ela caiu do céu e me convidou para almoçar. Aha, pensei eu, isso podia ser interessante. Em vez de um aluno empobrecido morando num alojamento da universidade, eu era agora um filhote a todo vapor da mídia, e um membro do The Groucho Club, o mais famoso fornecedor de bebidas alcoólicas de Londres. Imaginei que ela lembrasse de mim de Cambridge e quisesse algum conselho para a carreira — talvez mesmo um emprego! Quem sabe eu fosse vê-la nua, afinal de contas.

Minhas esperanças foram logo esmagadas. Ela confessou que seu chefe a mandara convidar-me para almoçar a fim de que ela "roubasse" idéias que eu pudesse ter para programas de televisão. Eu havia esperado uma ingênua de olhos arregalados que bebesse cada palavra minha e em vez disso me deparei com uma moça inteligente e autoconfiante. Após se formar em Cambridge com especialização em Inglês, ela trabalhou no ramo da edição por algum tempo e, no ano anterior, ajudara a organizar o Hay-on-Wye Literary Festival. Fora lá que conhecera seu atual namorado, o romancista Will Self. Eu ouvira falar dele? Na verdade, sim. *Ele era simplesmente o jovem romancista mais famoso do país!*

O ponto mais baixo do encontro foi quando eu disse a Syrie que estudara em Cambridge.

Syrie: Mesmo? Quando?
Eu: 1988-90.

Syrie: Mas foi quando eu estive lá! Em que faculdade você estava?
Eu: Trinity.
Syrie: Não! Mas eu estava em Trinity.
Pausa.
Eu: Sim, eu sei.

Eu me sentara à frente dela por quase todos os dias durante um ano e não lhe causara a menor impressão. Preferia que ela tivesse lembrado de mim como um horroroso pós-graduado deslumbrado — qualquer coisa teria sido melhor do que não causar impacto nenhum. Eu fora completamente invisível para ela. O que poderia ser mais humilhante? Toda a luxúria que eu sentira nos cinco anos antes voltara numa onda, mas dessa vez eu estava decidido a fazer algo a respeito.

Liguei para ela alguns dias depois e convidei-a para tomar um drinque no Groucho. Como não queria que ela encarasse aquilo como um "encontro romântico", convidei também outras pessoas, inclusive Tom Shone, o editor literário da *The Modern Review*. Que erro! Além de ser extremamente brilhante, Tom é um conquistador de classe mundial — daí seu apelido — "O Abatedor Shone". Assim que ele viu Syrie, seus olhos assumiram a expressão predatória que eu já vira mil vezes, e quando Syrie anunciou que ela e Will Self haviam rompido o namoro, Tom praticamente começou a salivar. (*É o lobo, é o lobo!*) Eu sabia por uma amarga experiência que não adiantava competir com o Abatedor quando ele estava num desses estados de ânimo. Ninguém poderia chegar aos pés de sua concentração e força de vontade. O canalha acabou dando nela um longo beijo molhado naquela noite.

Felizmente, a relação deles não foi além desse estágio, e mais uma vez eu me pus à caça. Cheguei à conclusão de que minha melhor estratégia era ser completamente franco: disse a Syrie que a achava incrivelmente atraente e faria absolutamente qualquer coisa — *qualquer coisa!* — para sair com ela. Ao contrário do Abatedor, levei oito semanas de árduo esforço só para convencê-la a me dar um longo beijo molhado. Noite após noite, terminávamos em algum esquálido bar no Soho e, exatamente quando eu estava suficientemente bêbado para dar uma cantada nela, ela simplesmente pulava num minitáxi e voltava para seu apartamento em Marble Arch. Nunca tinha me esforçado tanto para conseguir uma moça na minha vida. Sua rendição, quando finalmente ocorreu, foi um dos momentos mais doces que já tive.

    Fazer sexo com Syrie era como ter um desejo satisfeito por uma fada madrinha. Foi uma oportunidade de voltar o relógio e fazer o que eu ansiava naquela época, mas não tinha tido peito para empreender. Num certo sentido, ela representava todas as moças inatingíveis que eu cobiçara a vida inteira. Esse poço de desejo não correspondido deixara uma profunda ferida psíquica em mim e ali, finalmente, estava minha chance de curá-la. Quando me mudei para Nova York, eu já estava dormindo com ela por uns nove meses, mas o dano de modo nenhum estava completamente sanado. Claro, a humilhação causada pela rejeição sexual nunca pode ser totalmente expurgada, mas isso não ia me impedir de tentar — repetidamente. Não tinha nenhuma intenção de abandonar minha "terapia" no meio do caminho.

Syrie ouvira todas as histórias de horror habituais sobre Manhattan, mas eu lhe assegurei que não era mais assim. Segundo as últimas estatísticas de crime, a taxa atual de assassinato era mais baixa do que a de Dallas. Infelizmente, nesse fim de semana em especial, Nova York decidira que já estivera na linha por tempo suficiente. Já era hora de um acesso de nostalgia.

    Nossa primeira experiência ruim aconteceu ao voltarmos do aeroporto JFK. Eu tinha esperado Syrie na saída do avião com um Lincoln Town Car, e aguardávamos que o sinal se abrisse na Via Expressa Van Wyck quando um táxi amarelo bateu na traseira do nosso carro. Os dois motoristas pularam para fora a fim de inspecionar seus veículos e rapidamente concluíram que o Lincoln recebera o golpe danoso. De fato, o táxi estava quase ileso. Nesse momento o sinal abriu e fomos instantaneamente ensurdecidos pelo som de dúzias de buzinas pressionadas simultaneamente. Decidindo que não havia nada a ganhar ficando por ali, o motorista do táxi voltou rapidamente ao carro e partiu voando.

    Nosso motorista imediatamente correu em seu encalço, e subitamente nos encontramos representando uma cena de *Operação França*.

Syrie agarrou meu braço, aterrorizada.
— Diz a ele para parar.
Inclinei-me para a frente.
— Ahn, o senhor pode diminuir um pouco a velocidade, por favor? Minha namorada está com medo.
Naturalmente, ele me ignorou.
Espiei por cima de seu ombro e o velocímetro marcava 150 quilômetros por hora.
Estávamos a uns cinqüenta metros atrás do táxi e nos aproximando quando avistei outro conjunto de sinais bem à nossa frente. Ali estava a chance do outro motorista, pensei. Se o sinal fechasse no momento certo, ele poderia fugir quando nós teríamos que esperar.
Infelizmente para ele, quando chegou ao cruzamento o sinal já mudara e ele teve que parar, dando-nos tempo de sobra para alcançá-lo. Então, exatamente quando estávamos parando atrás dele, o motorista do táxi subitamente pisou na tábua e, com um guinchar de pneus, disparou para a frente com o sinal fechado, fazendo com que o tráfego veloz se espalhasse em todas as direções.
— Aaaaaaaaah! — gritou Syrie, convencida de que nosso motorista estava pronto para correr atrás do outro.
— P-p-por favor não corra atrás dele — gaguejei. — Não vale a pena.
— Não se preocupe — disse o motorista, virando-se e sorrindo para nós. — Eu peguei a placa dele.
Depois que Syrie se acalmou, ela sacudiu a cabeça com tristeza.
— Pobre gente — suspirou.
— Que gente? — perguntei.
Eu não notara, mas parece que havia dois passageiros no banco de trás do táxi amarelo. Syrie anunciou que enquanto vivesse jamais entraria num táxi em Nova York.
Por sorte, eu reservara para nós um quarto no Paramount, um hotel da moda no centro, o que era melhor do que me arriscar a levá-la para a Cozinha do Inferno; assim, o resto da noite passou-se sem incidentes. Na manhã seguinte, porém, estávamos na fila para comprar bilhetes de metrô na Times Square quando Nova York nos emboscou de novo. Eu

decidira levar Syrie a Coney Island e, já que ela se recusava a entrar num táxi, o único jeito de chegar lá era de metrô. Saída do nada, uma mulher projetou-se à nossa frente.

— Há uma pessoa na plataforma que parece morta — disse ela ao homem da bilheteria. Quando ele se mostrou cético, ela acrescentou. — Estou falando sério. Sou médica.

Logo ficou claro que o homem não ia deixar seu posto, de modo que Syrie e eu nos oferecemos para ir com a mulher investigar a situação. Quando chegamos na plataforma, ela apontou uma negra idosa deitada sobre alguns metros de papelão. Seu rosto estava da cor de papel de jornal, os olhos fechados e o corpo completamente imóvel. Não havia dúvida. Parecia morta.

Syrie agachou-se à frente dela.

— Você está bem? Quer que a gente chame um médico?

Quando ela não respondeu, Syrie delicadamente pegou-lhe o pulso para verificar seus batimentos.

Naquele momento a mulher deu um safanão libertando o braço e sentou-se ereta.

— NÃO ESTÁ VENDO QUE EU ESTOU TENTANDO DORMIR UM POUCO? — berrou ela. — DÁ O FORA DAQUI!

Um começo pouco auspicioso para o dia.

Segundo todos os guias escritos, os espetáculos excêntricos de Coney Island e as atrações clássicas de parque de diversões são uma lembrança encantadora de uma era passada. Quando finalmente chegamos lá, porém, aquilo me pareceu mais o cenário de um filme de horror. Dizer que o lugar já conheceu melhores dias não faz nem palidamente justiça à atmosfera de desolação quase nuclear. Velhos enrugados, esforçando-se para serem ouvidos por entre o grande ruído da maquinaria de antes da Primeira Guerra Mundial, anunciavam com pigarros as atrações de cachorros de duas cabeças e ratos gigantes e assassinos, enquanto haitianos com marcas de varíola trocavam furiosamente coisas com vendedores de *crack* de dez anos de idade pelo caminho feito de madeira.

A primeira volta que demos foi no Ciclone, orgulho e alegria de Coney Island. Essa montanha-russa era provavelmente considerada a última palavra ao ser inaugurada em 1927, mas, para qualquer um familiarizado com o que a Disneylândia tem para oferecer hoje, está longe de impressionar. É como se tivesse sido construída quase inteiramente de palitos de fósforos e elásticos. De modo alarmante, enquanto nos instalamos no velho carro decrépito, avistei o que pareciam "toupeiras"* esgueirando-se pela base da estrutura de madeira. Seriam técnicos em alguma coisa?

Estávamos sentados no último carro e, logo que este chegou ao topo da primeira inclinação, percebemos o erro tremendo que tínhamos cometido. Fomos impulsionados para o topo com tal força que as rodas de nosso carro saíram dos trilhos, e nos vimos mergulhando verticalmente para baixo de uma forma que dava a impressão de gravidade zero. Atingimos o fundo com um baque pavoroso de esmagar a espinha e fomos lançados verticalmente para cima a 140 quilômetros por hora, o que fez voar longe o conteúdo da bolsa de Syrie. Dezenas de metros abaixo eu podia distinguir pessoas lutando como animais selvagens na poeira por restos de comida. Então era aquilo que as "toupeiras" faziam.

Assim que pusemos o pé em *terra firma*, Syrie quis voltar a Manhattan, mas eu não podia encarar a perspectiva de outra jornada de noventa minutos de metrô sem dar pelo menos outra volta num brinquedo. Finalmente nos decidimos pelo Jumbo Jet, raciocinando que, com um nome desses, deveria ter sido construído depois da Segunda Guerra Mundial. O mesmo não podia ser dito do *Rocket Ship*, do *Jungle Cat* ou do *Titanic*. Quando sentamos — Syrie sentou-se à janela e eu junto ao corredor — notei que os dois rapazes hispânicos sentados atrás de nós estavam fumando.

— Desculpe, mas é proibido fumar neste avião — disse eu, dando-lhes um enorme sorriso para que vissem que eu estava brincando. — Vocês se incomodam de apagar os cigarros?

Em vez de rir, eles me olharam ferozmente com um indisfarçável desprezo.

— Vai se foder — disse o menor dos dois, e chutou as costas do meu banco com o maior força que pôde.

---

*"Toupeiras" é o nome dado aos vagabundos que moram no sistema de metrô de Nova York.

Syrie e eu apertamos os cintos e nos preparamos para uma corrida de solavancos.

O *Jumbo Jet* não chegou a alcançar bem 880km por hora mas a turbulência era muito pior do que qualquer outra que eu já sofrera sobre o Atlântico. Ele girou com uma velocidade tão extraordinária que pensei que eu fosse desmaiar. Por falar na força de gravidade! *Então é assim que mergulhar no espaço deve ser.* O ponto alto chegou quando o operador fingiu que perdera controle da corrida e todos os seus amigos, disfarçados de clientes, voaram em todas as direções.

Os gritos de Syrie podiam ser ouvidos até em Manhattan.

Após a excitação do dia anterior, Syrie e eu resolvemos que um modo agradável de passar a tarde de domingo seria fazer a viagem na Circle Line em torno de Manhattan, o que significa tomar um barco que contorna completamente a ilha, trazendo depois o passageiro de volta ao começo. De que modo podia ser perigoso?

Havia uns 120 passageiros no barco, e o guia da viagem começou pedindo que sentássemos. Podíamos sentar no "Camarote" — uma área coberta do tamanho de uma mesa de pingue-pongue — ou em um dos bancos de plástico no convés. Mas depois que tivéssemos escolhido, tínhamos que ficar onde estávamos. Disseram-nos que o barco virara certa vez, quando todos os passageiros haviam corrido para um lado a fim de fotografar um grupo de rapazes na praia mostrando o traseiro para o barco.

Assim que nos pusemos em movimento, ficou claro que alguém não tinha nenhuma intenção de obedecer à regra de fique-em-seu-lugar: um turista alemão na casa dos quarenta chamado Klaus. Klaus saíra direto do elenco principal. Usava uma camiseta branca enfiada para dentro de um minúsculo *short* cáqui, tinha uma câmera de vídeo portátil da Sony pendurada no pescoço e se agarrava a algo que parecia suspeitamente uma bolsa. Eu soube do seu nome porque a cada vez que ele pulava para filmar algum monumento local em videoteipe, sua mulher gritava "*nein, Klaus, nein*" e o instava a voltar ao seu lugar.

Ele devia tê-la ouvido.

Klaus teve sua punição exatamente quando estávamos passando sob a Ponte George Washington. Ele se inclinava sobre a murada, apontando a câmera para uma flotilha de barcos a vela, quando subitamente deu um tremendo grito e caiu no chão agarrando o ombro direito.

— PORRA! — berrou ele.

Sua mulher começou a gritar logo mas, estranhamente, não foi ajudá-lo. A impressão é que nada a faria deixar seu lugar, nem mesmo a visão do marido contorcendo-se em agonia a poucos metros de distância. Felizmente o guia da viagem foi até ele para descobrir o que ocorrera. Seria diabético? Teria tido um enfarte? Talvez fosse epilético.

Enquanto Klaus lutava para fazer-se entendido, subitamente correu um boato no barco que ele fora alvejado por um atirador na Ponte George Washington. As pessoas correram para o Camarote. Em menos de um minuto, todos os 120 passageiros, à exceção de Klaus e da mulher, ainda enraizada em seu lugar, apinhavam-se na área que fora planejada para acomodar apenas dez pessoas. Desnecessário dizer que nós não nos mexemos de lá até que o barco tivesse voltado ao ponto de embarque, uns quarenta e cinco minutos depois. Felizmente para Klaus, uma ambulância marítima apareceu em cinco minutos e despachou-o para o hospital, mas somente depois que os paramédicos arrancassem sua mulher do lugar. Nunca soube o que aconteceu com ele.

Seria errado descrever esse episódio como a gota-d'água que fez transbordar o copo — acho que Syrie provavelmente resolvera não se mudar para Nova York antes de chegar — mas foi o fim. Em menos de quarenta e oito horas, um cadáver gritara com Syrie, ela tinha sido roubada pelos "toupeiras" e um homem havia sido alvejado a menos de seis metros dela. Quando eu a deixei no aeroporto naquela noite, estava claro para nós dois que ela não voltaria tão cedo. O prognóstico para a nossa relação não parecia bom.

8

Vanities

Eu me lisonjeara com a idéia de que um dos motivos pelos quais Graydon comprara o meu passe fora me considerar um escritor engraçado. Assim, comecei a bombardeá-lo com textos de humor. Por exemplo, no dia 24 de julho enviei-lhe o seguinte:

Caro Graydon,
 você estaria interessado num perfil de Jay McInerney no qual eu tratasse o ubíquo festeiro como se ele fosse um literato notoriamente recluso tipo J. D. Salinger e Thomas Pynchon? Frase da capa: "Quem é o fugidio Jay McInerney e por que se esquiva tanto da publicidade?"*
 Ou que tal submeter um dos velhos artigos de Tina Brown da *Tatler* para *The New Yorker*, fingindo ser de um *free lancer*? Podíamos publicar um trecho do artigo juntamente com o estereótipo da carta de rejeição abaixo: "Cara Ms. Brown, Muito obrigado por nos enviar 'Decolagem: A vida e os tempos fabulosos do Barão e da Baronesa di Portanova'...

Inicialmente, a resposta de Graydon a essas idéias foi muito educada: "É ótimo, Toby, mas *é coisa de primeira sala*". Num curto espaço de tempo, isso foi abreviado de "coisa de primeira sala" para duas palavras, "primeira sala", enquanto me enxotava do seu escritório. A implicação estava clara: tais sugestões eram tremendamente ingênuas, o equivalente a um

---

*Essa brincadeira foi feita originalmente por James Wolcott, que naquela época pertencia à equipe de escritores de *The New Yorker*.

americano fazer um artigo para um editor britânico sobre a nova e fascinante loja de brinquedos que ele descobriu chamada Hamley's. Eu teria que aparecer com algo muito melhor do que *aquilo* se quisesse uma chance de entrar para a *Vanity Fair*.

Nesse meio tempo, Matt Tyrnauer e Aimée Bell receberam a tarefa de achar algo para eu fazer, e não se passou muito tempo antes que aparecessem com uma tarefa adequadamente pouco exigente, algo a que se referiam como "peso leve". *Vanities*, a seção que eles editavam, era supostamente o guia de tudo que fosse *hype* e estivesse acontecendo em Nova York, Los Angeles e Londres, mas é usada pelo resto da equipe da *Vanity Fair* como uma espécie de lixeira para tudo que haviam prometido publicar na revista em troca de serviços prestados. Por exemplo, se Jane Sarkin, a caçadora-chefe de celebridades da *Vanity Fair*, quer que um astro da lista A pose para a capa, ela pode dizer a seu divulgador: "Olhe, se você pode convencer Tom /Brad/ Russell a fazer isso, lhe daremos com certeza alguma cobertura para uma de suas novatas *Vanities*." Alguns meses depois a foto de uma estrelinha desconhecida aparecerá na página da frente da seção, um espaço a que esses forçados a escrever sobre tais figuras sem esperança chamam de "louras burras no horizonte."

Minha primeira "tarefa" foi escrever 175 palavras para acompanhar uma foto de Wade Dominguez, um ator de vinte e nove anos com um pequeno papel em *Mentes perigosas*. Para meu espanto, antes que eu me pusesse a trabalhar nisso recebi uma lista de palavras e termos que Graydon havia banido da revista. Eram:

aka [*also known as*] (também conhecido como)
bed-sitter (em lugar de apartamento)
boasted [exibiu-se] (em lugar de teve ou apresentou)
boîte (em lugar de restaurante)
chortled [riu] (em lugar de disse)
chuckled [riu quietamente] (em lugar de disse)
cough up ["cuspir" dinheiro] (em lugar de gastar)
doff [tirar, remover]

donned [colocou] (em lugar de vestiu)
eatery [boteco] (em lugar de restaurante)
executive-produce (*produtor-executivo* e coisas assim)
flat (em lugar de apartamento)
flick [pancada leve, piparote, movimento rápido]
freebie ["boca-livre"]
freeloader [aquele que consegue coisas grátis]
fuck [foda] (OK para exclamação, mas não para fazer sexo)
funky [maneiro]
garner (no sentido figurado, amontoar, acumular)
glitz [brilhante, excitante e atraente, mas sem valor real]
golfer [golfista]
graduate (v) [graduar-se]
honcho [manda-chuva]
hooker ["piranha"]
joked [brincou] (em lugar de disse)
moniker [nome ou apelido]
opine [opinar] (em qualquer forma)
paucity [pequena quantidade]
pen (usado como verbo)
plethora
quipped [retrucar espirituosamente]
row (significando brigar)
sleaze [comportamento desonesto ou imoral]
títulos de livros, filmes, peças etc.: nada de diminutivos — i.é., nada de *Príncipe* e sim *Príncipe das Marés*.
tomo [volume] (em lugar de livro)
wanna (modo informal de escrever *want to*, querer)
weird [esquisito]

Naturalmente, meu primeiro impulso foi apresentar uma matéria que quebrasse o maior número dessas regras: "'Eu não podia acreditar', riu quietamente o manda-chuva de um metro e oitenta e sete ao telefone de seu apê maneiro em West Hollywood... No final, contudo, entreguei uma matéria-padrão de elogios exagerados. Sob Tina Brown, os escritores da *Vanity Fair* haviam aperfeiçoado a arte da matéria "morde e assopra", através da qual inflavam tremendamente a vaidade de algum astro de Hollywood, babando elogios sobre ele, ao mesmo tempo em que não deixavam nenhuma dúvida no leitor sobre o que realmente pensavam. Num certo sentido, esse era tipicamente o tom da revista durante o reinado de Tina, que era simultaneamente lisonjeiro e superior, um espinhoso cartão do Dia dos Namorados para a elite da moda nos Estados Unidos. Sob Graydon, ao contrário, espera-se que os escritores guardem suas reservas para si, pelo menos no que tange a celebridades. Observações são confinadas ao sistema de *e-mails* dentro dos escritórios.

Aimée e Matt ficaram tão satisfeitos com meu primeiro esforço — ou fingiram ficar — que imediatamente me puseram encarregado da "VF Camera", uma página de fotos de festas que aparece todo mês na *Vanity Fair*. Em seus dias de *Spy*, Graydon lançara a idéia de criar uma revista inteira dedicada a fotos de festas, dizendo que são as únicas coisas que todos olhavam numa revista. A tal revista jamais decolou, mas Graydon insiste em incluir pelo menos uma página de fotos de festas na *Vanity Fair*. Ele próprio seleciona as fotos, e meu trabalho era descobrir quem eram as pessoas. Fiquei encantado com essa "promoção", como eu a encarava. Assim que se espalhou que eu era o responsável pela VF Camera, não demorou para que os maiores divulgadores de Nova York começassem a me convidar para eventos da lista A. Eu podia me intitular Editor Social da *Vanity Fair* e rapidamente tive convites saindo pelo ladrão!

Logo percebi por que tal tarefa me fora dada — ninguém mais a queria. O primeiro grupo de fotos que tive que identificar tinha sido tirado num *vernissage* de Ross Bleckner na galeria Mary Boone. Disseram-me que Mary Boone era uma das figuras mais centrais no mundo artístico de Nova York, e Ross Bleckner um famoso pintor abstrato, o mais importante cliente dela. Pedi para falar com a assistente dela: assim que esta descobriu que *Vanity Fair* estava na linha, ela insistiu em me colocar direto em contato com sua chefe.

— Aqui é Mary Boone — trovejou uma voz. — Em que posso ajudá-lo?

Apresentei-me e expliquei o que estava fazendo. Resolvi tirar o convidado de honra do caminho primeiro.

— Ross Bleckner — perguntei. — Homem ou mulher?

Eu realmente não sabia.

— Como?

— Ross Bleckner é homem ou mulher?

Houve uma pausa no outro lado do fio.

— Você está ligando mesmo da *Vanity Fair*?

— Estou sim.

— Me diz aqui, Tony — ela falou com um toque de tensão na voz —, por que lhe deram essa tarefa se você não sabe quem é quem?

— Não sei por que exatamente — respondi hesitante.

— É um homem — rebateu ela.

— Certo. Velho ou moço?

De novo outra pausa.

— É um homem *maduro*, sim — disse ela impaciente.

— Bonito?

Pausa.

— Você se dá conta de que Graydon Carter é um dos meus amigos mais antigos?

Agora era minha vez de hesitar. O que aquilo tinha a ver com o resto?

— O que isso tem a ver com o resto?

— Certo, tudo bem — respondeu ela. — Vou ligar para ele agora mesmo.

Clique. Som de linha desocupada.

Provavelmente a responsabilidade com a VF Camera me teria sido retirada naquele mesmo momento, mas felizmente Hugh Grant veio em meu resgate. Seu breve encontro com Divine Brown no Sunset Boulevard à 1:45 da manhã impeliu Dafydd Jones, um dos fotógrafos de festas da *Vanity Fair*, a vasculhar seu arquivo em busca de fotos comprometedoras de Hugh e de sua então namorada Elizabeth Hurley. Surgiram algumas coisas eletrizantes. Eram fotos de Hugh e Elizabeth divertindo-se numa série de festas nos anos 1980 dadas por Piers Gaveston, um grupo notoriamente licencioso de alunos de Oxford. Matt e Aimée resolveram transformar essas fotos no assunto da VF Camera do mês seguinte, dando-me a tarefa de escrever um ensaio de mil palavras para acompanhá-las. Finalmente eu estava em terreno familiar.

9

Despertador prematuro

*F*UI ACORDADO POR MEU COLEGA DE APARTAMENTO, e ele não parecia contente.
— Telefone! — grunhiu.
Olhei o relógio: 7:15 da manhã. Devia ser Syrie! Ela não tinha respondido a nenhum de meus telefonemas desde nosso desastroso fim de semana, e eu temia o pior. No entanto, o fato de ela estar ligando era um bom sinal. Talvez não quisesse romper comigo, afinal de contas.
Eu: É você, fofinha?
A voz: Sou eu sim, meu doce de coco.
Era Alex de Silva. Na última vez em que havíamos conversado ele me informou que tinha solicitado inscrição no programa para roteiristas de cinema da Universidade da Califórnia do Sul (USC). Isso era um bocado ambicioso. A USC recebia 20 mil solicitações de inscrição para 23 vagas no programa para roteiristas, dando a Alex uma chance em 870. Ele tinha mais chance de entrar para a Escola de Direito de Harvard.
Eu: Alex? Puta que pariu! Você tem idéia de que horas são?
Alex: Entrei, companheiro! Agora estou oficialmente matriculado no programa de roteiros de cinema da USC. [Pausa] Alô? Alô? Que barulho é esse?
Eu [pegando o telefone]: Seu canalha! Seu canalha nojento! Eu não acredito.
Alex [Rindo]: Eu sei, eu sei. Você tem alguma idéia de como é difícil entrar lá? Quarenta mil pessoas se candidatam por ano! É mais difícil entrar lá do que...

Eu [interrompendo]: Na verdade, são 20 mil.

Alex: ...do que na Escola de Direito de Harvard.

Eu: É, bom, parabéns. Fico muito contente por você.

De que modo ele conseguira aquilo? Alex não é exatamente o que se chamaria de "academicamente brilhante". Nascido em 1964 em Paris, era filho de intelectuais boêmios, do tipo que não incute nos filhos expectativas "burguesas". Após se formar em 1986 no Trinity College, em Dublin, deslizou para o rock'n' roll, terminando como baixista numa banda chamada The Dicemen. Também se tornou um drogado de classe mundial. Só em 1992 ele resolveu abandonar as drogas, depois de ter sido expulso da banda por desmaiar no meio de uma apresentação. Quando o conheci, um ano depois, ele estava ralando seu ganha-pão como jornalista autônomo em Londres, mas era evidente que seu coração não estava lá. Acho que foi o sucesso de The Dicemen depois que o substituíram por um baixista mais confiável que convenceu Alex de estar destinado a coisas maiores. Nessa época a banda trocou de nome para ____.

Eu: Então, quando irá para Los Angeles?

Alex: Assim que der um destino a meu apartamento. O semestre do outono começa no final de setembro.

Eu: E do que vai viver?

Alex: Ah sim, esqueci de dizer. Eles vão me dar uma bolsa. Alô!

Eu [pegando o telefone — *de novo*]: Puta que pariu, porra! Tem mais alguma coisa que você esqueceu de me dizer?

Alex: Por exemplo?

Eu: Não sei. Ganhou no bilhar? Comeu uma supermodelo?

Alex: Uma supermodelo não, mas dormi com alguém na noite passada.

Pausa.

Eu: Acho que sei o que está acontecendo. Você vendeu a alma ao diabo, não é?

Alex: Já fiz isso há muito tempo, cara.

Eu: É a única explicação.

Alex: Por falar nisso, fiquei chateado com a notícia sobre Syrie.

Eu: O quê?

Alex: Você não soube?

Meu estômago deu uma cambalhota.

Eu: Não.

Alex: Ela arranjou um novo namorado.

Eu: Está brincando?

Alex: Quer as boas ou as más notícias primeiro?

Eu: Você está adorando isso, não é?

Alex: A boa notícia é que ele é tremendamente pobre, mais pobre até do que você.

Eu: Então não vai durar muito tempo. E a má notícia?

Alex: Ele é um Visconde. Seu apelido é "o Visconde Desconto".

Eu: Porra, porra, porra.

Alex: Desculpe por ter lhe dado a notícia.

Eu: Tá, tudo bem.

Alex: Seja como for, companheiro, ambos estaremos morando nos Estados Unidos, você em Nova York e eu em L.A. Não é bacana?

Eu: É, mas você está indo *porque vendeu a alma ao diabo*.

Alex [Rindo]: Ora, nós dois vamos chegar lá, companheiro. Tenha um pouco de fé.

10

A Betty total

A DESCOBERTA DE QUE SYRIE tinha um novo namorado foi um golpe, mas eu estava no lugar perfeito para me recuperar. Havia tantas moças bonitas no 350 que o edifício era chamado às vezes de o "Palácio da Beleza". Cheguei até a ouvir as duas lojas de roupas masculinas de ambos os lados do edifício — Brooks Brothers e Paul Stewart — serem chamadas de "sentinelas do Templo de Afrodite". Era como trabalhar numa agência de modelos.

Desnecessário dizer que qualquer tentativa de conversar com as deusas da Condé Nast é completamente tabu. Descobri isso pouco depois de chegar, quando cometi o equívoco de fazer uma piada ligeiramente arriscada durante uma turnê pelo quartel-general da companhia, conduzida por uma mulher dos Recursos Humanos. Fui atirado nessa turnê juntamente com um bando de outros novos recrutas e, quando terminou, perguntei à mulher o que devíamos fazer se nos perdêssemos.

— Você pode consultar o *model** no saguão — sugeriu ela.

— Qual? — retruquei.

Ninguém riu.

Na manhã seguinte, encontrei um memorando em minha mesa com o título "Política sobre Assédio". Vinha de quem? Não havia pistas. Começava assim: "Há muito tempo a política da Condé Nast tem sido manter um ambiente de trabalho profissional para todos os funcionários, livre

---

*Que em inglês pode significar modelo ou maquete. (*N. da T.*)

de qualquer forma de discriminação ou assédio." O próximo trecho estava sublinhado com um marcador vermelho: "Uma piada considerada divertida para um pode ser ofensiva para outro." (A palavra "ofensiva" fora sublinhada duas vezes.) O memorando continuava enumerando as diversas formas de conduta que "resultariam em ação disciplinar que poderiam incluir até demissão." Eram:

— Observações, avanços e propostas de caráter sexual;
— Toques ou outros contatos físicos;
— Solicitações repetidas para encontros ou outros compromissos sociais;
— Comentários sobre o corpo de um indivíduo.

Fiquei estupefato. Comentei com Chris Lawrence que se Romeu tivesse seguido essas regras, jamais chegaria perto de Julieta. O contraste com a atmosfera irreverente e dissoluta da Fleet Street, com seu estoque constantemente renovado de focas núbeis não poderia ser maior. Como poderíamos conseguir encontros com as mulheres do 350 se não flertássemos com elas e as convidássemos para sair?

— É tudo conversa fiada — explicou Chris. — Elas só não querem ser cantadas por mal-ajambrados como nós.

Era verdade. Com suas bolsas de 3 mil dólares e golas de visom, as vitrines de moda da Condé Nast dificilmente podem ser descritas como politicamente corretas. A política da companhia sobre assédio sexual não é uma concessão às sensibilidades feministas das funcionárias; é destinada a protegê-las de homens que ganham menos de 500 mil dólares por ano. Elas não gastam todas aquelas horas para depilar a virilha com esteticistas brasileiras de salões de beleza só para saírem com *jornalistas*. Elas querem namorar produtores de cinema, proprietários de clubes e banqueiros de investimentos.*

---

*Um funcionário da Condé Nast foi citado anonimamente no *The New York Times* dizendo o seguinte: "Tecnicamente, um homem heterossexual está em apuros aqui. Mas se uma mulher é realmente devotada à alta moda, se sua vida depende de comprar o sapato do momento, como poderá casar-se com um jornalista que trabalha no edifício? Seus hábitos requerem um banqueiro de investimentos." John Tierney, "Masochism Central", *The New York Times*, 16 de julho de 1996. (*N. do A.*)

O resultado é que o 350 é quase que inteiramente livre de tensão sexual. Numa determinada ocasião, um frustrado pesquisador me contou que isso tudo tinha a ver com o fato das revistas da Condé Nast serem mais sobre criar necessidades do que satisfazê-las. O motivo pelo qual as companhias de artigos de luxo pagam somas enormes para anunciar em tais revistas é porque suas equipes são formadas por mulheres especialistas em fabricar desejo. Isso inclui ser evasiva, inatingível e cultivar uma mística. Elas não estão dispostas a mudar os hábitos de uma vida inteira por uma brincadeira rápida junto à máquina de fotocópia.

No entanto, essa explicação era pouco lisonjeira para os homens do 350. Incluía a noção de que as mulheres tinham *pensado* em sair conosco mas haviam *decidido* não fazê-lo, quando na verdade nós simplesmente não aparecíamos no seu radar. Enquanto elas subiam nos elevadores a cada manhã, avaliavam umas às outras com a hostilidade a sangue-frio de atletas profissionais. De fato, se viam o que consideravam um desastre em termos de moda, elas podiam comentar a coisa. Palavras desaprovadoras iam do razoavelmente suave — "Escolha agressiva!" — ao diretamente rude — "Não está funcionando, meu bem." Mas os homens eram completamente ignorados. Se um homem muito bonito estivesse por acaso no elevador com elas, automaticamente o descartavam como "bicha".

Para homens heterossexuais, essa atmosfera era muito emasculante, e Chris e eu fazíamos o máximo possível para compensá-la incorporando tipos exageradamente machões: ele era o "Frat Boy"* e eu o "Toadmeister". (Devo deixar claro que isso era feito estritamente na privacidade de nosso armário de vassouras.) Nós nos comunicávamos inteiramente no que Chris chamava de "gíria de vestibulando de garoto de fraternidade da Costa Leste", um vocabulário que logo peguei ao ouvi-lo conversando ao telefone com amigos. Uma moça atraente era uma "Betty" ou, se ela tivesse "um enorme par de faróis" e "um fantástico conjunto de molas", "uma Betty total". As Betties eram atraídas por "tantes" (abreviação de "mutantes"), um termo que se referia aos tipos cultivadores de mús-

---

*Estudante que pertence a uma associação de alunos nas universidades. (*N. da T.*)

culos, jogadores de hóquei, também conhecidos como "gaviões", "presuntos" e "povo de carne". Eles não estavam interessados em "três bimbadas" como nós. Se, depois de "atropelar" uma "gata" a noite inteira, você acabava "bolinando-a", ou "beijando-a" — altamente improvável —, você merecia fazer "a passeata do orgulho"; mas se, como quase sempre acontecia, "tomava um fora", tinha que fazer a "caminhada da vergonha".

Como alguém que passou a juventude assistindo a *Porky's* e *Clube dos cafajestes*, eu sempre queria mais desse negócio. Uma conversa típica entre o rapaz da fraternidade e o *Toadmeister* depois de "tirar sarro das Betties" era algo assim:

Frat Boy: Você viu a Shermetta junto à máquina de fotocópia? Estava com os faróis altos ligados. (Tradução: "Você viu aquela garota bonita junto à máquina de fotocópia? Dá para ver os biquinhos de seus peitos através da camiseta.)

Toadmeister: Aposto que ela rende. Aposto que vira uma gata má. (Tradução: "Aposto que é boa de cama. Parece que sabe das coisas.)

Frat Boy: Positivo. Eu gostaria de levar um lero com ela. (Você tem razão. Eu gostaria de dormir com ela.)

Havia uma moça pela qual estávamos especialmente obcecados. Era chamada de Pippi e, nas palavras de Chris, tinha um "material e tanto". Cabelos louros, olhos azuis, nariz bem-feito, magricela mas com peitos grandes — era o tipo de garota considerada pelas outras mulheres como "seu maior pesadelo". Entretanto, para Chris e para mim, ela era a Betty absoluta.

Pippi também era — e isso nos convencia de termos uma chance — extremamente obtusa. Era assistente de Elizabeth Saltzman e, numa ocasião famosa, teria tido supostamente a seguinte conversa telefônica com Si Newhouse, o proprietário da Condé Nast.

Pippi: Escritório de Elizabeth Saltzman.
Newhouse: Oi, é Si. Posso falar com Elizabeth?
Pippi: Desculpe, senhor, mas não entendi seu nome.
Newhouse: Si, Si Newhouse.
Pippi: Pode repetir?
Newhouse [Exasperado]: É só chamar Elizabeth.

Pippi [Chilreando]: Qual é o assunto, por favor?
Clique. Linha desocupada.

Naturalmente, Frat Boy e Toadmeister decidiram fazer um concurso para ver quem seria o primeiro a "deixar cair o machado" em Pippi. A estratégia de Chris era fingir ser um "CSNV" (Cara Sensível da Nova Era), esperando apelar para o lado alternativo dela. Sendo uma garota de vinte e cinco anos que gostava de escutar Phish, Pippi era o que Chris chamava de "uma boêmia da Sears" e seu plano era impressioná-la com suas credenciais hipongas. Estas não eram totalmente falsas. Ele podia ter comprado seus ternos nos Brooks Brothers, mas sabia muito bem usar a ocasional camiseta dos Grateful Dead.

Minha estratégia, certamente não mais honesta, era fingir que adorava cachorros pequenos. No verão de 1995, cachorros pequenos eram "in" e o departamento de moda da *Vanity Fair* estava absolutamente fervilhando deles. O cachorro de Elizabeth, uma variedade minúscula de *poodle* marrom-escuro, chamava-se Cuba porque era da cor e do tamanho de um charuto cubano; a cadela de Pippi — uma *Chihuahua* de pêlo comprido — era Picolina porque...bem, porque Pippi achava que esse nome era bonitinho. Além desses, havia *Dachshunds* miniatura, *Yorkshires Terriers*, *Shih-Tzus* — um zoológico inteiro de raças diferentes, todos latindo como loucos.

Claro que era estritamente contra as regras da companhia permitir cachorros no edifício, mas Graydon os tolerava porque Elizabeth, como Chris dizia, tinha "boas conexões até a tampa". Certa vez eu estava no escritório de Graydon, desfiando alguma idéia sem esperança, quando Dana enfiou a cabeça pela fresta da porta e disse: "É Elizabeth ligando do avião." "Ah, ela *sempre* faz isso", suspirou Graydon. Ele explicou que sempre que Elizabeth estava num "vôo não-comercial", gostava de ligar para ele dos céus para contar-lhe de que bilionário era aquele jato privado. Ele se referia a Cuba como "o rato".

Devo sublinhar que Elizabeth não levava o rato *tão* a sério assim. Certa vez lhe perguntei se Cuba ia a um evento para levantar dinheiro organizado por uma associação de caridade chamada "POWARS" (Pet Owners With AIDS) [Proprietários Soropositivos de Animais de Estimação], no qual cachorros pequenos seriam modelos de acessórios de *designers* diferentes. "Ele adoraria", disse ela tristemente, "mas já se comprometeu a velejar nos Hamptons nesse fim de semana." Em outra ocasião eu brincava com Cuba na sala dela, tentando fazê-lo rolar pelo chão, quando Elizabeth disse: "Ele não entende quando você diz para ele rolar [roll over]. Acha que isso significa 'croissant' [roll]".*

Pippi não exibia essa leveza quando se tratava de Picolina. Num determinado ponto, segundo Pippi, a pressão de estar rodeada por tantos outros cachorros pequenos, todos impecavelmente arrumados, se tornou excessiva para Picolina e ela passou a ter "uma disfunção alimentar". Picolina também padecia de vários outros males, inclusive "medo de abandono", "ansiedade de separação" e "problemas com a intimidade". Naturalmente todos imaginavam que Pippi estivesse falando de si própria.

Minha primeira oportunidade para impressionar Pippi chegou na inauguração da Semana da Moda, quando Elizabeth e o resto do departamento estavam prestes a ir para Bryant Park a fim de assistir aos desfiles. Todas as outras moças levavam seus cachorrinhos com elas — eram acessórios da moda, afinal de contas — mas Pippi achou que Picolina não estava "pronta" para tanta excitação. Pretendia trancá-la na sala de Elizabeth durante o dia e estava preocupada em deixá-la sozinha. Eu achava que Picolina ficaria bem?

— Quer que eu dê uma olhada nela de vez em quando, para ter certeza? — ofereci.

— Você faria isso? — Pippi deu um grito agudo, agarrando meu braço. — Seria tão gentil.

— Será um prazer — assegurei.

Ela franziu o nariz e me deu um sorriso de adoração.

Está no papo, Frat Boy, pensei eu. Não vai demorar muito para que o Toadmeister esteja "faturando" a Betty total.

---

*Tragicamente, Cuba morreu atropelado por um Lincoln Town Car. No dia seguinte, Elizabeth recebeu tantas flores que era como se toda a sua família tivesse morrido num acidente de avião. Graydon referia-se aos que enviaram flores como "amigos de Cuba".

Verifiquei Picolina às 2:30 mais ou menos e tudo parecia bem. A cadela tinha um biscoito de cachorro para mastigar e uma pequena tigela de água e, se quisesse "fazer alguma coisa", como Pippi dissera, havia uma lata de lixo no canto.

Às 3:45 notei que estava ficando um pouco abafado na sala de Elizabeth, então tornei a encher a tigela de Picolina e abri um pouquinho a janela acima da mesa. Fora isso, ela parecia bem.

Quando dei uma nova espiada eram cerca de 5 da tarde. Quase tive um ataque do coração. A janela se abrira totalmente, havia um minúsculo cocô de cachorro na mesa de Elizabeth e Picolina não estava em lugar nenhum. A dedução era clara: ela subira na mesa e pulara pela janela. Passara de "in" para "out".

Disparei para a escada de emergência e corri para a Rua 44, na esperança de ver algum sinal de Picolina.

Nada.

Subi e desci a rua chamando a cachorra pelo nome. "Picoliina? Picoliiina? *Picoliiiiina?!*"

Nada, novamente.

Minha Nossa Senhora! O que é que vou dizer a Pippi?

Naquele momento, um Lincoln Town Car parou na frente do 350 e dele saltou Elizabeth e seu grupo. Pippi imediatamente me viu.

— Oi, Tobby — disse ela, inclinando-se e me dando um beijo. — Como vai Picolina?

Pelo meu rosto, ela viu que algo tinha acontecido.

— O que foi? — perguntou ela, me agarrando pelos ombros. — DIGA!

— Não d-d-deve ser nada — gaguejei.

— Onde ela está?

— É exatamente isso. Não sei bem.

— Você não deixou a porta aberta, deixou?

— Não, não, a porta não.

— Então como é que ela saiu?

Levantei os olhos para a janela. Pippi seguiu a direção de meu olhar.

— Não! — disse. — *Você está brincando comigo.*

Estendi as mãos com as palmas para cima, como se dissesse, "O que posso lhe contar?"

Pippi entrou correndo no 350 e pulou num elevador. Fiz o melhor que pude para acompanhá-la. Quando chegamos ao quarto andar, ela correu para a sala de Elizabeth e escancarou a porta. A cena estava exatamente como eu a deixara.

— Toby — gemeu Pippi com medo, fixando diretamente meus olhos. — Onde está ela?

Fiquei ali sentindo-me completamente inútil. Eu fora encarregado de cuidar do precioso bebezinho de Pippi e de algum modo conseguira matá-lo. Era um desastre total.

— É isso que vocês estão procurando?

Virei-me e vi Chris em pé à porta. Ele segurava Picolina.

— Eu a encontrei correndo pelo corredor — explicou.

Pippi voou para pegar Picolina e agarrá-la contra o peito. Então irrompeu em lágrimas.

— Obrigada, obrigada, obrigada — fungou ela.

— De nada — disse ele todo satisfeito, e piscou para mim.

Era claro que Chris tinha raptado Picolina e cuidadosamente colocado o cocô na mesa de Elizabeth para dar a impressão de que a cadela havia pulado pela janela. Ele tinha me passado a perna.

Então vale tudo no amor e na guerra, heim, Frat Boy? Bem, os dois lados podem jogar assim.

Pouco depois tive a chance de me vingar, quando Chris anunciou que era seu aniversário. Eu escolhi um presente perfeito: uma strippergrama. Quando Pippi o visse entretido nesse tradicional estilo digno de uma fraternidade, logo perceberia que ele não era o homem sofisticado e atencioso que fingia ser. Chris seria exposto como o verdadeiro neanderthal que era!

Tendo lido o guia da companhia sobre assédio sexual, eu sabia que contratar uma moça para fazer *strip-tease* no 350 seria considerado completamente inadequado, mas de algum modo consegui me convencer que poderia contrabandeá-la para dentro e para fora do edifício sem ser detectado.

Uma esperança e tanto.

Procurei "Strippergramas" nas páginas amarelas e, depois de ligar para meia dúzia de números, encontrei exatamente o que estava procurando: uma *stripper* chamada Picolina.

Ela poderia vir à Avenida Madison, 350, naquela tarde?

— Maddy 350? Tá chegando — disse o tocador de atabaque que atendeu o telefone. — Ela vai tá aí em uma hora.

— Quando ela for até a recepção, ela pode dizer ao segurança que é dos "serviços associados"?

— Serviços associados? Sem probrema.

— E será que ela pode se vestir do modo mais normal possível? Não quero que meus colegas desconfiem de nada.

— Não precisa se preocupar, senhor. Somos muitos discretos.

Às 3 da tarde, recebi um telefonema da segurança dizendo que uma "Miss Picolina dos serviços associados" estava querendo falar comigo. Pelo tom cético da voz dele, eu podia dizer que a moça parecia tudo menos "normal", e quando cheguei ao saguão ela não era exatamente difícil de se enxergar: vestia-se da cabeça aos pés de brim lavado e segurava um enorme portátil. Cogitei se devia fazê-la subir pelo elevador de serviço mas pensei melhor. Eu tinha apenas que levar a coisa com audácia.

A moça fez sensação no elevador. As duas mulheres que estavam lá não tentaram esconder o desdém. "Uma coragem *e tanto*!" disse uma delas. A outra concordou: "Dá pra acreditar?" Felizmente Picolina, que era da República Tcheca, falava muito pouco inglês.

Convenci Elizabeth a me deixar usar seu escritório para as festividades e despachei Picolina para dentro com tão pouca comoção quanto possível. Pelo murmúrio geral de excitação no departamento de moda vi que Elizabeth trouxera todo mundo para assistir. Isto é, todos menos Pippi, que sorriu para Picolina como se esta fosse outro executivo sênior que viesse ao encontro de sua chefe. Tudo ia de acordo com o plano.

Assim que consegui o "OK" de Elizabeth, eu disse a Chris que ela queria vê-lo a respeito de alguma coisa. Fui andando atrás dele para que não recuasse quando percebesse o que estava acontecendo. A porta do escritório de Elizabeth foi aberta por Picolina usando um uniforme de enfermeira.

— Felizz aniverssário, Christophe — disse ela com um forte sotaque tcheco.

— Vocês! — disse Chris, mas não não tentou fugir.

Hora do espetáculo!

Picolina sentou Chris numa cadeira no centro da sala, ligou o enorme som portátil e começou sua rotina acompanhada de "Beat it" de Michael Jackson. Foi um número e tanto. A cada peça de roupa que caía, Elizabeth tirava uma foto dos procedimentos com uma câmera Polaroid, e a cada vez que o *flash* estourava, seu grupo guinchava encantado. Não se passou muito tempo até que Frat Boy começasse a ficar muito excitado, exclamando num determinado ponto: "Bem, isso é o que eu chamo de faróis espetaculares!" Pippi olhava com horror, segurando sua *chihuahua* de pêlo longo com uma das mãos e cobrindo-lhe os olhos com a outra.

Tudo ia às mil maravilhas quando ouvimos uma tênue batida na porta, seguida pela lamentosa voz de uma garotinha perguntando se podia entrar. Quem seria? Elizabeth imediatamente desligou a música, disse para ficarmos quietos e abriu uma fresta da porta. Estávamos todos aterrorizados, ainda mais que naquele momento Chris tinha a calcinha de Picolina estendida no rosto.

Era Brownen, a filha de três anos de Graydon Carter.

— Oi, Brownen — arrulhou Elizabeth. — Como vai?

— Posso entrar? — perguntou Brownen.

— Agora agora, não, meu bem — disse Elizabeth. — Você pode voltar daqui a quinze minutos?

Houve uma longa pausa durante a qual todos prendemos a respiração.

— OK — disse Brownen com relutância.

Assim que ela se foi, Elizabeth fechou a porta e tornou a ligar a música. Alguns segundos depois, porém, ouviu-se outra batida na porta. Mais uma vez todos congelamos.

— Sim? — perguntou Elizabeth.

Desta vez eram *três* meninazinhas e elas também queriam entrar. Elizabeth as enxotou, mas no minuto seguinte outro grupo de meninas apareceu, seguido por outro, e mais outro. O que estava acontecendo, porra?

O fato é que eu, na minha sabedoria, tinha chamado uma *stripper* ao escritório no dia "Levemos Nossas Filhas para o Trabalho", o único dia do ano em que os funcionários da Condé Nast — especialmente as mulheres — são incentivadas a levarem as filhas ao escritório, para que elas possam ver exatamente o que Mamãe e Papai fazem o dia todo. Não preciso dizer que, naquele momento, a única parte da *Vanity Fair* que elas estavam interessadas em ver era o departamento de moda.

Tivemos que encerrar o entretenimento bem rápido depois daquilo.

Eu esperara que Chris tivesse se divertido com a minha pequena *performance* — afinal de contas, eu jamais me queixara de ele me arrasar com Pippi — mas ele estava furioso.

— Seu retardado! — exclamou ele. — Que idéia foi essa, porra?

— Vamos, Frat Boy, anime-se. Foi só uma diversão. Ninguém vai usar isso contra mim.

— Está brincando? Contratar uma *stripper* pra vir à Condé Nast? Isso é uma ofensa mortal. Vão te *crucificar*.

— Bem — disse eu, tentando tornar a coisa mais leve. — Esperemos que ninguém saiba do que houve.

— É, certo — disse ele. — Isso é a Condé Nast, lembra?

Chris tinha razão. Em menos de vinte e quatro horas eu era conhecido por todo o 350 como o "cara inglês que contratou uma strippergrama no Dia de Levemos Nossas Filhas para o Trabalho".

Mas ele estava errado quanto à reação das pessoas. Felizmente o que eu fizera estava tão fora do mapa em termos do que era ou não aceitável, era tão *galaxicamente* inadequado, que as pessoas não sabiam muito bem o que fazer com aquilo. Se eu tivesse feito algo diretamente sexista, como colocar um Calendário Pirelli na minha sala, eu teria sido severamente repreendido e possivelmente até despedido. Mas o fato de levar uma *stripper* para o edifício no Dia de Levemos Nossas Filhas para o Trabalho...era quase atordoante. *Como é que alguém podia ser tão idiota assim?* Eu não era exatamente classificado como um porco chauvinista e sim como um completo e absoluto débil mental. De qualquer modo, eu não era alguém com que valesse a pena se preocuparem porque obviamente eu não estaria por perto por muito mais tempo.

Pippi, lamento dizer, nunca mostrou muito interesse em Chris ou em mim depois daquilo, e qualquer chance que tivéssemos tido de "ganhá-la" desapareceu completamente. Entretanto, consegui algo com a ocorrência. Na manhã seguinte, ao entrar, descobri um grande presente em minha mesa vindo de Aimée Bell. Desembrulhei-o e deparei com um livro intitulado *Letitia Baldrige's New Complete Guide to Executive Manners* [Novo Guia Completo para o Comportamento de Executivos de Letitia Baldrige]. Dentro havia um bilhete: "Toby, não saia de sua sala sem ter lido esse livro de capa a capa. Estou falando sério." As palavras "estou falando sério" haviam sido sublinhadas com marcador vermelho.

11

Liberté, Egalité, Publicité

À MEDIDA QUE O OUTONO SE APROXIMAVA, eu me preocupava com o que Graydon pensaria de minhas "diversões de calouro", como Chris Lawrence as chamava. Eu já estava na *Vanity Fair* havia mais de um mês e o assunto de meu futuro não fora levantado. Teria Graydon concluído que eu não era material da primeira sala, afinal de contas? A perspectiva de voltar a Londres depois de um período tão breve não era muito animadora. O que diria aos meus amigos? Além disso, eu acabara de ser indicado o correspondente em Nova York do *The Evening Standard* e não queria abrir mão daquilo logo depois de obtê-lo.

Felizmente, Graydon passou por cima do incidente da *stripper* como um erro de principiante mas me aconselhou a não "montar outra *performance* como aquela".

— As mulheres na mídia nova-iorquina não têm senso de humor com esse tipo de coisa — avisou. — Talvez em Wall Street você pudesse sair ileso, mas não na Condé Nast.

Protestei que certamente ninguém levaria aquilo a sério, não é? Elas não sabiam que eu era um rapaz decente e correto que jamais sonharia em contratar uma *stripper* com objetivos sexuais? (Cogitei se devia piscar para ele nesse ponto.) Contei-lhe sobre as revistas masculinas do Reino Unido — tanto *Maxim* e *FHM* são importações britânicas — e a cultura do "sexismo irônico" em torno delas, tornando socialmente aceitável que homens de classe média tenham um tipo de prática que os teria coberto de alcatrão e penas nos anos 1980. Não havia um fenômeno comparável em Nova York?

— Sexismo *irônico?* — repetiu ele. — Olhe, Toby, não sei em Londres, mas em Nova York não existe sexismo irônico. — Olhou-me fixamente para ter certeza que eu entendera. — É como anti-semitismo irônico ou coisa assim. Nesta cidade, você pode ser linchado *não-ironicamente* por coisas desse tipo.

Contudo em vez de me linchar ele se ofereceu para me pôr no Expediente como "Editor Colaborador", e disse que se eu conseguisse me manter longe dos problemas nos próximos meses eu poderia sentar na cadeira de Aimée Bell quando ela tirasse licença-maternidade. (Ela estava grávida de seu primeiro filho.) Eu assumiria suas responsabilidades como co-editor da *Vanities* e quando ela voltasse... quem sabe o que poderia acontecer. A implicação era clara: se eu desempenhasse bem as funções, poderia ter esperanças de conseguir um posto editorial permanente na revista.

Entretanto, havia más notícias. Ele não podia continuar me pagando 10 mil dólares por mês. "É demais", disse. "Quer dizer, o que você faz o dia todo além de contratar *strippers?*" Em vez disso, ele me pagaria 5 mil dólares e me contrataria por seis meses. Esse contrato seria renovado numa base automática, contanto que eu "não fodesse com as coisas".

Mais uma vez ele não trouxera à tona o tópico de Si querer me conhecer, mas eu estava de ânimo alto mesmo assim. Juntos, a *Vanity Fair* e o *The Evening Standard* estariam me pagando dois salários e, tão importante quanto isso, eu teria duas contas de despesas. Segundo minha devolução de imposto de renda 1994-1995, minha renda líquida do ano anterior fora de 19.964.10 libras (aproximadamente 30 mil dólares). De uma só cajadada, eu mais que quadruplicara a renda. A melhor parte da coisa é que eu era agora beneficiado com todos os acessórios de um membro com vôo próprio da equipe: carteira de imprensa, carteira profissional e papel de anotações com meu nome e timbrado no alto. Imediatamente me pus a escrever para todos os meus amigos.

Quando sobrepujei a euforia inicial — um *editor colaborador!* — cheguei à conclusão que era hora de realmente mergulhar em Nova York. Com minha carteira de imprensa da *Vanity Fair* e meu nome no Expediente, eu efetivamente receberia as chaves da cidade; era só uma questão de planejar como usá-los. O segredo do sucesso social em Manhattan, descobrira eu, era estar na lista. Isso não exigira exatamente um trabalho de detetive. No outono de 1995, o lugar mais difícil de se entrar, na cidade, era o Bowery Bar, um buraco na Rua 4, Leste. Apesar das numerosas tentativas, eu ainda não conseguira passar pelos nazistas da prancheta. Para dar uma idéia da clientela, um vizinho descontente colocara uma placa de néon feito em casa na sua janela da frente, com a lista dos seguintes grupos encimados por uma enorme flecha apontando para a entrada: "Novo-Lixo", "Yuppies Entediantes", "Pseudomodelos", "Caftens de Limusine" e "Conformistas de Couro Preto".

Nenhuma das técnicas que eu aperfeiçoara para entrar nos clubes em Londres parecia funcionar no Bowery Bar. Uma das minhas favoritas era andar direto até a frente da fila com uma garota a tiracolo, virar-me de modo a ficar de costas para os seguranças e atrevidamente anunciar que eu estava com "esta pessoa", indicando a moça, mas não com "aquela" ou "aquela", apontando para um casal desesperançado que aguardava na fila. Os seguranças estavam tão acostumados a esse tipo de comportamento por parte dos freqüentadores regulares do clube que geralmente nos deixavam entrar sem um murmúrio.

Outro método à prova de bala era fingir estar no meio de uma briga nuclear em grande escala com minha namorada quando nos aproximávamos do local. O impulso humano natural de não se envolver numa contenda doméstica fazia com que os porteiros freqüentemente nos deixassem entrar o mais rapidamente possível.

Mas os nazistas da prancheta no Bowery Bar eram feitos de material mais inflexível. Eu vira mulheres adultas reduzidas a atos desesperados para entrarem no local. Certa vez ouvi uma atraente mulher de seus vinte e tantos anos — uma Pseudomodelo, sem dúvida — dizendo a um dos porteiros que estava dormindo com o proprietário.

— Desculpe — replicou ele. — A senhora e metade das mulheres que moram nessa cidade.

Não, o único modo de entrar no Bowery Bar era estar entre os nomes que a *hostess* — uma Yuppie Entediante — mantinha junto à porta. No jargão dos clubes, era um estabelecimento onde se entrava "só através da lista" — nada de convites, nada de penetras, nada de "mais um". A questão era: Como entrar na lista?

A resposta era: amaciar o divulgador que tinha a conta do Bowery Bar. Se você é um jornalista solteiro de trinta e poucos anos que tenta passar um tempo divertido em Nova York, tem de estar nas listas certas. E o único modo de entrar nelas é ser simpático com os divulgadores certos. Eles são os guardiães do que Anthony Haden-Guest, um veterano de vinte anos de festas nova-iorquinas, chama de "o mundo da noite." Um punhado desses divulgadores controla o acesso a todos os melhores clubes e restaurantes da cidade, sem mencionar as inaugurações de lojas, lançamentos de produtos e *premières* de filmes, e se eles não têm seu nome em seus quadros brancos você não é convidado para nada.

Sempre foi assim. Em 1892, o *New York Times* publicou "os 400", uma lista supostamente definitiva dos membros da sociedade de Nova York reunidos por Ward McAllister, um protótipo dos modernos executivos de relações públicas. McAllister casara-se com mulher rica e o objetivo da lista era redefinir "Sociedade" como uma mistura de "Nobs" — a velha guarda Wasp (anglo-saxões e protestantes) — e "Swells" —novos-ricos típicos como ele próprio. Sua lista limitava-se a 400 nomes porque era esse o número que poderia ser espremido no salão de baile de Mrs. John Jacob Astor.

O equivalente disso hoje é "o PMK 400", uma lista feita pela divulgadora Pat Kingsley, cujos clientes incluem Tom Cruise, Sharon Stone, Arnold Schwarzenegger, Demi Moore, Al Pacino e Jodie Foster. Todos os divulgadores mais bem-sucedidos têm bancos de dados computadorizados de VIPs listados segundo sejam desejáveis socialmente, e atualizados "a cada dez minutos", como dizem. Raramente usam termos crus como "Lista A", "Lista B" ou "Lista C", só no caso de uma celebridade se enfurecer por não estar na parte de cima e der um ataque. Por exemplo, Jeffrey Jah, que se descreve como um "*promoter* de clube"*,

---

*O pessoal da indústria de relações públicas de Nova York jamais se descreve como "divulgadores" ou "agentes de publicidade". Eles são *promoters*, "produtores de eventos" ou "consultores de imagem". A indústria de relações públicas tem um problema de RP.

tem um banco de dados de 8 mil nomes divididos em "AAAAs" ("supermodelos, astros do rock, astros de cinema, editores-chefes"), "AAAs" ("as melhores entre as melhores pessoas que você conhece"), "AAs" ("boas mas não as melhores") e "As" ("se você precisa encher um estádio"). É um pouco como dividir os tamanhos de preservativos em "Gigante", "Extra-grande" e — para os extremamente pouco dotados — "Grande". Às vezes os divulgadores adotam um sistema de classificação escrupulosamente não-hierárquico. Por exemplo, uma divulgadora descrita como "a rainha da noite na vida noturna de Nova York" divide seu banco de dados em "Modelo", "Celebridade", "Moda", "Júnior", "Editor-Chefe" e "Clubbers", o que parece suspeitamente com Novo-Lixo, Yuppies Entediantes, Pseudomodelos, Caftens de Limusine e Conformistas de Couro Preto.

A mais influente agente de Relações Públicas da Costa Leste é Peggy Siegal, a divulgadora que organiza todas as *premières* de cinema mais glamurosas, mas se você quer passar pelos nazistas da prancheta dos bares e clubes que estão dando a última palavra, os divulgadores mais importantes de se conhecer são um grupo de mulheres de vinte e tantos anos cujos membros mais poderosos são "as Sete Irmãs", embora haja muitas mais. Como se é admitido em seu círculo encantado? Uma das maneiras é *literalmente* ir para cama com elas. Segundo Bobby Zarem, um grisalho veterano da indústria da RP, esse pequeno grupo exclusivo de divulgadoras *top* só está no ramo para "irem para cama". O problema com isso, entretanto, é que no momento em que você pára de dormir com elas, está riscado de suas listas — *para sempre*. Nova York está cheia de conquistadores liquidados que cometeram o erro de fazer uma cobertura completa no exército de divulgadoras logo que chegaram à cidade, e viram-se incapazes de entrar em qualquer lugar seis meses depois. De qualquer modo, não sou exatamente o que essas mulheres chamariam de "gato".

Infelizmente, se você é um jornalista inglês a caminho da calvície, o único modo de entrar na lista delas é fazer seus clientes aparecerem na imprensa em intervalos regulares; você tem que ser o que elas chamam de "plantável". Bem, não me considero um portento de integridade jornalística, mas eu me insurgia ligeiramente contra esse jogo de interesses. Como editor da *The Modern Review*, eu encarara divulgadores como o inimigo. O trabalho deles era convencer meus escritores a avaliar favoravelmente quem quer que estivessem promovendo, e meu trabalho era assegurar que a equipe permanecesse distante. Quando recebíamos um *press release*, ele ia direto para o arquivo circular. Na verdade, na Fleet Street os divulgadores são encarados com bastante desdém, como agentes de interesses comerciais, e se espera que mesmo os que estão nos degraus mais baixos da escada profissional — até mesmo colunistas de fofocas — resistam às suas seduções. Todos aceitamos as "bocas-livres", é claro, mas é considerado errado escrever algo efusivo e lisonjeiro em troca. No que diz respeito à maioria de nós, a relação entre jornalistas e divulgadores é basicamente de adversários.*

Contrastando com isso, em Nova York eles são muito unidos. Como diz Elizabeth Harrison, uma das Sete Irmãs: "Os jornalistas não cobrem mais a cena — eles são parte da cena." Isso é esquisito porque, em muitos outros aspectos, os repórteres americanos são muito mais escrupulosos do que suas contrapartidas britânicas. Quando se trata de precisão factual, por exemplo, os padrões americanos estão muito acima dos britânicos. Mesmo meu artigo de 175 palavras sobre Wade Dominguez passou por um rigoroso processo de verificação — passei mais tempo falando com a pessoa que "conferia" os dados do que com Dominguez. Eles se esforçam arduamente para serem justos, sempre certificando-se de que os dois lados da disputa recebam chances iguais para defenderem seus pontos de vista. Mesmo em jornais de direita como *The Wall Street Journal*, a ideologia está confinada à página editorial; ela realmente não influencia a comunicação. No todo, os jornalistas americanos levam suas responsabilidades como membro do quarto poder muito mais seriamente do que os britânicos.

Por que então são tão seduzidos pelas vantagens oferecidas pelos

---

*Confesso que ocasionalmente disse algo simpático em troca de um suborno GRANDE, mas pelo menos me senti culpado. Culpado *mesmo*.

divulgadores?* Isso não é verdade apenas quanto aos repórteres de categoria inferior que cobrem a cena das festas em Nova York. Percorre a escada de alto a baixo. Em seu livro *Nobrow: The culture of marketing — the marketing of culture*, John Seabrook fala sobre as concessões de rotina que teve que fazer como colaborador da *The New Yorker* na época de Tina Brown: "Se você escreveu sobre um astro *pop*, um *designer* ou um atleta, necessariamente pediu emprestado um pouco da celebridade de seu tema e usou-a para vender sua história. E se achou que conseguia escapar ileso disso — pegando a euforia deles sem desistir, em troca, de parte de sua independência criativa — bem, irmão, você está se enganando. Havia sempre uma transação envolvida."

Isso vale duplamente para a *Vanity Fair*. Durante o outono de 1996, quando os escritórios da revista estavam sendo redecorados, fui temporariamente alojado num cubículo vizinho ao da porta de Krista Smith, a editora para a Costa Oeste da revista, cuja principal tarefa é a ligação com a máquina publicitária de Hollywood. Certa tarde eu a ouvi conversar sobre Quentin Tarantino com uma mulher cuja voz eu não reconheci. Na época, Tarantino estava sofrendo de enorme superexposição e eu achava que a revista não devia lhe dar mais publicidade. Irrompi pelo cubículo de Krista e disparei uma arenga anti-Tarantino, focalizando a arrogância que o levava a escalar-se no elenco de seus próprios filmes mesmo que não soubesse representar. "Você não vê Graydon colocando-se na capa de *Vanity Fair*", fumeguei.

Depois que meu fôlego finalmente acabou, o olhar com que Krista me fixou declarava que eu bancara o completo idiota. "Você já conhece Bumble Ward?", perguntou, indicando a mulher com quem estava falando. "Ela é a divulgadora de Quentin Tarantino."

Pelo menos a *Vanity Fair* não chega a ponto de garantir às celebridades a aprovação do texto; revistas menos prestigiosas estão prontas a ceder totalmente sua independência editorial. Em todo o período que

---

*Nem sempre é o caso. Por exemplo, em *A embriaguez do sucesso*, J.J. Hunsecker é uma figura muito mais poderosa do que Sydney Falco. Se fizessem uma nova versão do filme hoje, a relação de poder teria que ser o contrário.

passei na *Vanity Fair*, o pior exemplo de submissão a uma firma de relações públicas de que ouvi falar foi quando um apurador teve que mandar fotos de Carrie Fisher, Penny Marshall e Meryl Streep aos escritórios da PMK de Nova York para que a própria Pat Kingsley pudesse indicar onde a foto precisava ser retocada.*

Um dos motivos que faz tantos jornalistas americanos colaborarem com o inimigo é porque simplesmente são comprados. Lara Shriftman, a mais poderosa das Sete Irmãs, tem Gucci, Motorola e Mercedes-Benz entre os seus clientes, e não é difícil ver quais repórteres são os seus "amigos favoritos" — eles estão usando relógios Gucci, StarTacs e Mercedes SLK.

"Eles o seduzem", contou um editor à revista *New York*. "A cada dia lhe enviam um fluxo incessante de coisas gratuitas, telefones celulares, cosméticos e um mês dirigindo uma Mercedes, e tudo que querem em troca são itens minúsculos. Por fim, toda a sua vida social começa a girar em torno deles. Vamos encarar os fatos: a maioria dos jornalistas não são ricos nem bacanas, e sentar-se à mesa com uma herdeira de um lado e um astro de cinema do outro... é difícil não ser seduzido por isso."

Mais acima na cadeia alimentar, o motivo dos editores das revistas de luxo serem tão aquiescentes é terem o rabo preso com os divulgadores. A fim de vender suas revistas nas bancas, os editores precisam de astros da lista A para suas capas, e o único modo de fazer isso é concordar com quaisquer que sejam as condições que seus divulgadores estabeleçam. Num negócio que depende de uma infusão constante de *glamour* de

---

*Pedi ao pesquisador em questão para me mandar um *e-mail* relatando esse incidente: "David Harris [Diretor de Arte da *Vanity Fair*] enviou-me à PMK com uma foto já retocada de Carrie Fisher, Penny Marshall e Meryl Sreep. Acho que David pensou que o trabalho já estava adequado e que seria meramente uma questão de um "divulgador de nível médio" despachar as fotos. Em vez disso, fui introduzido numa reunião com a própria Pat Kingsley, que pegou um lápis especial e começou a atacar pescoços com pelanca e pés-de-galinha... O engraçado é que ela debatia a questão comigo como se eu fosse um especialista importante do Departamento de Arte apto a fazer as mudanças. Não pude deixar de brincar com a coisa e logo estávamos discutindo questões estéticas e filosóficas sobre envelhecimento e beleza — muito surrealista. Lembro que claramente não discutimos 'verdade na publicidade' ou 'ética jornalística.'"

show-businness, as celebridades — e seus divulgadores — dão todas as cartas.

A conclusão a que chegou Lynn Barber, a jornalista britânica que trabalhou para *Vanity Fair* de 1992 a 1994: "Qualquer revista que precisa de uma grande estrela na capa todos os meses e cujas vendas nas bancas dependa, até certo ponto, da atração exercida por essa estrela, já vendeu o passe para os assessores de imprensa", escreve ela na Introdução para *Demon Barber*, uma coletânea de suas entrevistas. "Ante uma virtual posição de monopólio, como a que vemos com Pat Kingsley em Hollywood, os editores são bastante impotentes."*

Ocasionalmente, eu fustigava meus colegas de *Vanity Fair* a respeito disso, acusando-os de terem se tornado colaboradores na guerra entre jornalistas e divulgadores. A defesa deles foi que sacrificar sua independência nessa área na verdade não tem muita importância no grande esquema das coisas. Não é como se estivessem cobrindo a política nacional. De qualquer modo, as pessoas que compram a revista não querem ler matérias contundentes sobre artistas de cinema. A vasta maioria delas é composta de fãs ávidos. Meus colegas não disseram isso literalmente, mas a implicação é que *Vanity Fair* era basicamente apenas a *People* para os que conseguem ler sem mexer os lábios.

Sempre que eu levantava esse assunto com Graydon, ele se recusava a aceitar que a revista estivesse envolvida com a indústria de assessores de imprensa e, para ser justo, ele se esforça mais do que muitos para manter a separação entre Igreja e Estado. Contudo, a impressão que tive é que ele não dá muito valor aos perfis de celebridades, tendo mais ou menos concluído que terão que ser lisonjeiros; em vez disso, aplica suas energias ao resto da revista. Seu registro de feitos é muito bom, também. Por exemplo, em setembro de 1995, a *Vanity Fair* publicou uma matéria extremamente crítica sobre Mohamed Al Fayed, o proprietário da Har-

---

*O monopólio de Pat Kingsley consolidou-se em maio de 2001 quando a PMK fundiu-se à Huvane Baum Halls, uma firma de Assessoria de Imprensa rival com uma penca de astros de cinema como clientes, inclusive Russell Crowe, Gwyneth Paltrow, Jennifer Aniston, Liv Tyler e Jude Law. Isso significa que toda a lista A de Hollywood está agora representada por apenas uma empresa sob o controle de Pat Kingsley.

rod's, por Maureen Orth, o que resultou numa ação por parte de Al Fayed contra a revista. Graydon sustentou sua posição e o caso foi posteriormente abandonado.* Posteriormente, publicou uma longa matéria de Marie Brenner sobre Jeffrey Wigand, o denunciador da indústria do fumo, embora a companhia Brown & Williamson, para a qual Wigand havia trabalhado, ameaçasse retirar milhões de dólares de anúncios se a história fosse publicada. O artigo se tornou a base para o filme *O informante*.

É difícil evitar a conclusão de que os divulgadores exercem tal poder sobre a mídia de Nova York porque os jornalistas americanos, especialmente os que trabalham para as revistas de luxo, simplesmente não são tão combativos quanto seus equivalentes britânicos. Isso foi amargamente decepcionante para mim. Onde estavam os rebeldes brigões que eu vislumbrara pela primeira vez nos filmes preto-e-branco sobre jornais? Eu estivera ansioso para conhecer os repórteres desafiantes que Ben Hecht homenageia em *A child of the century*: "Inúmeros deles me voltam vagamente à memória. Mas não há nada vago em minha lembrança sobre suas diversas qualidades. Eles se manifestam, crescem e fervilham, fora da civilização adulta, com a intenção de quebrar janelas." Eu esperava que seus equivalentes contemporâneos adotassem uma atitude eles-e-nós em relação às celebridades e seus manipuladores, ridicularizando-os e satirizando-os com veemência em todos os momentos. Na verdade,

---

*Segundo alguém estreitamente envolvido no caso: "Al Fayed entrou com a ação logo depois da publicação da matéria, persuadido por sua equipe de que obteria rapidamente uma retratação. O ritmo lento das trocas legais iniciais fez com que nove meses se passassem até que a companhia começasse a resistir ao ataque para valer. Fayed sustentava ter havido difamação em quatro áreas principais do artigo, o que significava que a revista tinha que trabalhar duramente para defender a história original, mas também que Al Fayed ficaria mais exposto do que se tivesse partido para uma ação rápida numa única área onde pudesse construir um caso forte. Os queixosos geralmente acreditam, equivocadamente, que uma queixa ampla alegando numerosas imprecisões tem mais chance de sucesso; na verdade ocorre o contrário, porque a ação ampla deixa o queixoso vulnerável à investigação. Três anos depois Fayed recuou ao ver o caso que a revista construíra para apoiar a matéria original de Maureen Orth. A revista sempre se manteve confiante devido à rigorosa verificação dos fatos que precedeu à publicação. Nenhuma indenização foi paga a Fayed. Nenhuma desculpa, retratação ou esclarecimento foi feito pela revista. Fayed absorveu seus próprios custos, assim como a revista, que tinha seguro. A seguradora pagou."

eles se comportavam como acólitos na corte de Luís XIV, salivando a cada vez que um nome em negrito lançava um olhar em sua direção.

Tal situação é um tremendo contraste com a da Fleet Street, onde a atitude da maioria dos jornalistas em relação aos *gliteratti* é resumida pelo lema não oficial de *The Sun:* "Todos nos odeiam e nós não nos importamos." Com algumas notáveis exceções, os jornalistas não são parte da cena que estão cobrindo; eles fincam pé em seus bares confiáveis. Os que são "pegos" agindo de outro modo são taxados de "alpinistas sociais" e tendem a padecer da desconfiança dos colegas. De algum modo vago e indefinido, ficar excessivamente camarada do tipo de gente que aparece em *Hello!* — o equivalente britânico da *In Style* — é encarado como uma traição do código de guerreiro do jornalista.

O resultado de tudo isso é que, em Nova York, os divulgadores tendem a olhar os jornalistas de cima. Para eles, somos apenas mais um bando de gente que quer "acontecer" e passar pela corda de veludo. A atitude das Sete Irmãs em relação a tal escória foi claramente expressa por Lizzie Grubman, ex-rainha reinante, que causou um escândalo no verão de 2001 ao capotar com seu utilitário Mercedes sobre um grupo que esperava para entrar num clube noturno dos Hamptons, gritando "fodam-se, seus lixos brancos". Ela feriu dezesseis pessoas, entre elas vários jornalistas.

— Não tenho nenhum respeito por escritores — disse Peggy Siegal à revista *New York*. — Eles não ganham dinheiro nunca. São como pobres olhando pela janela.

É claro que no outono de 1995 eu estava completamente desesperado para estar do lado de dentro daquela janela. Em termos da Fleet Street, eu era um dos alpinistas sociais. Mas enquanto estava pronto para fazer quase qualquer coisa a fim de conquistar a fama, era um pouco relutante em vender minha alma só pela honra de freqüentar gente famosa. Que espécie de barganha faustiana é essa? No final, resolvi que a melhor solução era prometer céus e terras aos divulgadores, mas não lhes dar nada. Raciocinei que era bom deixar as Sete Irmãs pensando que eu ia escrever algo simpático sobre seus clientes desde que eu não tivesse ABSOLUTAMENTE NENHUMA INTENÇÃO de fazê-lo. Como Cícero disse, não há nada de errado em aceitar suborno desde que você não o deixe influenciar seu comportamento. É claro que tal política só poderia me conseguir acesso por alguns meses; de qualquer modo, no momento em que os divulgadores percebessem que eu não era "plantável", eu já estaria entediado com todo o cenário. Pelo menos, tal era a minha esperança.

Com essa frágil racionalização na cabeça, dispus-me a conquistar o mundo noturno.

12

Na lista

Não levei muito tempo para descobrir quem era a divulgadora que fazia a lista no Bowery Bar: Nadine Johnson, uma atraente belga de quarenta e poucos anos. Embora não fosse uma das Sete Irmãs, Nadine tinha uma arma secreta formidável — era casada com Richard Johnson, o editor da *Page Six*. A *Page Six* é a mais influente das quatro colunas diárias de mexericos do *The New York Post*, a matéria que os nova-iorquinos lêem quando se sentam para comer o primeiro pãozinho do dia. Os badalados que enchem a coluna podem não gostar do que é escrito sobre eles, mas só o fato de se escrever sobre eles significa que estão na tela do radar. O Bowery Bar devia sua importância, no outono de 1995, ao fato de aparecer na *Page Six* quase todo dia.*

Fui apresentado a Nadine por Matt e Aimée, que me arrastaram para uma das habituais *soirées* dos Johnson em sua residência no West Village. Foi sem dúvida a melhor festa que eu freqüentei até então. Até aquele momento, os poucos eventos sociais nos quais me introduzira — até então não havia recebido um único convite — eram um pálido reflexo das reuniões que eu costumava freqüentar em meu país. As festas de Londres eram eventos ruidosos e orgias que faziam esquecer rapidamente todas as distinções de classe; em Nova York, eram ocasiões rígidas, formais, em que as diferenças de *status* eram talvez ainda mais pronuncia-

---

*Um divulgador rival queixou-se: "Numa cidade movida a relações questionáveis, [a de Richard e Nadine] é provavelmente a mais visível."

das. Eu achava que a culpa disso estava no fato da quantidade de álcool consumido ser insuficiente. Os Estados Unidos passam atualmente por um dos periódicos acessos de repressão que pontuam sua história. Todos os prazeres que eu esperava descobrir em Manhattan — sexo ilícito, o martíni seco perfeito, pó boliviano — tinham sido transformados totalmente em algo patológico, e qualquer pessoa que é pega usufruindo deles sofre imediatamente uma pressão de grupo para entrar num programa de doze passos. É uma desgraça.

A reunião de Richard e Nadine foi diferente. Era como um oásis no qual todos os animais festeiros da década anterior tivessem se reunido para... bem, beber, para início de conversa. Foi a primeira vez que vi pessoas tomando realmente um porre (fora Anthony Haden-Guest, claro). Também estavam se comportando mal. Num determinado ponto correu um boato de que duas pessoas faziam sexo num dos quartos das crianças no andar de cima. (As crianças não estavam presentes no momento.) Jay McInerney e Bret Easton Ellis foram lá, assim como Candace Bushnell, na época ainda escrevendo a coluna no *The New York Observer* que se tornaria o programa de TV *Sex and the City*. Eu sabia que ela não era uma mortal comum quando fui apresentado a um homem que se identificou como o "empresário" dela. Não era impossível que um jornalista tivesse um agente — e até, no caso de Hunter S. Thompson, um advogado — mas um *empresário*? Perguntei-lhe o que fazia mas se recusou a dizer.

A pessoa que fiquei mais alvoroçado em conhecer foi Richard Johnson. Richard é uma lenda entre os jornalistas de Nova York, remetendo a uma antiga era em que colunistas de mexericos não eram comprados tão facilmente. Apesar de casado com Nadine, ele tinha uma atitude muito mais saudável com os divulgadores do que a maioria de seus colegas: ele os odeia. Alto e atlético, era um machão "abatedor" mostrando ao mundo não ser um membro típico de seu ramo. Ele é menos como o colunista J.J. Hunsecker, o ambíguo destruidor de reputações representado por Burt Lancaster em *A embriaguez do sucesso*, do que "Swede", o carismático psicopata também representado por Lancaster em *Os Assassinos*. Desde que foi encarregado da *Page Six* em 1985, Richard vem policiando os hábitos noturnos dos ricos e famosos com uma diligência que envergonharia J. Edgar Hoover. (Ele é o Elliot Ness do esquadrão de costumes jornalístico.) Ele se orgulha em não ter o rabo preso com celebridades e, em conseqüência disso, está sempre envolvido em disputas com eles. Por exemplo, em 1991, Mickey Rourke, um dos alvos favoritos de Richard, deu uma entrevista no *The Fort Lauderdale Sun-Sentinel* na qual acusava o colunista de 1,90m de se esconder atrás da máquina de escrever: "Ele não teria colhões de aparecer e dizer, 'Mickey, acho você um babaca', ou Mickey, acho que você é um canastrão'", fumegou o astro de *Nove semanas e meia*.

Em sua resposta, Richard não mediu as palavras: "Memorando para Mickey Rourke: A qualquer hora, em qualquer lugar."

Quando a festa começou a murchar, juntei-me a um grupo de pessoas que estavam indo para o Bowery Bar — ali, finalmente, estava a minha chance de entrar. O grupo incluía o notório colunista da *Vanity Fair*, o notório extravagante homossexual jamaicano George Wayne. Entre suas muitas idiossincrasias, George tem o hábito da celebridade de sempre se referir a si mesmo na terceira pessoa. Eu jamais conhecera um homossexual negro antes e, sentado próximo a ele no táxi a caminho da Rua 4 Leste, sentia-me ligeiramente intimidado.

— Então, George — perguntei, tentando quebrar o gelo —, há quanto tempo você é jornalista?

— *Jornalista?* — replicou ele com horror. — G.W. não é um *jornalista*. É um literato, querido. UM LITERATO, PORRA!

Resolvi manter a boca fechada depois disso.

Quando chegamos no Bowery Bar, George andou direto para o começo da fila e postou-se impacientemente na frente da corda de veludo. Lançou um olhar para o segurança como se dissesse: "Vamos, vamos, não tenho o dia todo."

— Se afaste da porta, por favor, senhor — resmungou o nazista da prancheta.

— Por que eu deveria? — retrucou George.

— O senhor pode não ter notado mas há uma fila.

— Eu estou na lista.

— Todos estão — disse o segurança, indicando o grande grupo de pessoas atrás de George. — Se o senhor voltar pra trás da fila, vai entrar quando chegar a hora.

George disparou um desdenhoso olhar por cima do ombro.

— G.W. não espera em fila — anunciou ele altivamente. Então projetou o queixo e cruzou os braços: não ia a lugar nenhum.

— Certo — suspirou o segurança. — Quantos estão com o senhor?

Fiquei atônito. Achei que se alguém falasse com um nazista da prancheta desse modo, não somente ele não o deixaria entrar como a pessoa ia direto para o alto da lista do lixo. Durante a altercação eu vinha me afastando, esperando que o segurança não me visse sobre o ombro de George. Mas a coisa funcionou!

Uma vez lá dentro, George foi reconhecido pela *hostess*, que imediatamente caiu sobre ele.

— George! Como *vai*? Você está fantástico! Ah, nossa, é tão bom ver você!

— Você devia dizer àquele gorila da porta para tratar G.W. com um pouco mais de respeito, porra — desancou George.

— Você teve algum problema? — perguntou ela. Seu tom era de total surpresa. — Você, o grande George Wayne, teve dificuldade para entrar? Não pode ser!

— Sim, tive um *problema* — retrucou ele. — Aquele homem não reconheceu G. W. Ele é um ignorante. UM IGNORANTE, PORRA!

Em vez de se desculpar, a *hostess* pegou George pela mão e o arrastou com ela novamente para fora. Aquilo era nitidamente uma questão que teria que ser resolvida imediatamente.

— Ei, Sal — disse ela para o nazista da prancheta —, este aqui é George Wayne, certo? *O George Wayne?* — Ela ficou por trás de George e colocou as duas mãos no ombro dele. — George é um *bom* amigo meu. É tipo meu melhor amigo. Nunca o faça esperar na fila de novo, entendeu?

Ela fixou Sal até que ele grunhiu um assentimento e momentos depois estávamos de volta ao lado de dentro, teletransportados para uma das famosas mesas do Bowery Bar. A *hostess* frisou para o nosso garçom que seríamos seus "convidados" naquela noite.

Então *aquele* era o "tratamento VIP". Cogitei se a recepcionista algum dia ficaria atrás de mim, com as mãos no meu ombro, dizendo, "Este é Toby Young, certo? *O* Toby Young." " Fiz uma fantasia em que dava um soco nas costelas do nazista da prancheta. "Nunca. Me. Faça. Esperar. Na. Fila. De novo. *Entendeu*?"

— Por que está sorrindo? — perguntou George.

— Ahn, nada — respondi. — Acho que estou só contente por estar aqui.

— *Aqui?* — disse ele, olhando em torno com desprezo. — Isso é um McDonald's, porra.

Estávamos nas mesas onde ficavam as pessoas "quentes", quatro mesas de alta visibilidade onde gente como George podia ver e ser vista. Na verdade, ser *visto* parecia mais importante do que ver, já que os ocupantes dessas mesas não mostravam absolutamente nenhum interesse no resto do bar. Não era totalmente de surpreender. Pelo que eu podia ver, o vizinho descontente que fizera um resumo dos clientes do Bowery Bar estava certo.

Sentado do lado oposto ao nosso estava o astro do rock David Lee Roth. Sua namorada da noite era uma dançarina brasileira chamada Sabrina, e a cada vez que Roth embarcava em alguma história interminável, ela rolava os olhos para cima. Ex-vocalista principal de Van Halen, uma das grandes "bandas de cabeludos" dos anos 1980, a estrela de Roth estava em declínio naquele momento. Num episódio humilhante ocorrido pouco tempo antes, ele fora detido por tentar comprar maconha de um tira no Washington Square Park. Era o tipo de erro elementar que só calouros da Universidade de Nova York e gente além-da-ponte cometiam.

— Já contei a vocês de quando toquei no Rio de Janeiro? — perguntou David a ninguém em especial. — Aquilo é que foi divertido.

Os olhos de Sabrina subiram para o céu.

— G. W. não agüenta isso — sussurrou George, levantando-se do compartimento. — Ele é chato demais.

Encerrei a noite pouco depois, mas antes de ir embora dobrei uma nota de vinte dólares na mão e, na saída, parei para falar com o nazista da prancheta.

— Ei, Sal, não leve a mal — disse eu. — Sei que você só estava fazendo o seu trabalho.

— Essa porra é um zoológico — queixou-se ele. — Como é que eu posso saber quem são todos?

— Eu sou Toby Young — disse eu, estendendo-lhe a mão. — Acabo de ser indicado como editor social da *Vanity Fair*.

Ele pegou minha mão estendida e me certifiquei que a nota passasse para sua mão.

— Você é legal — disse ele, enfiando a nota no bolso do peito. — A qualquer momento que tiver um problema, é só chamar o Sal, certo?

— Obrigado — respondi. — Vou fazer isso.

Finalmente! Eu estava na lista.

13

Mundo noturno

*P*ARA OS NOVA-IORQUINOS, a temporada social do outono começa no Dia do Trabalho (primeira segunda-feira de setembro), quando os contratos de seus aluguéis de verão terminam. Nos próximos três meses, até que a elite social vá para o Caribe no Natal, há meia dúzia de festas a cada noite que culminam na Semana da Moda, uma orgia de sete dias de incessante e turbulenta alegria. Pouco depois de ser indicado como editor colaborador, comecei a cultivar assiduamente todos os divulgadores da cidade — escrevendo a eles em meu papel timbrado, atormentando-os com telefonemas, apertando energicamente suas mãos quando finalmente os conhecia —, e os convites começaram gradualmente a chegar. Entre os eventos que freqüentei naquele período agitado estavam os lançamentos da *Time Out New York*, um *vernissage* cujo anfitrião era Claus von Bülow, a *première* de *Casino*, a festa de aniversário de Candace Bushnell e o baile do Costume Institute do Metropolitan Museum.

O mais surpreendente nessas festas da lista A era o fato de serem muito mais glamorosas do que os eventos equivalentes em Londres. Como sempre, à medida que eu me aproximava da entrada, havia grandes grupos em pé por trás de barreiras de metal dos dois lados de um tapete vermelho, bem parecido com o que ocorrera na festa do Oscar da *Vanity Fair*. Uma vez do lado de dentro, espantei-me com os cuidados em relação a tudo, da iluminação aos canapés. Muitas vezes fiquei boquiaberto com a quantidade de dinheiro gasta. Na inauguração da loja principal de Calvin Klein, na Madison Avenue, por exemplo, vi-me próximo a uma série de mesas onde havia apenas grandes cilindros de gelo cheios de caviar Beluga. Eram literalmente do tamanho de baldes. Era como restaurante tudo-que-você-pode-comer para membros do *jet set*. No decorrer da noite, devo ter saboreado uns dez mil dólares.

Mesmo assim, paradoxalmente, quanto mais suntuosa a *soirée*, menos atmosfera tinha. Para os divulgadores que as organizavam, tais festas eram conhecidas como "eventos de promoção" e o fato de terem um objetivo tão abertamente comercial faz com que dificilmente sejam divertidos. Não eram festas fantásticas que coincidiam com a estréia de um filme ou a inauguração de uma loja, ou um *vernissage*; eram organizadas apenas com objetivos de publicidade. Os colunistas de mexericos escreviam zelosamente sobre eles no dia seguinte, como se tais eventos tivessem algum valor como notícia, quando na verdade haviam sido organizados exatamente para produzir esse tipo de cobertura. Não tinham outro objetivo senão gerar centímetros de coluna. Para realizar esse objetivo, contudo, todos tinham que fingir que tais eventos eram ofuscantes. Eram o equivalente social a um sepulcro caiado, oportunidade para fotos com nada sob a superfície.

Às vezes isso era dolorosamente óbvio. Por exemplo, na *première* mundial de *GoldenEye*, Pierce Brosnan apareceu no palco pouco antes da cortina subir e instou a platéia a aplaudir o *revival* "dessa surpreendente franquia". Era como se estivéssemos lá para celebrar a inauguração de uma nova filial da Kentucky Fried Chicken em vez do reaparecimento do ícone popular mais glamuroso da Inglaterra. Brosnam foi seguido pelo diretor do filme, Martin Campbell, que disse a todos como se sentia contente por estar em Nova York. "Não poderia haver uma cidade mais fantástica para se fazer essa *première*", derramou-se ele.

— Ah, é? — sussurrou Chris Lawrence, sentado a meu lado. — E Londres, seu palhaço?

Desnecessário dizer que todos esses eventos eram apinhados de celebridades, mas julgando-se por suas expressões elas não se divertiam muito. Estavam lá geralmente a contragosto, a pedido de seus agentes, empresários ou divulgadores, ou como namorada de algum bilionário como Donald Trump. Seu único objetivo era serem fotografadas ao chegar a fim de assegurar alguma cobertura para o evento. Nas *premières*, elas raramente ficavam para assistir aos filmes, esgueirando-se invariavelmente para fora pouco antes da exibição começar. Voltariam para a festa que ocorria depois, onde se retardavam por alguns minutos em áreas especialmente cercadas por cordões, lançando olhares mal-humorados para os cidadãos comuns antes de serem novamente despachadas para fora por seu pessoal.

Um dos motivos que torna as celebridades tão mal-humoradas é estarem freqüentemente mortas de fome. Descobri que as estrelas da lista A não ousam comer nada em público para não serem fotografadas no ato de se entupirem. Para um VIP zeloso da própria imagem, isso é tão pouco bem-vindo quanto ser fotografado no banheiro. Uma das cenas mais divertidas que testemunhei em Los Angeles na noite do Oscar em 1996 foi a longa fila de limusines esperando fora de um *drive-in* McDonald's no caminho de volta do Dorothy Chandler Pavilion. Por trás dos vidros escuros alguns dos maiores nomes de Hollywood engoliam Big Macs. Sugeri a Graydon que *Vanity Fair* postasse fotógrafos para capturar esse espetáculo no próximo ano, mas ele não topou, o que não me surpreendeu.

A atitude do corpo de imprensa de Manhattan para com os astros em seu meio era, previsivelmente, a de submissa deferência. Eu sempre notava quando uma celebridade entrava em meu espaço aéreo numa dessas festas, porque a pessoa com quem eu conversava ficava subitamente de olhos vidrados, sem ouvir uma palavra do que eu estava dizendo. Mas o interessante é que nunca olhavam por cima do meu ombro. Entre os jornalistas de Nova York, é considerado tão cafona ficar babando ante celebridades que, sempre que uma se aproximava, eles olhavam para qualquer lugar menos para elas. Conseqüentemente, quando Matt Dillon estava a meu lado, a jovem repórter de entretenimentos com quem eu conversava parou de olhar em torno e me fitou diretamente nos olhos pela primeira vez naquela noite.

Então foi para casa com Matt Dillon.

Eu não podia deixar de pensar que, se tivessse chegado a Nova York em praticamente qualquer outro momento do século XX, estaria me divertindo muito mais. Observadores experientes da cena das festas afirmam que a cidade se tornou mais meritocrática na última década, ou nas duas últimas; contudo, embora fosse verdade que a entrada no círculo encantado de Nova York não esteja limitada aos bem-nascidos, as pessoas que encontrei raramente possuíam qualquer *mérito* real. Pelo contrário, freqüentemente eram bastante questionáveis. Geralmente afirmavam ter uma profissão que parecia vaga — "financistas", "estilistas" ou "decoradores" — mas a maioria era formada de típica "figuração". Era mais composta de gente que queria conseguir coisas grátis, artistas tentando obter algo através de conversas espertas, bicões, gente em busca de autopromoção e amigos-de-amigos do que de pessoas que conseguiam qualquer coisa por si mesmas. Em suma, não eram diferentes de mim.

Um evento em especial resumiu tudo que havia de errado com o cenário social de Nova York: uma "extravaganza" para festejar o aniversário de Michael Musto, o colunista *gay* de mexericos do *The Village Voice*, cuja *hostess* era Divine Brown, a prostituta de L.A. famosa por seu encontro com Hugh Grant. A ocasião foi uma paródia da cultura da celebridade. Resplandecente num conjunto de couro marrom de Versace, Divine dava audiência no centro da sala rodeada por jornalistas arrancando os cabelos, enquanto celebridades menores faziam fila para prestar-lhe homenagem. O surpreendente era que ela parecia com qualquer outra pessoa famosa, e como entrara no seu papel sem fazer esforço.

Não era essa a minha fantasia quando pensei em ser um escritor de revista em Nova York. Eu ansiava por encontrar os equivalentes contemporâneos aos membros da Round Table do Algonquin, homens como Alexander Woollcott que, segundo Ben Hecht, "animava uma sala como um escândalo." Em vez disso, vi-me num mundo que parecia ter sido sonhado por membros daquele círculo numa noite especialmente bêbada. Vi-me freqüentemente escalado como o bobo no elenco desse mundo, o pateta de fora-da-cidade que é sempre o alvo da piada. Eu começara querendo ser Cary Grant e acabara como Ralph Bellamy.

Consideremos minha experiência na *première* de *Estranhos prazeres* em 7 de outubro de 1995. Mesmo por padrões nova-iorquinos aquilo foi um negócio bastante opulento — a festa que se seguiu foi no Radio City Music Hall — e não muito antes de eu ter bebido champanhe demais. Em meu estado de confusão, meti na cabeça que precisava conhece Ralph Fiennes, o astro do filme. Uma velha amiga minha, Tamara Harvey, me dissera que fora a primeira moça em quem ele dera um beijo de língua e eu decidi que aquela era a oportunidade perfeita para descobrir se isso era verdade. Eu simplesmente perguntaria a ele.

Chegar até Fiennes não era uma tarefa fácil. Ele ficava na seção VIP enquanto eu estava na platéia principal, e a corda de veludo separando os imortais dos *hoi polloi* era guardada por uma nazista da prancheta de aparência feroz. Mesmo assim, eu tinha um trunfo. A festa era dada pela 20th Century Fox e eu fora convidado para a *première* por Lewis Canfield, um amigo que trabalhava para a Fox. Se alguém pudesse me pôr para dentro, seria ele.

Abordamos a nazista da prancheta a quem Lewis reconheceu como Penny, uma moça do departamento de publicidade da Fox.

— Oi, Penny — disse Lewis. — Há alguma chance de podermos passar?

— Por quê? — perguntou ela.

— É uma aposta — disse Lewis. — Meu amigo aqui apostou vinte dólares comigo que eu não conseguiria pô-lo para dentro.

— Desculpe, Lewis — disse ela. — Você perdeu.

Ele a encarou com sinceridade.

— Ora, Penny. Por favor.

— Vou lhe sugerir uma coisa — respondeu ela, parecendo amolecer. — Posso recuar alguns passos para que você e seu amigo possam entrar alguns passos nessa área. Assim, tecnicamente, você poderá *dizer* que esteve na seção VIP. É o máximo que eu posso fazer.

Nós nos recusamos a acreditar na oferta dela.

Lewis absorveu a coisa — estava acostumado a ser tratado assim pelos divulgadores da Fox — mas eu entrei numa fúria estimulada pelo álcool por causa dele. Como é que ela ousava humilhar um de seus colegas assim? Tentei convencê-lo a ir ao chefe de seu departamento para que ele interferisse na atitude de Penny, mas sensatamente Lewis recusou.

No entanto, nem tudo estava perdido. Levando um papo com uma das garçonetes, perguntei-lhe se não havia outro jeito de entrar. Aparentemente havia. Ela docemente me permitiu acompanhá-la à cozinha e apontou para uma passagem que levava à área VIP. Segundos depois eu me espremia com os astros do filme.

Mesmo na área VIP, Fiennes estava bem protegido. A fim de falar com ele tinha-se que entrar numa fila e, quando a vez da pessoa chegava, um atendente o apresentava a ele com uma pequena reverência. Tinham-se apenas cerca de trinta segundos, mas era tempo suficiente para os meus objetivos. Em alguns minutos eu saberia de uma vez por todas se Tamara dizia a verdade.

Juntei-me à fila e fui imediatamente abordado pela atendente. Ela queria saber exatamente quem cada um era antes de apresentá-lo a seu amo.

— Você é amigo de Ralph? — perguntou ela.

— Ralph — corrigi, pronunciando o nome dele como "Reiph" — Sou, sim.

Ela balançou a cabeça sem acreditar e olhou por cima do meu ombro em busca de instruções sobre o que fazer a seguir. Devia me apresentar a Fiennes? Dei uma olhadela para trás, para ver a quem ela estava se reportando, e imediatamente meu coração afundou: era Penny, a nazista da prancheta que me barrara minutos antes. Penny me lançou um breve olhar e sacudiu enfaticamente a cabeça: de jeito nenhum, de jeito nenhum, *porra*. Então começou a ganir ordens em seu *walkie-talkie* e segundos depois eu estava sendo escoltado para fora da área VIP por dois enormes guardas da segurança.

Enquanto eu ia sendo empurrado para a saída, fiz um último e desesperado esforço para me comunicar com Fiennes.

— Ei, Ralph — gritei o mais alto possível. Ele parou de falar com a pessoa à sua frente e virou a cabeça na minha direção. Os guardas apressaram o passo, determinados a me tirarem de lá tão rápido quanto podiam agora que eu começava a fazer uma cena.

— Sou amigo de Tamara Harvey! — gritei enquanto era impelido para a saída em alta velocidade. — Ela pediu que lhe mandasse lembranças se o visse. Primeiro beijo de língua, certo?

Ele acenou polidamente com a cabeça mas nitidamente não tinha a mínima idéia do que eu estava falando.

Alguns segundos depois me vi novamente no lado errado da corda de veludo.

14

Garotas de Uptown

ANTES DE SER POSTO PARA FORA do monte Olimpo na festa do *Strange Days*, consegui conversar com uma deusa de vinte e dois anos chamada Zoe Kohlmayer. Era exatamente o tipo de garota que se espera encontrar na área VIP numa *première* de filme em Nova York: meio russa, meio suíça, vestia-se da cabeça aos pés de Chanel e estava acompanhada por uma matrona de aparência severa, atenta em protegê-la de gente como eu. O dragão era sua mãe e, enquanto eu me esforçava para tentar entabular uma conversa com Zoe, a mãe parecia querer me despachar cuspindo fogo. Eu não era suficientemente atrevido para pedir o número de Zoe — não sob o feroz olhar materno —, mas Zoe deixou escapar que as duas moravam num apartamento no Carlyle. Essa mensagem chegou ao destino. O Carlyle é o hotel mais elegante de Nova York. Antes de Zoe, a única pessoa que sabia que realmente morara no hotel fora Jackie O. Eu tropeçara numa versão adulta de Eloise.

No dia seguinte, liguei para o Carlyle e pedi para falar com "Miss Kohlmayer". Pus tanta ênfase quanto podia na palavra "Miss". Não queria acabar falando com a mãe.

A conversa não foi bem. Eu acabara de alugar um apartamento no West Village e, quando Zoe veio ao telefone, perguntei-lhe se gostaria de aparecer para me ajudar na mudança. Na verdade não era bem um encontro romântico mas achei que ela poderia gostar de me dar uns conselhos de como arrumar a mobília e que quadros pendurar nas paredes. Era o tipo de convite que minhas amigas de Londres teriam considerado "simpático".

— Ajudar você *na mudança*? — perguntou ela. — Por acaso sou sua empregada?

Clique. Linha desocupada.

Sem dúvida, as mulheres no circuito de festas de Nova York eram muito diferentes das que eu freqüentava na minha terra. Em Londres, as moças de meu grupo não se comportavam de modo tão diferente dos rapazes. Elas bebiam nos mesmos *pubs*, riam das mesmas piadas e tinham uma atitude em relação ao sexo tão relax quanto a deles. Gostavam de ser olhadas e admiradas, mas não eram, em nenhum sentido, ornamentais. Dificilmente precisavam de mais de quinze minutos para se aprontar.

As mulheres de Manhattan, ao contrário, comportavam-se mais como cortesãs — pelo menos as que conheci. Existiam num mundo completamente diferente dos rapazes, geralmente passando o dia todo preparando-se para sair à noite. Uma típica moça da cena festiva nova-iorquina começava o dia com uma visita a seu dermatologista, seguida por uma viagem a um cabeleireiro caro, depois ia comprar algo de um *designer* na Madison Avenue e, finalmente, convocava um artista da maquiagem para seu *boudoir*, para os toques finais.

Sempre que minhas amigas inglesas me perguntavam qual a diferença entre elas e as moças de Nova York, eu dizia: "Posso resumir tudo em algumas palavras: academias de ginástica". Em parte a intenção era provocar, mas continha também um toque de verdade. Numa visita a Nova York em 1999 para promover *O diário de Bridget Jones* — quando este era apenas um livro — Helen Fielding disse que a principal distinção entre sua criação ficcional e Ally McBeal era que a última era "muito mais magra".

Até certo ponto, tais diferenças são atribuíveis ao fato de que eu estava comparando alhos com bugalhos. As mulheres que eu conhecia em Londres eram profissionais da classe média — jornalistas, advogadas, produtoras de televisão — enquanto o tipo em que eu tropeçava no alegre carrossel da lista A eram as "Princesas da Park Avenue". O equivalente britânico mais próximo, acho eu, são as "It Girls", só que em Nova York há dezenas de milhares desses pôneis de concurso. O nível de cuidados pessoais que apenas um punhado de mulheres em Londres pode se dar ao trabalho de ter é quase a norma em Manhattan. Mesmo as profissionais cujos empregos exigem que estejam em seus escritórios de nove às sete, passam uma quantidade extraordinária de tempo embelezando-se.

Para se ter uma idéia de quanto é diferente a mulher média de Nova York da mulher média de Londres, comparem o elenco de *Friends* com o elenco de *Absolutely Fabulous*. Na televisão americana, só se vê mulheres tipo Jennifer Saunders — a atriz que representa Edina — como uma cobaia sem sorte num anúncio informativo sobre o mais moderno dispositivo destinado a firmar abdômens, quadris e coxas.

Em termos de relações entre os sexos, Manhattan é como uma volta ao século dezenove. Nas "boates quentes" do momento, os homens sentam relaxadamente usando calças esportivas e camisas, enquanto as mulheres se pavoneiam por ali, abrindo as caudas para que todo o mundo veja. Sentado na platéia da *première* de *Razão e Sensibilidade* em 13 de dezembro de 1995, ocorreu-me de repente que o apetite pelas adaptações de Jane Austen — *As patricinhas de Beverly Hills* e *Persuasão* tinham sido lançados anteriormente naquele ano e *Emma* seria lançado em breve — era devido à esmagadora semelhança entre a Inglaterra rural do século dezenove e o final do século vinte nos Estados Unidos urbano.

Ao contrário da crença popular, o motivo das adaptações de Austen terem caído nas graças do público americano não foi o habitual anseio nostálgico por uma era mais amável e gentil onde se usava cartola e se morava em casas majestosas, e sim porque esse público reconhecia sua própria sociedade na tela. Os romances de Austen podem parecer leves comédias pastorais sobre o amor romântico, mas se varrermos o confortável chá, veremos desnuda a cruel mecânica da sociedade inglesa do século dezenove. Citando W.H. Auden:

> *You could not shock her more than she shocks me;*
> *Beside her Joyce seems innocent as grass.*
> *It makes me most uncomfortable to see*
> *An English spinster of the middle-class*

Describe the amorous effects of "brass",
Reveal so frankly and with such sobriety
*The economic basis of society.**

Havia muitos indícios dos "efeitos amorosos da grana" em Nova York em meados dos anos 1990. Consideremos o caso de Ron Perelman, o homem mais rico da cidade. Em 1995, estava casado com Patricia Duff, uma esposa-troféu deslumbrante, tendo se divorciado no ano anterior de Claudia Cohen, uma mulher de meia-idade com um rosto extremamente atraente. Depois que Perelman se separou de Duff em 1996, ligou-se a um colar de beldades, inclusive a atriz Ellen Barkin. Dada a aparência física de Perelman, parece improvável que ele tivesse todas essas mulheres se fosse, digamos, um bombeiro.**

O mundo que Austen pinta — um mundo em que jovens ambiciosas competem umas com as outras para atrair a atenção dos homens disponíveis e ricos — é desagradavelmente semelhante à Manhattan contemporânea. As duas sociedades são rigidamente hierárquicas, com o poder concentrado nas mãos de uma elite plutocrática, e o caminho mais rápido para o topo é através do casamento. As cavernosas mansões da costa nos Hamptons para as quais a classe dirigente de Nova York se retira a cada verão equivalem a Pemberly, a propriedade de Darcy em Derbyshire.

É claro que, em Manhattan, os solteiros mais solicitados não são os bem-nascidos proprietários de terra e sim celebridades. Lembro de uma

---

*"Não se pode chocá-la mais do que ela a mim; /Comparado a ela Joyce é inocente como grama./ Com grande desconforto ouço-a falar assim/ Uma solteirona inglesa classe média desfiando a trama/ Descrevendo ponto a ponto os efeitos amorosos da grana, / Desvelando tão francamente e com tal sobriedade/ A base econômica da sociedade." (*Tradução livre*)

**Kurt Andersen destacou esse ponto acertadamente num *e-mail* para Nora Ephron em *Slate*, em 13 de setembro de 1999: "Em relação a Ron Perelman (e aos Ron Perelman do mundo): Até que ponto ele tem consciência do fato, ou este tem importância para ele, de que se não fosse rico ele não conseguiria dormir com mulheres como Patricia Duff e Ellen Barkin? Colocando mais grosseiramente, até que ponto as Patricia Duff e Ellen Barkin do mundo têm que fechar os olhos e pensar nos $$$ enquanto estão sendo violadas por bilionários pouco atraentes?"

conversa com Candace Bushnell tarde da noite, quando ambos já tínhamos bebido, e ela confessou ser "uma verdadeira esnobe" quanto às pessoas com quem saía. (Acho que pode ter sentido que eu estava prestes a lhe dar uma cantada e quis me afastar.)

— Quero sair com alguém que já é bem-sucedido — explicou ela. — Sinto que sou bem-sucedida, e vou ser mais bem-sucedida... quero estar com alguém que talvez seja *famoso*, quem sabe? Quero estar com alguém que seja como eu. Sinto que conquistei isso.

A boa vontade das nova-iorquinas em entrar no que é basicamente um mercado de casamento do século dezenove é surpreendente. Afinal de contas, a causa da emancipação das mulheres é mais avançada em Manhattan do que em qualquer outra cidade do mundo. Elas podem não se descrever como "feministas", mas se essas mulheres sentem qualquer tipo de discriminação vão direto ao telefone para falar com seus advogados. Elas são mais ambiciosas, mais instruídas e menos oprimidas do que qualquer geração anterior de mulheres, e estão preparadas para ir à última conseqüência, por mais humilhante que seja, para conquistar um marido. Por quê?*

A resposta curta é: a fim de impressionar outras mulheres. Como qualquer um que leu Edith Wharton sabe, é um fato da vida há muito tempo em Manhattan, especialmente entre a elite social do Upper East Side, que as mulheres julgam umas às outras segundo o que conseguem contar. O *status* é mais valorizado do que qualquer outra mercadoria em Nova York, e casar-se bem ainda é o meio mais rápido de consegui-lo. Uma lenda na *Vanity Fair* reza que, quando uma Editora Colaboradora finalmente conseguiu atrair o marido-troféu, a primeira pessoa para quem ligou não foi sua mãe e sim a colunista de mexericos Liz Smith. Só depois de Liz prometer que anunciaria o noivado na coluna é que a editora dignou-se a contar para sua família.

---

*Katie Roiphe escreveu um artigo para *Esquire* em que discutia esse paradoxo: "Visto de fora, minha vida é o modelo da independência feminina moderna... Mas às vezes parece que essa independência é em parte um fachada elaboradamente construída que esconde um desejo feminino mais tradicional de ser protegida e sustentada." "The Independent Woman (and Other lies)", *Esquire*, fevereiro de 1999.

Mas por que um marido importante é ainda considerado um valor tão desejável? Há cem anos, o *status* das mulheres dependia amplamente de quem eram seus maridos; hoje, porém, elas são perfeitamente capazes de conseguir tal *status* por si próprias. Por que não o fazem? A resposta é: fazem, mas no todo preferem fazê-lo com uma aliança no dedo. Em parte porque Nova York é um lugar muito darwiniano. Nesse meio ambiente fundamentalmente hostil, cheio de predadores implacáveis que não irão se deter ante nada para chegar ao topo, as pessoas estão constantemente formando alianças para sua própria proteção, e um marido é o aliado mais confiável que uma mulher pode ter. Além disso, em termos de pura voltagem de *status*, as mulheres brilham mais luminosamente se são casadas com um homem poderoso, especialmente mulheres de sucesso. O ideal é tornar-se a metade feminina de um casal poderoso. Em Manhattan, o terço mais alto da sociedade é ocupado por esses times de marido e mulher que conquistam tudo: Diane von Furstenberg e Barry Diller, Diane Sawyer e Mike Nichols, Gail Sheehy e Clay Felker, Binky Urban e Ken Auletta, Tina Brown e Harold Evans — a lista é interminável. Para as mulheres mais ambiciosas da cidade, esse é o objetivo final.

Depois que Zoe Kohlmayer me deu um passa-fora, tornou-se claro que eu teria que aperfeiçoar minha atuação se quisesse ter uma chance com essas debutantes do Upper East Side, a parte chique da cidade. Dado o interesse delas em pescar um partidaço, que esperanças tinha um jornalista de trinta e poucos anos sem tostão? Eu estava longe de ser equivalente a um Darcy. Era mais como um desdentado trabalhador de fazenda.

Era hora de usar o meu título.

Preciso enfatizar rapidamente que não sou um membro da aristocracia britânica — longe disso. Meu pai era um intelectual socialista e o pai dele um empresário australiano que, numa determinada época, foi o editor de música de *The Daily Express*.* Apesar disso sou tecnicamente

---

*Meu pai me disse que estava andando pela Fleet Street com meu avô certo dia quando o velho jornalista avistou centenas de ratos correndo na direção do Strand. Ele imediatamente voou para um telefone, ligou para *The Evening Standard* e vendeu a história para o colunista de fofocas. É *exatamente* o que eu faria nas mesmas circunstâncias.

um "Honorável",* já que meu pai foi nomeado nobre por James Callaghan, o antigo primeiro-ministro trabalhista. Na Inglaterra, ser o filho de um par não hereditário, ao contrário de um par hereditário, carrega aproximadamente tanto peso social quanto ser filho de Sir Casper Weinberger, mas nos Estados Unidos tais distinções só são percebidas pelos mais renitentes anglófilos. (Chris Lawrence sabia a diferença, claro.) Desnecessário dizer que fingir ser um nobre a fim de engabelar *socialites* desconhecedoras de minhas intenções de levá-las para a cama comigo não é um truque novo — Nova York fervilha de falsos aristocratas —, mas pelo menos meu truque tinha a vantagem de não me obrigar a mentir.

O primeiro problema com que me deparava era como fazer as pessoas saberem que eu era um "Honorável". Não podia simplesmente anunciá-lo, já que nenhum sangue-azul genuíno sonharia em fazer algo tão vulgar. Então me veio a idéia de solicitar um cartão de crédito em nome do "Honorável Toby Young". Afinal de contas, as únicas pessoas que eu queria impressionar com as minhas credenciais espúrias eram as mulheres, e eu poderia brandir meu novo cartão Amex, juntamente com meu título chique, quando as levasse para jantar.

Algumas semanas depois, chegou uma carta do American Express endereçado ao "Hon. Toby Young." Espremi o envelope para ver se continha um cartão — continha! Rasguei o envelope e li a carta.

"Caro Hon", começava ela. "Estamos satisfeitos em lhe informar..."

Um momento. O American Express evidentemente entendera que Hon era o meu primeiro nome. Examinei o pedaço de plástico e lá estava, sem nenhuma dúvida, o nome "Hon Young" no cartão. Assim não servia. Minhas glamurosas companheiras de jantar imaginariam que eu roubara o cartão de algum estudante coreano pobre.

Liguei para a sede do American Express e expliquei o equívoco.

— Está dizendo que "Hon" é o seu título? — perguntou um cético funcionário. — Você é o quê, um juiz?

— Não, não — disse eu. — É um título inglês. Meu pai é um lorde.

---

*Título dado a filhos mais jovens de nobres ou a altos dignitários — Inglaterra. (N. da T.)

— Isso significa que o senhor será lorde?
— Bem, não exatamente.
— Então como é que o senhor conseguiu o título?
A coisa estava sendo mais difícil do que eu imaginara.
— Olhe — disse eu, baixando a voz até o sussurro —, eu não devia estar lhe contando isso, mas meu pai é um membro da Família Real.
Pausa.
— Bem, seja lá o que for — respondeu ele, claramente não acreditando numa única palavra do que eu dizia —, lamento não podermos mudar o nome no cartão depois que ele foi emitido. O senhor terá que solicitar um novo cartão — e terá que ser de um novo endereço.

Em minha segunda solicitação, coloquei Madison Avenue, 350, como meu endereço e cerca de uma semana depois recebi outro cartão, este com o nome correto. Era a hora de usar minha nova identidade.

Para isso, obtive a ajuda de Candace Bushnell, que nessa altura já se tornara uma amiga. Depois que eu a encontrara na festa de Richard e Nadine Johnson, comecei a esbarrar com ela em todos os lugares que eu ia, e freqüentemente terminávamos "tomando um porre" juntos — segundo a expressão dela — em algum bar bem tarde da noite. Ela estava com trinta e sete anos, mas na sua festa de aniversário dissera a todos que estava com trinta e dois — e eles acreditaram. Era extremamente bonita, com um longo cabelo louro e liso e um nariz de botão engraçadinho. Seu empresário a chamava "a Sharon Stone do jornalismo", mas eu preferia pensar nela como uma versão adulta do personagem interpretado por Alicia Silverstone em *As Patricinhas de Beverly Hills*. Ela era dura e mercenária, mas também engraçada e esperta. Sua coluna "Sex and the City" no *The New York Observer*, que começou a escrever em 1994, foi um enorme sucesso. Havia um grão de doçura nela que aqueles dezenove anos em Manhattan não tinham destruído. Não era nenhuma Dorothy Parker, mas era o mais próximo que eu chegara das mulheres atrevidas e espertas que eu fantasiara encontrar em Nova York.

Quando Candace soube de meu título, docemente se ofereceu para espalhar o boato que eu era filho de uma família escocesa de proprietários à procura de uma esposa para levar para casa. Com grandes fanfarras, ela me apresentou como o "Honorável Toby Young" a uma fieira de mulheres que começavam a amadurecer e freqüentavam as festas. Então ela recuava para observar as cifras dos dólares dançando nos olhos dessas mulheres. Infelizmente, nas poucas ocasiões em que consegui atrair uma dessas mulheres a meu apartamento, suas expectativas logo eram demolidas. As ilusões que tinham de viverem felizes para sempre num castelo nas Highlands eram imediatamente estilhaçadas quando punham os olhos na minha mobília. Geralmente já estavam do lado de fora antes que eu pudesse abrir uma garrafa de vinho.

Contudo, houve uma exceção. Uma chilena estonteante de quem, por razões legais, não ouso dizer o nome. Tinha trinta e poucos anos e, apesar de ser uma veterana de vinte anos do circuito de festas de Londres-Nova York-L.A., ainda era de tirar o fôlego. Segundo Candace, ela tivera os seios "feitos" pelo melhor cirurgião plástico de Miami — custara-lhe 20 mil dólares — e o resto dela era praticamente perfeito. Tinha uma lista de conquistas célebres mais ofuscante — e maior — do que a PMK 400, e havia boatos dizendo que era a primeira mulher para quem Mick Jagger ligava sempre que estava na cidade. Seu apelido, inevitavelmente, era "chili", a pimenta vermelha e forte.

No final de meu primeiro encontro com ———, depois que brandi desavergonhadamente meu cartão da Amex sob seu nariz, ela me surpreendeu perguntando se eu podia emprestar-lhe 250 dólares. Fiquei um pouco espantado mas ela explicou que se não pagasse o aluguel daquela semana, ela e sua filha de cinco anos seriam jogadas na rua. Havia alguma possibilidade de eu ajudá-la?

Naturalmente trotei para o próximo caixa eletrônico e saquei o dinheiro.

Ela foi adequadamente grata e sugeriu que voltássemos para meu apartamento para um drinque depois do jantar. Aha, pensei eu. Finalmente vou para cama com alguém! Estávamos dobrando a esquina de minha rua quando um personagem de aparência sombria nos abordou e perguntou se queríamos comprar alguma droga. Sacudi a cabeça mas os olhos de ——— se iluminaram.

— Diga-me, *señor* — disse ela levando-o para um lado —, quanta cocaína se pode comprar com duzentos e cinqüenta dólares?

Depois de uma breve negociação ——— me disse para voltar ao apartamento enquanto concluía a transação. Ela voltaria num minuto. Era meia-noite e meia.

Eu estava levemente irritado de que o dinheiro de que ela precisava tão desesperadamente meia hora atrás fosse gasto agora em pó, mas decidi não provocar confusão. ——— era tão tremendamente *sexy* que valia facilmente 250 dólares. De qualquer modo, como a moça já era um fio desencapado sob circunstâncias normais, minha cabeça girava à idéia dela cheirando pó. Diminuí as luzes, pus um CD de Frank Sinatra para tocar e sentei no sofá esperando por ela. *Ah, cara! Vou ver pela primeira vez um corpo depilado segundo as linhas de biquíni brasileiro!* Estava tão excitado que mal podia respirar.

Após noventa minutos, nem sinal dela. Concluí relutantemente que não viria. Naquele momento, comecei realmente a dar importância aos duzentos e cinqüenta dólares. A vaca tinha me enganado! Fui para cama com uma fúria reprimida.

Fui acordado pela campainha da porta às 5:15 da manhã. Era ———, embora a pessoa que entrou no apartamento fosse quase irreconhecível comparada ao chili com quem eu saíra na noite anterior. Seu vestido estava cheio de horríveis e viscosas manchas marrons e traços de sangue eram visíveis sob suas narinas. Por seu cabelo, ela parecia ter passado quatro horas e quarenta e cinco minutos em pé no convés de um barco de pesca no Atlântico Norte.

— Ah, Tobee — exclamou —, aquele canalha nojento me passou a perna, me vendeu sabão em pó. — Apontou para o sangue seco debaixo de seu nariz. — Mas eu conheço um cara que mora ali na esquina onde a gente pode conseguir um artigo de primeira. — Ela fez uma pose coquete. — Pode me dar mais duzentos e cinqüenta dólares?

Nunca mais saí com ———.

15

O gorila de 250 quilos

*T*ODA ESSA SOCIALIZAÇÃO não vinha fazendo muito bem à minha reputação na *Vanity Fair*. A maioria da equipe da revista é casada ou estabelecida em relações de longo prazo, e se interessam pouco pelo redemoinho social de Manhattan. Na realidade, consideram o pessoal que sai todas as noites ligeiramente suspeito. Afinal de contas, quem senão as borboletas sociais mais superficiais desperdiçam a vida indo a festas da lista A? Quando se foi a uma se foi a todas, certo?

Um problema adicional era que eu não conseguia lembrar do nome de ninguém. Pouco depois de chegar, Aimée Bell tinha sublinhado para mim como era importante conhecer todos os meus colegas. Contou-me sobre uma famosa ocasião em que o programa *60 Minutos* havia apresentado um segmento sobre Tina Brown. Parece que Tina levara o apresentador numa turnê pelos escritórios da revista e, pela primeira vez, ela cumprimentou cada membro de sua equipe pelo nome. Desnecessário dizer que errou vários deles.

Quando eu entrava todos os dias por volta das 11 da manhã, fedendo a álcool e nos braços de uma medonha ressaca, tinha que esbarrar num monte de membros da equipe de olhos brilhantes me cumprimentando com "Oi Toby". A resposta correta era responder com um Oi ——!, mas eu nunca ousava dizê-lo com medo de errar o nome da pessoa que me cumprimentava. Assim, eu apenas resmungava "Oi", na esperança de que isso deixasse a questão em aberto quanto ao meu conhecimento dos nomes. Na verdade, tenho certeza que todos adivinhavam — corretamente — que eu não os conhecia.

Matt Tyrnauer não ajudava, sempre me cumprimentando com as palavras "Lorde Young". Quando solicitei de novo o meu cartão American Express, dei a Madison Avenue 350 como meu endereço e, assim, minha conta mensal começava agora a chegar nos escritórios da *Vanity Fair*. Não demorou muito para que Matt interceptasse uma e quisesse saber por que meu nome ali era "Hon Toby Young." Quando eu disse a ele que o título era porque meu pai era um lorde, ele ficou atônito — situara-me como da classe média — e daquele dia em diante dirigia-se a mim como "Lorde Young", ou "Little Lord Fauntleroy" ou "Sua Senhoria". Tentei explicar que eu era apenas filho de um par não hereditário, que na verdade era tão classe média quanto ele me imaginara, mas isso não fez diferença. Ele continuou a me chamar de "Lorde Young" pelo resto do meu tempo na revista, ocasionalmente até inclinando a cabeça numa deferência de zombaria. De algum modo, acho que isso não realçou minha posição profissional no escritório.

Felizmente a *Vanity Fair* não era uma democracia. Não tinha muita importância se meus colegas pensassem em mim como fosse um bufão das classes altas, contanto que o editor-chefe gostasse de ter-me por ali. O importante era ficar do lado certo do gorila de 250 quilos no canto do edifício. Como Matt e Aimée martelavam repetidamente nos meus ouvidos, eu estaria bem à medida que não antagonizasse Graydon.

Eu deveria tê-los escutado.

A cadeia de acontecimentos que fez com que minha relação com Graydon azedasse começou quando ele me viu no desfile da Calvin Klein, na Semana da Moda. Não preciso dizer que a grande questão para mim, nas coleções de primavera daquele ano, não era o que estava "in" em cada uma e sim como entrar *em* todos os desfiles. Procurei Elizabeth Saltzman em busca de conselho.

— Para começar, você só devia se preocupar com o Calvin — disse ela. — Acredite, não vai querer ir a mais nenhum desfile a não ser que seja absolutamente obrigado.

Isso parecia sensato. Mas como eu conseguiria uma entrada?

— Esqueça a fila da frente — disse ela, descartando a sabedoria coletiva de toda uma indústria. — O lugar quente é nos bastidores. Quero dizer, você quer ver garotas nuas, não é?

Claro, porra!

Ela prometeu me arranjar uma credencial de "acesso a todas as áreas" e, enquanto isso, me deu um curso rápido sobre a cadeia alimentar *fashionista*. Depois dos bastidores, a fila da frente parecia vir num distante segundo lugar, mas apenas se não houvesse um batalhão de fotógrafos bloqueando a visão. A seguir, o melhor lugar não é a segunda fila e sim a terceira. A visão na segunda fila geralmente é obscurecida pelos chapéus ou penteados das pessoas à frente, mas a terceira fila é num local elevado. Então vem um assento na passagem e finalmente — uma humilhação para ser suportada só em absoluto último recurso — em pé.

No dia seguinte, cheguei ao trabalho e encontrei um envelope branco com a palavra "Tobi" escrita com marcador cor-de-rosa. Aha, pensei. Foi escrito por Pippi, o que significa... que deve ser de Elizabeth. *É o meu crachá de acesso a todas as áreas do desfile de Calvin Klein!* Rasguei a ponta do envelope mas, ai de mim, o que caiu de dentro foi apenas um ingresso comum. No alto, em grandes letras pretas estavam as palavras "em pé."

— Desculpe, garoto — explicou Elizabeth, enfiando a cabeça na porta. — Foi o melhor que pude conseguir.

Bem, era melhor que nada, e no dia em questão esperei pacientemente na fila com outros figurantes do lado de fora da Calvin Klein enquanto *tout le monde* passava por ali, todos paramentados em roupa de batalha. Lá estava George Wayne com seu terno de veludo roxo; Anna Wintour com seus habituais óculos escuros Chanel; Donald Trump usando suas "abotoaduras" — uma loura em cada braço. Era uma exibição de moda autêntica. Finalmente, os detentores do bilhete "em pé" foram tangidos para dentro e nos instalamos em nossos lugares numa espécie de cercado por trás de uma barreira de metal nos fundos. Era a área *não-*VIP.

Elizabeth refestelava-se no meio da fila da frente e, como não pude deixar de notar, o lugar imediatamente à sua esquerda permanecia vazio. Assim como o lugar na extremidade da fila à sua direita. Não ousei sentar no lugar próximo a Elizabeth — provavelmente reservado a Graydon — mas e o da ponta da fila? Era tremendamente convidativo. É verdade que tinha um adesivo "RESERVADO" grudado nele, mas até agora ninguém o reclamara. Quando faltavam apenas alguns segundos para a exibição começar, dei uma última olhada nos rostos infelizes da seção dos "em pé" e decidi partir para o ataque. Esgueirei-me sob a barreira e comecei a andar calmamente para a frente. O lugar fervilhava de nazistas da prancheta mas achei que, se eu pudesse emitir o ar certo de autoridade, poderia escapar. *Afinal, metade daquela gente não era composta de blefadores?* Após uma caminhada na corda bamba de arrasar com os nervos pelas fileiras, cheguei à fila da frente sem ser apanhado. Eu conseguira!

Quase ao mesmo tempo que me sentei, Graydon adentrou o recinto. Era uma figura e tanto, caminhando deliberadamente para a fila da frente. Se há coisa que Graydon sabe fazer é andar. "Gosto da maneira como ele se move", disse certa vez Jay Leno à revista *New York*. "Ele pertence a uma raça patrícia de Nova York-Connecticut que a gente acha que não existe mais." Fiquei ali sentado, observando-o com reverência e temor. Da próxima vez que eu me aproximar de um nazista da prancheta, disse a mim mesmo, devo andar assim. *O desgraçado devia estar na passarela!*

De repente Graydon me viu e uma leve expressão de irritação atravessou seu rosto: *O que está fazendo aqui?* Ele parou diretamente na minha frente.

— Toby, você não pode sentar na fila da frente — murmurou. — Você ainda está na primeira sala.

Pensei que estivesse brincando.

— Não se preocupe — sussurrei. — Elizabeth está guardando um lugar para você ali mesmo.

— Não interessa — disse ele, erguendo a voz. — Dá o fora daqui, porra.

Fiquei escarlate. *Por que ele estaria fazendo isso?* Sentindo-me totalmente humilhado, levantei e, na frente do que parecia Nova York inteira, palmilhei todo o caminho de volta à Sibéria. Enquanto eu me arrastava até lá, a cabeça baixa de vergonha, meu andar era o exato oposto do de Graydon. Sentia-me como se tivessem pregado na minha bunda o adesivo "Chute-me".

Pensando retrospectivamente, o sensato seria deixar a coisa como estava. Essa humilhação ritual é um rito de iniciação-padrão na Condé Nast, e a resposta correta é bater os calcanhares e dizer: "Por favor, senhor, pode me conceder outra?" Entretanto, eu ainda precisava dominar a arte de engolir o orgulho.* Até alguns meses atrás eu era o capitão de meu próprio navio, pelo amor de Deus. Resolvi me vingar.

A oportunidade se apresentou alguns dias depois, quando me deparei com um artigo que Graydon escrevera para *GQ* alguns anos antes sobre uma viagem que fizera a Londres. Ele contava como fora a um almoço de *Private Eye* certo dia, um almoço do *Spectator* no dia seguinte e — inacreditavelmente — algumas das mesmas pessoas estavam nos dois almoços. Fora então para a cerimônia em memória a Malcolm Muggeridge e — dá para acreditar? — algumas pessoas que haviam comparecido aos dois almoços também estavam lá! Graydon concluiu que a sociedade inglesa era de fato pequena e esbarrava-se nas mesmas pessoas onde quer que se fosse, exatamente como em *A dance to the music of time*, a obra-prima de Anthony Powell em doze volumes.

Fiz uma fotocópia do artigo e coloquei-a por debaixo de sua porta acompanhada de um bilhete:

Caro Graydon,
    Contente de ver que você chegou *à primeira sala* em sua viagem a Londres. Mais sorte da próxima vez.

Assim que ele viu aquilo, convocou-me a seu escritório. Julgando-se por sua fisionomia escarlate, ele estava à beira de uma explosão nuclear.

— Francamente, você não é um amigo próximo o suficiente para fazer esse tipo de piada — disse, a raiva pulsando-lhe no rosto como uma corrente elétrica. — Vocês ingleses vêm para Nova York, levam nosso

---

*Em *Jerry Maguire*, Tom Cruise descreve a vida de um agente de esportes no início da carreira como o "exercício de engolir sapos". Quando vi o filme numa exibição especial de 1996 em *Vanity Fair* — essa frase realmente me calou fundo. Posteriormente, Chris Lawrence e eu voltamos ao escritório pela Madison Avenue gritando "exercício de engolir sapos" a plenos pulmões.

dinheiro, nos olham de cima para baixo... o que não percebem é que poderíamos varrer o seu país em vinte minutos! Não sobraria uma loja de batatas fritas em pé! DROGA, SE NÃO FOSSE POR NÓS, VOCÊS ESTARIAM FALANDO ALEMÃO!

Espere um minuto, pensei. Vocês não são canadenses? Foi preciso um esforço quase sobre-humano para eu não dizer, "Na verdade, Graydon, se não fosse por nós vocês estariam falando francês."

Mas desta vez consegui engolir meu orgulho.

Pela avaliação de qualquer um, eu tinha cometido uma falha colossal. Eu esperava que ele ficasse ligeiramente irritado, não que mostrasse uma fúria de olhos esbugalhados quase beirando o enfarte.* Deus sabe que eu escrevera suficientes artigos embaraçantes na minha época e ninguém fizera cerimônia em chamar a atenção para eles. Eu também não gostara disso, claro, mas aprendera a absorvê-lo. O que eu não percebera era a rigidez da hierarquia na *Vanity Fair*. Embora fosse perfeitamente correto que Graydon fosse rude comigo, retribuir na mesma moeda era completamente tabu. Nas palavras de Aimée Bell, eu tinha "ultrapassado a linha". De repente, meu futuro na revista pareceu lúgubre.

Eu ingenuamente imaginara que, como Graydon tem aparentemente os pés tão no chão, sempre zombando dos excessos dos ricos e fabulosos, não se importaria de ser o objeto de uma leve provocação. Toda a sua *persona* zombeteira parece dizer que ele transita no mundo cuja crônica é feita pela *Vanity Fair*, mas que ele *não* pertence a esse mundo. Esse é certamente o subtexto dos seus conselhos de como ter êxito na mídia de Nova York. "Sabe qual é o segredo do sucesso nesse negócio?", ele me perguntou certa vez. "Os três 'f'": Fax, favores e flores."** A implicação dessas gotas de sabedoria é que enquanto ele é uma espécie de mestre

---

*O termo usado por Chris Lawrence para enfarte era "agarrão", já que as vítimas do enfarte agarram o peito quando capotam. Ele sempre brincava que eu provocaria um agarrão em Graydon, com ele dando um gemido e tudo.
**Graydon tem dúzias dessas regras: "Você pode editar com uma máquina de escrever ou uma calculadora, mas não com ambas"; "Não cometa o equívoco de pensar que o anunciante é o cliente, porque não é, o cliente é o leitor"; "O importante não é quem você põe na revista, e sim quem você deixa de fora."

Jedi quando se trata do jogo da mídia — supervisionando o campo de jogo de sua janela, na sétima sala — absolutamente não leva nada daquilo tão a sério assim. Pode ser um Grande Figurão mas, por baixo de toda aquela baboseira, é apenas um sujeito como os outros. Certamente não dá a impressão de que você precisa empregar "os três f" — ou qualquer outro truque mental dos Jedi — para chegar ao lado bom dele.

Mas quanto mais eu o conhecia, mais claro se tornava que aquilo era tudo retórica. Quando se trata dos situados bem mais abaixo na cadeia alimentar do que ele, Graydon espera ser tratado com a mesma reverência de qualquer outro *figurão*. Obediência cega ao poder é a regra em Manhattan, pouco importando quão "normal" a pessoa pareça. Lembro de certa vez no início de 1996 em que jantei com Graydon no Le Cirque, o mais famoso restaurante do poder em Nova York.* O proprietário italiano, Sirio Maccioni, cumprimentou Graydon de modo adequadamente deferente — fazendo-lhe uma reverência tão profunda que achei que sua peruca fosse cair — depois virou-se para sua equipe e estalou os dedos. Em segundos, dois subalternos surgiram rapidamente dos bastidores carregando uma mesa e a pousaram no meio do restaurante. Estava claro que nenhuma mesa existente era suficientemente boa para tão distinto personagem. Pouco depois, um time de garçons começou a abrir caminho até nós com bandejas de iguarias caras, uma deferência hierárquica que só se estendia aos maiores entre os grandes. "Ah, meu Deus", disse Graydon, levantando os olhos para o céu. "Lá vem." É, certo, pensei. Tal puxa-saquismo abjeto pode ser absurdo, mas ai do *restaurateur* que o trate como qualquer outro comensal pagante.

Isso é fundamentalmente diferente de como as pessoas poderosas são tratadas em Londres. Qualquer um esperando que seus inferiores sociais se prosternem à sua frente é encarado como pateticamente inseguro. Na verdade, qualquer exibição pública de lisonja é considerada como maus modos. O comportamento correto em relação a um superior é sempre uma ligeira insolência, prestando-se assim a esse superior o tributo de que sua autoconfiança possa agüentar um pouco de pan-

---

*Ele se transformou em Le Cirque 2000 na virada do século.

cada pública.* Claro, em particular você os absorve muitíssimo bem. Na verdade, diz-se freqüentemente que a diferença entre Londres e Nova York é que em Londres as pessoas são rudes na sua frente mas leais às suas costas, enquanto em Nova York são polidas à sua frente e rudes pelas costas.

Obviamente, o comportamento das pessoas poderosas em Londres com aqueles abaixo delas tem muito a ver com noções de boa educação vinculadas ao sistema de classes sociais inglês, e era ingênuo da minha parte pensar que as mesmas regras sejam aplicadas em Manhattan. Contudo, Graydon dá a impressão de ter uma atitude bastante relaxada e "britânica" em relação às armadilhas do sucesso. Meu equívoco foi tomar a *persona* Wasp de Graydon por seu valor de face.

Para ilustrar o quanto ele podia ser sensível contarei uma história. No final do meu período na *Vanity Fair*, apareceu na sala ao lado da minha e de Chris um rapaz chamado Morgan Murphy. Depois que Chris e eu ouvimos seu arrastado sotaque sulista, começamos a nos referir a ele como "Forrest Gump", mas era um sujeito bastante simpático, sempre ansioso para agradar qualquer um que cruzasse seu caminho. Como o simplório representado por Tom Hanks, ele era completamente sem astúcia. Certo dia Morgan tropeçou em Graydon no elevador e, sem pensar, disse que não o vira muito por ali ultimamente. Em vez de responder, Graydon fechou a cara para ele e no dia seguinte Morgan foi convocado ao escritório de Aimée Bell para uma repreenda. "Vou lhe dar um conselho", disse ela, adotando suas maneiras mais matronais. "No futuro, não diga para o editor que mais trabalha na Condé Nast que não o tem visto muito por aqui, certo?"

Esse é exatamente o tipo de comportamento tolo e megalomaníaco que a *Spy* teria desancado quando no seu auge. É uma das ironias do personagem de Graydon, observada freqüentemente por seus amigos, que se a *Spy* estivesse na ativa ainda hoje, o editor da *Vanity Fair* seria certamente incluído na "*Spy* 100", a lista anual da revista sobre "os mais desa-

---

*Isso pode ser mais um desejo do que uma realidade. O único posto de equipe que tive num jornal britânico foi como um estagiário no noticiário do *The Times*. Fui despedido depois de seis meses.

gradáveis, alarmantes e aterradores Lugares, Coisas e Pessoas de Nova York e da Nação". Na verdade, virtualmente todo jornal e revista de Manhattan já deu, a Graydon uma vez ou outra, o tratamento de *Spy*, pondo a nu diversos fatos embaraçantes sobre ele.

Por exemplo, segundo um artigo de 1989 da revista *New York*, o plano para o futuro da *Spy*, que Graydon fez circular no inverno de 1985, foi acompanhado por um currículo seu que continha alguns "fatos" dúbios. Entre outras coisas, Graydon afirmava ter trabalhado como autor de discursos no escritório de Pierre Trudeau, o ex-primeiro-ministro canadense, e freqüentado a Universidade Carleton, em Ottawa. O repórter foi incapaz de ter provas concretas dessas afirmativas, embora Graydon tenha sempre afirmado que as duas eram verdadeiras. (E, pelo que valem, acredito nele.)

Em outra matéria mais recente da *New York* foi revelado que Graydon passou vários anos entre a escola e a universidade, tendo uma série de empregos menores. Num desses — trabalhando na estrada de ferro canadense — teria contado aos colegas que era judeu.

Claro que o Graydon Carter daquela época era muito diferente do Graydon Carter de hoje. Com sua dilapidada mansão no West Village, sua coleção de caminhonetes com painéis de madeira e seus cabelos prateados indecorosamente atraentes, ele é o próprio retrato de um cavalheiro Wasp. Na verdade, aparece regularmente na lista oficial dos "Mais Bem-Vestidos" de Nova York. Mas não se pode ficar muito alvoroçado com a transformação de Graydon de garoto da Real Força Aérea Canadense num "patrício ianque." Além de destacar que suas maneiras educadas são apenas um verniz, o que mais há a dizer? Manhattan é a capital mundial dos embelezadores de currículo, e Graydon é tão Gatsby quanto a vasta maioria da elite da cidade. Não que isso impeça as pessoas de fechar a cara para as espúrias credenciais Wasp dele. Lembro de ter tido uma conversa com Anthony Haden-Guest na qual o sangue-azul inglês queixou-se de Graydon ser "completamente auto-inventado."

— Mas todos nesta cidade não são assim? — repliquei.

— São — disse Anthony, — mas o problema com Graydon é que ele deixou muita coisa de fora.

Lembrei desse diálogo anos depois quando me deparei com a seguinte passagem no romance *Ravelstein*, de Saul Bellow: "O desafio da liberdade moderna, ou a combinação de isolamento e liberdade que confronta a pessoa é construir-se a si mesma. O perigo é que se possa emergir do processo como uma criatura não inteiramente humana."

Uma acusação mais séria é que Graydon falhou em concretizar as expectativas levantadas pela *Spy*, especialmente no seio da minguante população de jornalistas radicais de Nova York. De um feroz cão de guarda, ridicularizando todos, de Donald Trump ("um sujeito vulgar de dedos curtos") a Si Newhouse ("um magnata levemente amassado, vestido num tom terra"), Graydon transformou-se num pilar do *Establishment* — ou "do Novo *Establishment*", como a *Vanity Fair* o chama em seu elogio anual aos "titãs da era da informação". A *Spy* certa vez deu uma festa convidando cada um dos seus assinantes: hoje, apenas uma minúscula fração da equipe da *Vanity Fair* é convidada aos eventos de promoção da revista. Descrever Graydon como o caçador ilegal que se transformou em guarda-caça é uma declaração muito atenuada. Ele agora possui a terra que costumava invadir ilegalmente.

Até que ponto isso faz dele um hipócrita depende de quão seriamente se encara a *Spy*. Se esta, como Graydon defende agora, era apenas uma revista de fofocas superior e divertida, nada mais, então a atual posição dele como "o alto sacerdote da cultura das celebridades"* não é tão anômala assim. Sob esse prisma, a *Spy* era apenas um cartão de visitas, um modo de Graydon e seu co-editor Kurt Andersen avisarem a gente como Si Newhouse que eram editores de revista talentosos e, pelo preço certo, estariam disponíveis.

Por outro lado, se as histórias da *Spy* sobre a cobiça e a falsidade da classe dirigente de Nova York fossem incitadas pela desaprovação moral, se sua visão totalmente satírica estivesse vinculada a algo além da inveja, então o *status* atual de Graydon começa a parecer um pouco suspeito. Para muitas pessoas, a *Spy* foi um farol, uma revista brilhante e revolucionária na tradição do *American Mercury* de H.L. Mencken. Des-

---

*Jennifer Senior, "Graydon rides the wave", *New York*, 11 de dezembro de 2000.

se ponto de vista, Graydon parece muito o homem que fez uma barganha faustiana, abandonou seus escrúpulos em troca do sucesso mundano.

No conjunto, não acho que faz muito sentido acusar Graydon de hipocrisia. Como co-editor da *Spy*, ele pode ter freqüentemente exposto os padrões duplos dos ricos e poderosos de Nova York, mas nunca defendeu o elevado terreno moral. Se uma orgulhosa nota moralmente correta ocasionalmente surgia na denúncia de algum político corrupto, na *Spy* geralmente era apenas um dispositivo literário, um modo de fazer o patife parecer mais venal ainda. A sátira não deve ser confundida com censura moral, mesmo se o satirista usar ocasionalmente o colarinho branco de um sacerdote.

Não, Graydon mudou foi em se tornar menos vigoroso; já não mais é o destemido guerreiro de outrora. A *Vanity Fair* foi uma decepção para mim por ter uma atitude tão pouco desafiante, sem a atitude não-fazer-prisioneiros que tornara a *Spy* uma revista tão fantástica. Logo que passei a ser assinante da *Spy* em 1987, sua combinação de humor de charuto-que-explode e matérias sem restrições me tocou como a concretização do ideal aristocrático-democrático. Era o jornalismo em sua melhor forma: irreverente, ofensivo e não-subserviente a ninguém. Graydon fora brilhante em apontar a pomposidade dos ricos e poderosos; fora um espinho no flanco do complexo da mídia-indústria. Como tal, ele tinha sido um modelo para mim.

Graydon não se tornou exatamente domesticado, mas não tem mais um fogo nas entranhas; suavizou-se. É como um líder guerrilheiro que fez as pazes com o velho regime e foi recompensado com um enorme baronato. Ocasionalmente, podem-se ter vislumbres do revolucionário que ele foi, uma cintilação demoníaca no olho enquanto ele pensa brevemente em atirar uma bomba no carro de algum gordo tubarão capitalista; mas o momento passa logo. Ele agora tem responsabilidades e, além do mais, o tubarão é um vizinho seu em Connecticut.

Agora, seu desejo ocasional de criar problemas toma a forma de encorajar outros a fazê-lo. Ele me incentivava constantemente a lançar uma revista tipo *Spy*, afirmando que Manhattan estava cheia de idiotas pomposos simplesmente à espera de uma torta na cara: "Se eu fosse mais jovem..." Talvez se ele pudesse usar sua musculatura para ajudar gente como eu a começar em Nova York, as concessões que fizera a caminho do topo não fossem tão... concessivas. Talvez eu esteja me lisonjeando, mas considerando-se minha inadequação ao trabalho que ele me dera, eu não podia pensar em outro motivo de ele ter me chamado. Graydon estava procurando alguém para passar o bastão antes de perder o controle dele para sempre.

No meu último dia na *Vanity Fair* em 1995, pouco antes de voltar a Londres para o Natal, entrei em minha sala e encontrei um presente na mesa. Era uma primeira edição de um livro chamado *Around the World in New York*, de Konrad Bercovici. Havia um bilhete escrito na folha de rosto: "E vá em frente para a próxima sala... Feliz Natal. Graydon."

Graças a Deus! Ele me perdoara.

16

Os Briterati*

NO NATAL DE 1995, eu já havia passado quase seis meses em Nova York. Não percebi quanto isso me afetara até descer do avião no aeroporto de Heathrow. Era como se eu estivesse vendo a Inglaterra pelos olhos de um americano. Com suas peles pálidas e roupas baratas de não estilistas, as pessoas pareciam muito desinteressantes. Eram também — e acho que não estava imaginando isso — sempre ligeiramente mal-cheirosas. Era como sair do cenário de *Sex and the City* e entrar direto numa comédia inglesa de segunda categoria.

Morando nos Estados Unidos por seis meses, eu assumira involuntariamente uma visão americana dos ingleses. De certo modo esperava chegar na Inglaterra e me deparar com uma versão Merchant Ivory de *ye old country*, o velho país cheio de homens de calças até os joelhos e senhoras de espartilho: "Então, Mr. Darcy, o que o traz a Hertfordshire?" A verdadeira Inglaterra era tão mal-ajambrada em comparação com isso, como se tudo estivesse coberto por uma espessa camada de poeira. Tudo parecia tão surrado após o brilho e a cintilação de Manhattan. Eu tinha vontade de esticar as mãos para a frente e pronunciar aquela condescendente frase americana: "Realidade demais."

Ocorreu-me que isso poderia explicar parcialmente por que eu não me dera tão bem do outro lado do Atlântico. Quando os nova-iorquinos imaginam um inglês, imediatamente pensam num tipo Hugh Grant, de

---
*Escritores britânicos (*Britanic* + *literati*). (*N. do T.*)

cabelos macios, e não um careca tipo Philip Seymour Hoffman. Infelizmente, eles não estavam dispostos a me beijar para ver se eu virava um príncipe. Numa determinada ocasião, uma moça bonita com quem eu conversava numa festa perguntou se podia ver meus dentes. Depois que desnudei minhas gengivas, ela exclamou para sua amiga: "Ei, vem ver isso. Esse rapaz tem os 'Dentes Ingleses'."

Logo que cheguei em Manhattan, esperava que ser um "bebedor de chá" fosse uma grande vantagem. Meu tio Christopher Moorsom, que morara em Nova York nos anos 1950, assegurara-me que meu sotaque britânico faria os pássaros caírem das árvores de puro encantamento. As anfitriãs da sociedade brigariam para me convidar às festas e os homens mais ricos dos Estados Unidos fariam fila para me apresentar às suas filhas. Em suma, eu ia viver o grande período de minha vida.

Infelizmente, isso não aconteceu. Para nova-iorquinos desmamados em dramas de costume da BBC, a visão da minha pessoa de tênis Nike e calça Levi's 501 era um certo choque. Os ingleses não eram todos uns requintados dândis de maneiras impecáveis e pele perfeita? Quem era este... *homúnculo*? Simplesmente não combinava. Como me dissera Graydon depois do incidente da *stripper*: "Toby, você parece um inglês nascido em Nova Jersey."

Contudo, olhando retrospectivamente, duvido que teria me saído muito melhor se eu me parecesse com Rupert Everett. Há poucos tipos genuínos de *Brideshead Revisited* por Manhattan, mas mesmo eles teriam desistido de tentar vender sua *inglesice*. Descobri isso no verão de 1996 quando por um breve e aturdido momento pensei que ter um título, mesmo um tão sem sem sentido como o meu, me traria enormes dividendos.

Isso começou com o telefonema de uma mulher afirmando ser uma editora da *Vogue*. Estaria eu interessado em ser um modelo no número de dezembro? Naturalmente imaginei que isso fosse uma brincadeira comigo feita por um de meus amigos, portanto informei-a bruscamente que eu não saía da cama por menos de 10 mil dólares. Mas a proposta era séria. A *Vogue* ia fazer uma matéria sobre moda sob o título de "Os 12 dias do Natal" e estava procurando dez aristocratas britânicos para posar como "O salto dos 10 Lordes Classe A".

Eu mal podia acreditar. Nos doze meses em que vivera nos Estados Unidos, aquela era a primeira vez que o "Hon" antes de meu nome enganava alguém. Até aquele momento, tinha sido só uma piada. Agora finalmente resultaria na maior honra que a sociedade americana pode conceder — meu retrato ia sair na *Vogue*!

Minha euforia durou pouco. A editora ligou novamente no dia seguinte para dizer que iam usar modelos masculinos em vez dos nobres. Aparentemente, todos os aristocratas britânicos autênticos que ela abordara haviam se recusado taxativamente, pois sabiam do dano que causariam às suas reputações se seus títulos viessem a público. Eu fora a única pessoa suficientemente estúpida para dizer sim.

Sugeri que ela entrasse em contato com Lorde ———, um inglês de sangue-azul saído direto do *Masterpiece Theater*; então liguei para ele, descobrindo que ele também havia declinado o convite. "No momento em que as pessoas sabem quem você é, não o vêem mais como um homem moderno", explicou. "Pensam que você é apenas um ocioso que fica sentado o dia inteiro enchendo a cara."

Parece que ser identificado como inglês de qualquer estirpe é uma desvantagem na Nova York atual. Há cinqüenta anos pode ter aberto algumas portas, mas hoje em dia apenas coloca os nativos na defensiva. Como escreve Tom Wolfe em *A fogueira das vaidades*: "Tinha-se a impressão que uma legião suave, secreta e muito rica insinuara-se nos condomínios da Park e da Quinta Avenida, para dali devastar à vontade as gordas aves ianques, para devorar tranqüilamente os últimos bons nacos de carne branca dos ossos do capitalismo."

Por que seria assim? Uma teoria é que os nova-iorquinos finalmente acordaram para o fato de que nosso objetivo era aliviá-los de sua grana duramente ganha. ("Vim para cá para depenar os americanos, para ganhar dinheiro e me divertir", escreveu Cecil Beaton logo que chegou em Manhattan.) Isso costumava ser uma espécie de brincadeira que os ingleses faziam entre si no bar do Mortimer's, o bar agora defunto no Upper East Side, mas tinham o cuidado de não revelar para os anti-sépticos ianques. Entretanto, muitos artigos haviam aparecido com títulos como "a arte britânica de conseguir coisas de graça" em revistas americanas para que isso continuasse um segredo. "Na Inglaterra o dinheiro antigo é tratado como uma estimada herança da família — um bufê medieval, digamos, para ser admirado, ocasionalmente espanado mas nunca, nunca usado", escreveu Richard Stengel num artigo de 1987 em *Spy*. "Por outro lado, nos Estados Unidos o dinheiro é feito para ser gasto. Na verdade, os ingleses parecem acreditar que os nova-iorquinos podem lavar espiritualmente sua nova riqueza gastando-a com civilizados ingleses."

No entanto, o problema com essa teoria é que os locais não ignoravam exatamente como nós somos "pão-duros" antes que artigos assim começassem a aparecer. Afinal de contas, os ingleses das classes superiores e alta classe média iam para Manhattan há mais de 200 anos, e haviam gasto tão pouco quanto possível. Brian McNally, o *restaurateur* londrino, gosta de contar a história de como um aristocrático casal inglês, na noite do seu casamento, resolveu que cada membro do casal pagaria sua própria conta num dos estabelecimentos de Brian. "Eles estavam numa mesa de vinte e seis pessoas que ia até o meio do restaurante", lembra ele, "e quando a conta chegou, a enrubescida noiva levantou e disse: 'Muito bem, quem comeu o pato? Foi você, não, Charles? É 12,95 dólares. Certo, quem tomou as duas margaritas?' Era inacreditável. *No dia do casamento dela!*"

O Honorável Anthony Haden-Guest também fizera a sua parte para popularizar a noção de que somos "avarentos". Segundo Graydon, o motivo dele se afastar de Anthony foi porque a Besta literalmente roubara dinheiro do filho de Graydon. A história diz que, certo dia, Anthony estava caminhando com a família Carter na propriedade de Graydon em Connecticut quando Max, um dos quatro filhos de Graydon, viu uma moeda brilhando num riacho.

— Olhe, papai — disse Max, apontando o objeto prateado. — São vinte e cinco cents.

— Onde? — perguntou Anthony, olhando em torno alvoroçado.

— Ali — respondeu Max, indicando o local.

Assim que Anthony viu a moeda, entrou rapidamente no rio, pegou-a e enfiou-a no bolso.

— Você não vai dá-la ao meu filho? — perguntou Graydon.
— Não é justo — replicou Anthony. — Quem acha o objeto fica com ele.*

Mas se os locais sempre souberam que bando de "aproveitadores" nós ingleses somos, por que a súbita queda em nossa popularidade? O motivo, acho, é que há ingleses demais em Manhattan nesses dias. Embora os nova-iorquinos possam nos ter tolerado quando éramos relativamente poucos no pedaço, agora que forramos as calçadas não engolem mais nossa atitude grotesca de quem quer levar vantagem. Segundo a estimativa oficial, há um total de 28.740 britânicos residentes na cidade de Nova York. O Consulado Britânico, porém, aponta para um número muito maior, aproximadamente 200 mil, e tal número cresce cada vez mais. Entre todos os europeus ocidentais imigrando para Nova York, os britânicos estão em segundo depois dos irlandeses, com cerca de 1.200 se tornando residentes permanentes nos Estados Unidos a cada ano. É uma segunda invasão britânica!

O West Village está apinhado de bebedores de chá. Num dia comum, enquanto desempenhava minhas variadas tarefas, esbarrei em pelo menos meia dúzia de pessoas com quem eu estudara em Oxford ou Cambridge. De fato, morar em Manhattan freqüentemente é como voltar à universidade, e também porque meu apartamento era mais ou menos do mesmo tamanho do meu alojamento na universidade. No Tea & Simpathy, a ex-espelunca da Greenwich Avenue freqüentada por conterrâneos, eu costumava ver tantos rostos familiares que comecei a suspeitar de haver uma passagem secreta conectando-a com o 192, o bistrô da moda em Notting Hill Gate.

Na Condé Nast diz-se que os britânicos são tão numerosos que o Serviço de Imigração e Naturalização criou um departamento especialmente para ficar de olho na situação. Uma quantidade desproporcionalmente alta de editores-chefes de Si Newhouse tem sido formada por

---

*Anthony sempre afirmou que essa história não é verdadeira, embora ele seja um mão-fechada confesso. Em *The last party: Studio 54, Disco and the culture of the night*, ele escreve: "Em todas as muitas e muitas noites que passei no Studio 54... raramente gastei mais de alguns dólares em dinheiro vivo."

britânicos, inclusive Tina Brown, Anna Wintour, James Truman, Harold Evans, Anthea Disney e Mandy Norwood, e eles trouxeram aviões carregados de seus compatriotas. Na realidade, a defecção do melhor da Fleet Street para a Condé Nast é provavelmente o que explica o número absurdamente alto de artigos na imprensa britânica sobre "a fuga de cérebros".

Eu me conscientizei realmente da quantidade de britânicos que havia em Nova York no Dia da Independência em 1999. Estava no bar de Sunset Beach, um hotel/restaurante nos Hamptons, quando me ocorreu que havia tantos bebedores chá no lugar que provavelmente éramos mais numerosos que os americanos. Mesmo levando-se em conta que era Sunset Beach, na Shelter Island, um minúsculo pedaço de terra que é praticamente uma colônia britânica. Enquanto os fogos de artifício iluminavam o céu festejando a derrota da Inglaterra nas mãos dos americanos, resolvi experimentar a pontaria. Entoei o canto favorito dos que torcem pela Seleção Inglesa de futebol. "In-ger-lernd, In-ger-lernd, In-ger-lernd..." Trinta segundos depois, tantas pessoas haviam se juntado a mim que era como estar no Estádio de Wembley durante a final da Copa do Mundo contra os alemães.

Não é exagero dizer que os britânicos são para os nova-iorquinos o que os australianos são para os londrinos: seja lá o lugar especial que ocupamos em seus corações no passado, ele foi substituído pelo desejo de que simplesmente voltemos para casa. Os ianques estão até aqui com esses ingleses se queixando de como o chocolate americano é ruim. Se não gostamos dele, sabe onde podemos enfiá-lo? Os jumbos a jato despejam milhares de aproveitadores britânicos no JFK a cada dia, e a maioria deles começa a se queixar da falta de molhos ingleses antes mesmo de passarem pela Imigração. Ninguém os está convidando. Nem sei quantas vezes ouvi um habitante local dizer a um britânico: "Tivemos que chutar vocês para fora em 1776. Não nos obriguem a fazer isso de novo."

Um corolário disso é que os nova-iorquinos começaram a nos colocar junto com os franceses, italianos, gregos, espanhóis e alemães. Apesar de outrora termos gozado de um *status* privilegiado a seus olhos, pairando sobre nossos vizinhos continentais, somos agora encarados como "Eurolixo". Certa vez tentei transmitir a um colega da *Vanity Fair* como isso era inadequado, citando aquela famosa manchete "Tempestade no Canal-Continente Isolado." Ele riu educadamente, depois perguntou que Canal era aquele. Não tinha a mínima idéia de que o Reino Unido era separado do resto da Europa por uma extensão de água.

Então chegamos a isso? Os bebedores de chá caíram tão baixo em Nova York que não somos mais diferenciados de todos os outros vagabundos europeus, com seus mocassins Gucci e relógios Cartier? Na realidade, há ainda muitos britânicos em Manhattan saindo-se muito bem, obrigado. Cada número da *Time Out New York* contém uma matéria tremendamente lisonjeira sobre um DJ/gerente de clube/produtor de fonográfico da Inglaterra que acaba de comprar um galpão em TriBeCa nas asas de seu repentino sucesso. Os editores de *Vogue*, *Harper's Bazaar* e *Elle* são todos britânicos e não se passa uma estação sem que algum veterano ator britânico como Alan Cumming seja "descoberto" na Broadway pelos críticos de Nova York. Ouvindo esse pessoal falando, a América ainda é a terra de leite e do mel, com um monte de oportunidades para talentosos arrojados como eles.

Contudo, mesmo eles reconhecem que a vida se tornou mais dura para os britânicos nos últimos dez anos, e um dos motivos de dizerem tal coisa é que isso torna o sucesso deles muito mais notável. "Estou superfeliz de ver a reação contra os ingleses", disse-me Simon Doonan, o responsável pela famosa vitrine da Barneys. "Vim para os Estados Unidos em 1977 e escapei porque tinha um sotaque inglês. É quase o último arquejo do Commonwealth, essa idéia de que há algo intrinsicamente interessante no inglês."

No encerrar de 1995, quando eu ainda não avançara além da primeira sala, estava um pouco menos animado quanto ao final de nosso *status* especial. Tanto quanto podia ver, os britânicos haviam se tornado apenas outro grupo étnico batalhando por sua fatia da torta americana, em nada diferente dos paquistanenses, nigerianos ou albaneses. Não vai demorar muito para que passemos a dirigir os táxis, pensei comigo mesmo. Então lembrei que meu avô materno, Raisley Moorsom, *tinha* dirigido um táxi em Washington durante a Segunda Guerra Mundial. Meu Deus! Estaria eu destinado a fazer o mesmo?

17

Nem de longe *gay* o suficiente

*D*EPOIS QUE VOLTEI A NOVA YORK no início de 1996, estava determinado a virar a página. Meu contrato de seis meses com a *Vanity Fair* estava quase na época de ser renovado e, desde meu estremecimento com Graydon, não tinha havido qualquer menção sobre a possibilidade de eu ocupar o lugar de Aimée Bell durante sua licença-maternidade. A vontade de Si me conhecer, então, fora completamente esquecida. Se eu quisesse ter algum futuro na revista, era claro que precisava fazer mais do que escrever legendas de fotos.

Ainda estava convencido de que Graydon me levara para lá a fim de injetar algum humor irreverente tipo *Spy* na revista. Assim, continuei a inundá-lo de idéias para matérias engraçadas. Eis um exemplo, enviado em 22 de janeiro:

Caro Graydon,

Até que ponto é difícil em nossa época tornar-se um pária social? Por que não tento descobrir? A idéia seria antagonizar tantas pessoas quanto possível dando-se ao luxo de ter várias formas de comportamento anti-social num período de vinte e quatro horas.

Eu começaria meu dia assistindo a uma reunião dos AA da Perry — o local de reunião dos Alcoólatras Anônimos na Rua Perry, no West Village — e, enquanto um pobre viciado em recuperação estivesse regalando a platéia com sua história de sofrimento, eu abriria uma lata de Budweiser. Entre 9 e 10 da manhã, iria ao máximo de filiais da Burger

King possível e pediria informação sobre o McDonald's mais próximo. Às 11 da manhã eu levaria um cão para passear na faixa da Madison Avenue entre as ruas 55 e 65, que se tornou o ponto crucial dos clientes dos estilistas, e deixaria que o cão sujasse toda a calçada. E esqueceria de limpar a sujeira, claro. Em vez disso, deixaria o cão fora da coleira. Passaria a tarde caminhando pela Broadway usando um casaco de visom sem jamais pôr os pés na calçada. Podia montar uma banquinha em Sutton Place vendendo vídeos pornográficos. Entraria numa sessão de *A morte do caixeiro viajante* e me asseguraria que meu *pager*, celular e despertador de pulso disparassem de cinco em cinco minutos. Jantaria numa mesa de alta visibilidade no mais caro restaurante de comida natural de Nova York e acenderia um charuto Cohiba. Finalmente, às 7 da manhã, faria com que o alarme do carro disparasse repetidamente num bairro residencial abrindo e fechando a porta do carro repetidamente.

Naturalmente espero que a *Vanity Fair* indenize todas as minhas despesas legais, pague minhas contas de hospital e a fiança para me tirar da cadeia.

Não me surpreendeu que ele não aceitasse a idéia. Eu estava agora no final de meu prazo. Assim, como último recurso, propus fazer perfis de alguns astros de Holywood. Isso pode parecer uma aposta segura mas na verdade era matéria muito controversa. Graydon queimara os dedos quando despachara Lynn Barber para entrevistar Nick Nolte em 1992. Ela o conhecera na casa dele em Malibu e, segundo Lynn, haviam conversado muito amigavelmente por cerca de duas horas. "Bem, não foi uma entrevista fantástica", pensou ela depois, "mas foi bem, e tenho suficiente experiência para fazer com que ele pareça interessante."

No dia seguinte, foi acordada por alguém da equipe da *Vanity Fair* exigindo saber o que acontecera. Aparentemente, Nolte estava tão aborrecido que cancelara a sessão de fotos com Annie Leibovitz marcada para aquela manhã, anunciando que não queria mais saber da revista. A divulgadora de Nolte, Pat Kingsley, disse a Graydon que não seria mais permitido a Barber chegar perto de nenhum de seus clientes novamente. Já que estes incluíam quase todos os maiores astros dos Estados Unidos, a carreira de Barber como entrevistadora em Hollywood estava efetivamente encerrada.

Eu já tentara entrevistar uma celebridade para a revista — Martin Amis — e minha tentativa não dera em nada. Conheci Amis na British Press Awards de 1986, onde nós dois seríamos "Indicados" por trabalhos em *The Observer* — ele na categoria de "Crítico do Ano" e eu na categoria de "Jovem Jornalista do Ano". Infelizmente, tantos jornalistas de *The Observer* já tinham ganhado prêmios naquele ano que fora dado ao jornal duas mesas separadas, e eu estava na mesa B enquanto Amis estava na mesa A. Entretanto, ao final do jantar, vi uma cadeira vazia próxima a ele; então acendi um charuto e fui até lá. Ainda não me formara em Oxford na época, mas não faltava audácia.

— Mr. Amis — comecei, brandindo displicentemente o charuto no ar —, sou um fã de longa data do senhor...

— Com licença — disse uma senhora de meia-idade à minha esquerda —, mas o senhor se importaria de apagar o charuto? A fumaça está entrando nos meus olhos.

Era a mulher de Donald Trelford, o editor de *The Observer*. Amis olhou para mim com uma expressão divertida.

— Ahn, não — respondi e me mexi para apagar o charuto no cinzeiro próximo. — Como eu estava dizendo, Mr. Amis...

— O senhor não pode apagá-lo aí — objetou ela. — Eu ainda vou sentir o cheiro dele.

Amis abriu um sorriso.

— Nenhum problema — disse eu, e coloquei o charuto no chão pouco abaixo do meu pé esquerdo. — Mr. Amis...

— Não, não faça isso. Vai fazer um buraco no carpete.

Eu estava paralisado. Não podia continuar a fumar o charuto e apesar disso não me permitiam apagá-lo também. Em outras palavras, voltei para a mesa B, porra! Ao voltar ao meu lugar junto ao "Escritor de Esporte do Ano", ouvi o riso de Amis desatando-se atrás de mim.

Humilhação total.

Em 1994, na véspera da publicação de *The Information*, acenei a Graydon com a idéia de fazer um perfil do menino-prodígio da literatura. De fato, era um longo caminho desde meu artigo no The Sunday Times, naquele mesmo ano, em que eu dizia ser difícil suprimir um toque de *schadenfreude** ao saber do colapso do casamento de Martin Amis. Minha justificativa por fazer essa horrível observação fora que na Introdução a *Einstein's Monsters*, sua coletânea de contos sobre a Bomba, ele atribuíra seu despertar moral ao fato de ser agora pai de dois meninos. Isso lhe dera um novo interesse no futuro do planeta, aparentemente. A pergunta que eu fazia em meu artigo era: Se o senhor está tão preocupado com o bem-estar de seus filhos, como pôde deixar a mãe deles por uma mulher mais jovem e mais bonita?

Depois que Graydon me deu o sinal verde, disparei um fax para Amis via Christopher Hitchens, no qual eu o desafiava a um jogo de tênis. Considerando-se o lixo que sou no tênis, esperava a repetição da humilhação de John Self nas mãos de Fielding Goodney — uma das melhores cenas em *Money*. Não me causou surpresa que Amis jamais respondesse, mas algumas semanas depois aconteceu de estar almoçando no 44 quando notei que um jornalista de Nova York, meu conhecido, entrevistava Amis numa das mesas de maior visibilidade do restaurante. Embora essa fosse uma oportunidade de ouro para perguntar cara a cara a Amis se eu podia fazer um perfil dele, eu não cometeria o mesmo erro de oito anos antes. Mesmo assim, obtive minha resposta quando, ao concluir a entrevista, o jornalista parou na minha mesa ao sair.

— Tenho um recado para você de Martin Amis — disse ele.

— É?

— Quero frisar que são palavras de Amis, não minhas — disse ele com uma expressão temerosa.

— Tudo bem, não há problema.

— Não mate o mensageiro por causa da mensagem, certo?

— Prometo.

— A mensagem é: "Vá se foder."

Consciente de tudo isso, Graydon estava compreensivelmente relutante em me indicar outra celebridade para entrevistar. Posteriormente, de-

---
*Alegria com a desgraça alheia. (*N. do T.*)

pois que o atormentei por várias semanas, ele me indicou um astro que achou que nem mesmo eu conseguiria antagonizar: Nathan Lane. Nathan Lane é um contador de anedotas engraçado e com os pés no chão, que se fez sozinho desempenhando papéis cômicos na Broadway. Como tema de perfil, era virtualmente à prova de idiotas. Eu só precisava fazê-lo falar e escrever o que ele dissesse. Apesar disso, Graydon não ia se arriscar. A entrevista estava marcada para ocorrer *durante* a sessão de fotos; assim, se algo desse errado, eles ainda teriam algumas fotos no bolso.

Peneirei o assunto de antemão e, para minha surpresa, descobrira que ninguém jamais perguntara a Nathan Lane se ele era *gay*. Na verdade, toda a questão de sua orientação sexual jamais viera à baila. Isso me pareceu esquisito porque ele fizera a voz de Timon em *O rei leão*, o primeiro personagem *gay* de desenho animado de Disney, e... bem, toda a *persona* como ator de Lane era de um DESMUNHECADO HOMOSSEXUAL. O motivo da *Vanity Fair* fazer um perfil dele era estar Lane prestes a aparecer em *The birdcage*, um grande *remake* de *A gaiola das loucas*, representando o papel do namorado de Robin Williams. Essa parecia a oportunidade perfeita para abordar o assunto com ele.

Na hora indicada, fui para o estúdio nova-iorquino onde a sessão de fotos ocorria, sendo abordado por um divulgador — graças a Deus não era Pat Kingsley — que me apresentou ao ator. Ele parecia bastante agradável e, quando houve uma pausa entre as poses, veio até onde eu estava e disse que estava pronto para a entrevista.

— Certo — disse eu, consultando nervosamente minhas notas. — O senhor é judeu, correto?

Houve uma pausa constrangedora. Ele me olhou como se eu tivesse perguntado se se masturbava com fantasias sobre a mãe.

— Não vejo qual a relevância disso — retrucou ele. — Próxima pergunta.

Bom Deus, pensei. Se ele encarava aquilo como impertinência, como reagiria se eu lhe perguntasse se era *gay*? Nesse ponto, o sensato seria pilotar a entrevista de volta a terreno mais seguro, mas algo no modo como ele dissera "próxima pergunta" ficara atravessado na minha garganta. Mais uma vez, tive dificuldade de engolir meu orgulho.

— Nathan — disse eu —, você representou freqüentemente personagens homossexuais e mesmo assim, passando em revista os recortes, não consegui encontrar uma só referência à sua orientação sexual. [Pausa]. Você é *gay*?

Ele me olhou fixamente de boca aberta, sem acreditar: *Eu estava falando sério?* Subitamente, um relâmpago de raiva atravessou sua expressão e, por um segundo, achei que podia me agredir. Em vez disso, ele apenas levantou e saiu.

Alguns minutos depois sua divulgadora apareceu.

— Por favor, quer se retirar? — pediu. — O senhor está deixando Mr. Lane pouco à vontade.

— Mas ainda nem o entrevistei — protestei.

— A entrevista *terminou* — disse ela bruscamente. — O senhor vai ter que ir embora. AGORA MESMO.

Tentei atrair o olhar do ator, pensando que eu pudesse consertar as coisas. Certamente nós começamos da maneira errada, não é? Mas ele apenas me fixou como um animal ferido. A impressão é que eu realmente teria que partir.

Quando voltei à revista, fui imediatamente convocado ao escritório de Graydon. Evidentemente, a divulgadora de "Mr. Lane" já fizera um relatório.

— O que está pensando? — perguntou Graydon, atônito demais com minha inaptidão para canalizar adequadamente sua fúria. — Você não pode perguntar às celebridades de Hollywood se elas são *gays* ou judeus. Simplesmente presuma que são tanto gays quanto judeus, certo?

O que é que eu tinha na cabeça? Estava efetivamente convidando Nathan Lane a se "assumir" publicamente na *Vanity Fair*, algo que teria sido completamente sem precedentes. De fato, a própria idéia da orientação sexual de um astro ser levantada na revista era absurda. A *Vanity Fair* e o mundo em que ela opera são povoados por um grande número de homossexuais, embora surpreendentemente poucos tenham se assumido publicamente. Para a maioria deles é algo que simplesmente nunca é discutido, pelo menos não na presença de homens heterossexuais. Como membros da Máfia de Veludo de Hollywood, eles preferem manter sua orientação sexual como um segredo aberto. Certamente nenhum astro de cinema jamais se assumirá publicamente numa revista da Condé Nast.

A força de trabalho da Condé Nast não mudou muito desde que Sam Newhouse, pai de Si, comprou a companhia em 1959. Em sua ampla maioria, é ainda composta de WASPs, judeus e um diversificado conjunto de europeus. Há alguns ítalo-americanos, alguns asiático-americanos e até uma borrifada de afro-americanos, mas no todo eles têm muito pouca influência. A única mudança realmente significativa dos últimos quarenta anos é a ascensão dos homossexuais.

Na Condé Nast, os editores-chefes tendem a ser heteros, mas os departamentos de arte, os departamentos de fotografia e até mesmo os departamentos da moda são cidadelas *gay*. Quando se trata de questões de gosto, questões que vão desde as roupas que devem ser usadas em matérias sobre moda a que fotógrafos devem fotografar as capas, os homossexuais comandam o poleiro. Há revistas na América que abastecem explicitamente a comunidade *gay*, como *Attitude*, *Out* e *Poz*, mas é através de revistas ilustradas chiques, especialmente os títulos da Condé Nast, que os homossexuais exercitam o poder cultural fora de seu grupo demográfico. Numa grande proporção, eles definem o que passa por bom gosto nos Estados Unidos contemporâneo.

Um dos segredos mais guardados na Condé Nast é como o público leitor *gay* da revista *GQ* é amplo. A preocupação é que se isso se tornasse de domínio público, poderia afastar os leitores heterossexuais. No entanto, mesmo as denominadas revistas de mulheres têm seus *fãs* homossexuais. Uma pesquisa sobre o público leitor de *Glamour* realizada por Condé Nast em 1992 descobriu que 18% dos leitores homens da revista eram *gays* ou bissexuais. Segundo a companhia de pesquisa de mercado que fez a pesquisa, um quinto desse grupo era de travesti procurando dicas de beleza e moda.

Durante meu tempo na *Vanity Fair*, freqüentemente me atrapalhei por não perceber que a pessoa com quem estava falando era homossexual. Por exemplo, em certa ocasião, um colega meu me perguntou a que público leitor eu achava que *Details* era dirigida. (*Details* é uma revista de moda masculina de propriedade de Newhouse.) "É para homens que gostam de olhar fotos de homens nus mas não descobriram bem por quê", retorqui.* Ele me olhou ferozmente com indisfarçada hostilidade. Evidentemente me faltava o olhar que permite à maioria dos nova-iorquinos identificarem numa olhadela se alguém é *gay*.

Essa incapacidade mostrou-se ser uma desvantagem fora do escritório. No início de 1996 resolvi dar o meu primeiro jantar em Nova York, para o qual convidei cinco homens e cinco mulheres. O homem sentado à minha frente, um escritor negro de *Village Voice*, fumava cigarros em tons pastel e, no final da noite, distraidamente peguei um e disse: "Eles são tão *gays*." Um silêncio caiu sobre a mesa e todos os outros comensais olharam o escritor para ver como reagiria. Eu não tinha percebido, mas ele era um importante membro da comunidade *gay* de Nova York, famoso por rebater com dureza exatamente o tipo de observação que eu fizera. Felizmente ele decidira não dar importância à minha frase: "Sorria quando disser isso", ronronou.

No dia seguinte, uma das convidadas ligou para me passar um pito sobre o meu *faux pas*. Eu lhe disse que simplesmente não tinha a mínima idéia de que o homem em questão fosse homossexual.

— Toby — disse ela, como se explicasse algo a uma criança —, todos os homens no seu jantar eram *gays*.

Fiquei atônito. *Mesmo?* Ela pensou que eu não tinha convidado a deliberadamente nenhum homem heterossexual para que meu caminho ficasse livre em relação às convidadas.

Em outra ocasião, um colega escriba convidou-me para sua festa "de saída do armário". Além de todos os seus amigos, todos os membros de sua família estavam presentes, inclusive sua avó judia. Depois de ele fazer um discurso à companhia reunida anunciando ser, em suas palavras, "um veado completo", recebeu três presentes: um bolo com as palavras

---

*Uma versão dessa piada foi originalmente feita por Elvis Mitchell, um crítico de cinema de *New York Times*, que disse: "*Details* é para homens que não compreendem por que gostam de olhar fotos de outros homens." *Details* é provavelmente a única revista *gay* do mundo que ainda está no armário. Certa vez foi exposta num episódio de *The Simpsons* no qual um nova-iorquino diz a outro: "Que tal uma revista *Details* enfiada no rabo?"

"Bem-vindo ao Lado de Fora do Armário" escritas em brilhante glacê cor-de-rosa, a coleção completa de Barbra Streisand e um volume de *The Rules: Time-tested secrets for capturing the heart of Mr. Right*. (As Regras: Segredos testados pelo tempo para capturar o coração do Príncipe Encantado.)

Posteriormente me ocorreu que uma percentagem significativa dos jornalistas com quem me deparava era *gay* — judeus e *gays*, na verdade. Dizendo isso minha intenção não é pôr combustível nas fantasias paranóicas dos críticos conservadores americanos. Mas os jornalistas para os quais eu gravitava tendiam a fazer parte daquela categoria porque eram muito mais espertos e engraçados do que todos os outros. É claro que quando percebi que a maioria de meus amigos era *gay*, eu tinha afastado a maioria deles pensando serem heterossexuais e convidando-os a partilhar meus pensamentos lascivos sobre várias mulheres: "Dá uma olhada naqueles peitos! Ela é muito gostosa, não? Hem?"

Das cerca de duas dúzias de homens que entravam nos escritórios da *Vanity Fair* todos os dias durante meu tempo lá, apenas quatro ou cinco eram heterossexuais. Era uma brincadeira tradicional entre Chris Lawrence e eu de que progrediríamos muito mais rápido nas fileiras da revista se fingíssemos ser homossexuais. Na verdade, cogitávamos freqüentemente se os poucos membros da equipe abertamente *gays* não seriam na realidade heterossexuais disfarçados, uma categoria conhecida em Nova York como "Steers" (*straight queers* [bichas hetero].* Não seria divertido nos "juntarmos" a eles?

Parecer *gay* é um valor tão amplo na Manhattan dos dias atuais que é vantajoso até mesmo na arena dos encontros amorosos. A revista *Talk* publicou um artigo em maio de 2000 identificando o ingrediente mágico que torna Jude Law, Matt Damon e Edward Norton tais arrasadores

---

*O mais assumido homossexual que já encontrei no escritório era Kevin Sessums, o entrevistador-celebridade-chefe da *Vanity Fair*. No tempo de Tina Brown, ele escreveu uma matéria para *Poz* na qual contava como fora dormir com o neto soropositivo de George Wallace, o antigo governador do Alabama que se opusera ferozmente aos direitos civis. Quando a matéria apareceu, Sarah Giles, uma editora britânica, passou pelo corredor principal brandindo a revista por cima da cabeça e gritando "ameudeus, ameudeus, ameudeus" a plenos pulmões.

de corações: o fato de serem "*Gays* Apenas o Suficiente". Uma veterana da cena amorosa de Nova York descreveu seu homem ideal: "Você quer que ele seja um pouco *gay* em relação às coisas. Quer um amante que tenha orgulho de ter uma casa, que cozinhe, goste de dançar, ame sua mãe, preste atenção no que veste e no próprio corpo, mas que não vá longe demais em nenhum desses empenhos. Quer que ele seja *Gay* Apenas o Suficiente.

Infelizmente, no que diz respeito a atrair as mulheres de Nova York, bater papo em jantares e entrevistar celebridades de Hollywood, eu não era Nem de Longe Gay o Suficiente.

18

Brigas de celebridades

VOCÊ SABE QUE É A ESTAÇÃO DO OSCAR nos escritórios da *Vanity Fair* porque começa a ouvir a seguinte conversa de membros da equipe quando perambula pelo corredor principal:

— Quem? Ah, meu Deus! Como vai? Cara, não vejo você há quanto tempo, sei lá, dez anos?

Pausa.

— Puxa, eu adoraria poder ajudar mas na verdade não posso fazer nada. Eu mesmo não fui convidado. Desculpe.

Clique. Linha desocupada.

Um dos fardos de trabalhar para a revista é que no mês de março não se faz virtualmente nada senão atender telefonemas de seus conhecidos mais distantes querendo convites para a festa do Oscar. A cada ano, 15 mil pessoas ligam para o escritório de Graydon Carter implorando um convite. As ligações totais recebidas pela equipe da revista devem ser dez vezes esse número. Não é um exagero dizer que um convite para a festa do Oscar da *Vanity Fair* é mais cobiçado que um convite para a Academy Awards, a festa da entrega do Oscar na Academia de Cinema.

As pessoas fazem qualquer coisa para tentar obter um lugar na lista de convidados. Em 1996, cerca de uma semana depois da festa, lembro de ver um falso Oscar na mesa de Graydon. Fora enviado a ele por uma das convidadas daquele ano, com a inscrição "Melhor Festa do Oscar, 1996".

— Acho que ela será convidada de novo — palpitei.
— Não necessariamente — disse Graydon.

Mais recentemente, alguém ligou para um membro da equipe da revista e ofereceu-lhe um suborno de 300 mil dólares por um convite. "Dê a eles o número do meu celular", brincou Graydon quando soube disso. "Tenho quatro filhos para criar."

Até a presente data, a única não-celebridade que conseguiu entrar como penetra na festa foi um jornalista do tablóide de supermercado *The Star*, que apareceu lá em 1996 com um porco pela coleira. Afirmando que era o porco de *Babe*, indicado para Melhor Filme naquele ano, o repórter passou pelos nazistas da prancheta, que aparentemente não tinham noção que no papel-título do filme fora usada mais de uma dúzia de porcos.

A partir dali a festa passou a ser à prova de penetras. Nos dias atuais, até para chegar perto da entrada é preciso passar por uma série de postos de controle vigiados por xerifes do condado de Los Angeles. Se você está de carro, tem que exibir uma "credencial de estacionamento" de cores codificadas no painel. Uma cor lhe dá direito ao "atendente" — o que significa que um subalterno estacionará o carro para você — enquanto outra não lhe dá esse direito. No terceiro ponto de controle, presumindo que você chegue até lá, você será saudado por uma "morena cirurgicamente modificada, com fones de ouvido e microfone"*, que conferirá seu nome na "lista principal". Mesmo se você estiver na lista, não é garantia de que entre. Tara Palmer-Tomkinson, a notória "It Girl" britânica, foi impedida de entrar em 1998 quando chegou às 9:30 da noite. Fora-lhe dito para não chegar antes das 11:30.

Surpreendente para uma festa tão exclusiva, o número total de convidados vem crescendo constantemente a cada ano. Em 1999, aproximadamente 750 pessoas foram convidadas; em 2001, esse número aumentou para 1.200, embora a fim de acomodar as pessoas Graydon tivesse que empregar seu arquiteto, Basil Walter, para pôr abaixo a parede de trás do Mortons e construir uma extensão temporária. A parede foi novamente erguida no dia seguinte.

---

*Jennifer Senior, "Graydon rides the wave", *New York*, 11 de dezembro de 2000.

O motivo para toda essa comoção é simples: quanto mais difícil é entrar numa festa, mais pessoas clamarão para serem convidadas. Rotulando o evento de "a festa mais exclusiva do mundo", Graydon conseguiu fazer dela o acontecimento mais quente da Semana do Oscar.

— A questão não é para quem se diz "sim" — explicou-me ele em 1996, revelando sua fórmula para uma festa tão bem-sucedida — é a quem se diz "não".

Obviamente, nem todos os convidados têm que implorar para entrar. Acreditem ou não, alguns deles realmente recebem convites vindos do nada. Por exemplo, todos os indicados ao Oscar em cada uma das categorias importantes são convidados, por ser este o único modo de Graydon assegurar-se que os vencedores terão a documentação necessária — passe de estacionamento, convites etc. — para ultrapassar os diversos postos de controle. Tornou-se também uma tradição anual convidar a "loraburra *du jour*". Na festa de 1994, como descobri, foi Nancy Kerrigan; em 1998 foi Monica Lewinsky.

Os convidados mais importantes da festa são os que fazem parte da lista A de Hollywood, e nenhuma pedra deixa de ser revirada para convencê-los a ir. Esses incluem ganhadores do prêmio da Academia dos anos anteriores como Tom Hanks, Gwyneth Paltrow e Steven Soderbergh, magnatas como Rupert Murdoch, Harvey Weinstein e Sumner Redstone, e "matronas de cabelos azuis da Califórnia" como Nancy Reagan, Barbara Davis e Betsy Bloomingdale. São tais pessoas que podem esperar receber um presente juntamente com seus convites, ambos entregues por um caminhão blindado da FedEx. Em 1997, os sortudos receberam uma cadeira vermelha de diretor com as palavras "Vanity Fair" gravadas no espaldar. Em 1998, todos os 150 comensais encontraram ao chegar um cinzeiro de peltre e um isqueiro Zippo diante de seus lugares. Foi o modo de Graydon avisar às pessoas que se podia fumar.

Mais recursos são dedicados ao planejamento da festa do Oscar do que fazer o número sobre Hollywood da revista, o que quer dizer alguma coisa. Descrever como "militar" o grau de preparação necessário para organizar o evento é um insulto a Sara Marks, promoter-chefe da *Vanity Fair*.* Em 1999, ela vasculhou Cuba procurando uma banda de dezesseis componentes para tocar numa tenda que Graydon pedira a seu arquiteto para erguer no estacionamento do Mortons. Se Sara Marks tivesse sido encarregada da Baía dos Porcos, a coisa provavelmente não teria sido um fiasco.

Graydon encara tudo isso muito, muito seriamente. Quando falei com ele enquanto eu escrevia uma matéria sobre a festa do Oscar de 1999 para *The New York Post*, ele disse: "Se você fizer a porra de uma matéria mal-humorada, arranco seu coração com um lápis. Se escrever qualquer coisa dizendo que a nossa festa não é a número um, eu te mato."** Todos os anos, uma equipe de craques de quinze a vinte membros da *Vanity Fair* voa para L.A. pelo menos com duas semanas de antecedência para se certificar que tudo esteja correndo suavemente. O próprio Graydon chega uma semana depois para comandar pessoalmente a operação. Ele tem até o equivalente a um carro da equipe. Em 1998, John Gillies, um de seus assistentes, arranjou para que Graydon tivesse uma Mercedes S500 à disposição por todo o tempo em que estivesse na cidade. John ficou aterrorizado por só conseguir para seu superior uma Mercedes vermelha, não a azul que ele pedira. Felizmente Graydon resolveu não dar importância a essa imperfeição.

Por que Graydon concede tanta atenção a essa festa? Em parte, por sólidas razões de negócio. O número da *Vanity Fair* sobre Hollwood é tão grosso de anúncios que poderia fazer uma lipoaspiração. A revista tem agora uma renda de publicidade de mais de 100 milhões de dólares por ano, e o número de abril é a pedra de toque de sua estratégia publicitária anual. O motivo dos anunciantes quererem estar no número é este receber mais publicidade do que qualquer outro, graças à festa. É um "número de evento", o equivalente em publicidade a um "evento de cinema".

---

*Seu cargo no Expediente é "Diretora de Projetos Especiais".
**Ele disse também que eu não podia citá-lo no artigo. "Acho que tenho exposição excessiva", explicou.

A festa serve também para caracterizar a revista como um produto *sexy* e glamuroso; liga-a na mente do público a tudo que é desejável em Hollywood. Na Condé Nast, as festas — ou eventos de promoção — são vistas como oportunidades de marketing, um modo da revista destilar sua "essência da marca". A *Vanity Fair* é uma revista de celebridades de qualidade superior, com vínculos especialmente íntimos com a indústria do entretenimento; portanto, sua festa anual do Oscar é uma oportunidade perfeita para consolidar sua identidade. Claro que ajuda se algo escandaloso acontece, e geralmente há uma ou duas celebridades felizes em contribuir para isso. Em 1997, Ellen DeGeneres começou a transar com Anne Heche aos olhos dos outros convidados — de acordo com Graydon: "Ela estava literalmente montando a perna dela" — e, em 2001, Elizabeth Hurley e Pamela Anderson fizeram o mesmo. Nos dois casos, os tablóides enlouqueceram.

— Dois tipos de pessoas lêem a *Vanity Fair* — disse-me Graydon certa vez. — Lixo branco que mora em *trailer* e todo mundo que tem importância.

O motivo que faz com que o primeiro grupo a leia, pelo menos em parte, é porque vêem a cobertura da festa do Oscar em jornais como *The National Enquirer*. O motivo de todo mundo que tem importância ler a revista é porque é convidado para a festa.

Isso está no cerne do motivo de Graydon dar tanta importância ao evento. Este lhe dá influência sobre alguns dos maiores jogadores no complexo industrial-mídia. Graydon não criou essa instituição anual para facilitar a tarefa de editar a revista; ele edita a revista para que possa dar festas assim. Para o garoto da Real Força Aérea Canadense e ex-trabalhador de estrada de ferro, a festa do Oscar é um lembrete anual de quão longe ele chegou. Durante o aquecimento para o evento, ele é festejado pelos maiores nomes da cidade, culminando num almoço em sua homenagem cujo anfitrião é Barry Diller. Esse almoço — um assunto de muita especulação nos escritórios da *Vanity Fair* — é freqüentado, entre outros, por Steven Spielberg, David Geffen, Ronald Perelman, Jeffrey Katzenberg, Sandy Gallin, Diane Von Furstenberg, Fran Lebowitz e Edgar Bronfman Jr. Um membro da equipe que o viu imediatamente depois em 1998, voltando para o Beverly Hills Hotel em seu Mercedes, descreveu-o como parecendo "feliz como um paxá". Em momentos como esse, Graydon não é simplesmente o gato que pegou o leite. É a píton que engoliu a pantera que *comeu* o gato que pegou o leite.

19
"Fique longe das celebridades, porra!"

NATURALMENTE, MINHA ÚNICA PREOCUPAÇÃO na primavera de 1996 era como ser convidado à festa. Não era uma tarefa fácil. Para dar uma idéia de como é raro que membros da equipe da *Vanity Fair* participem da festa, nem Matt Tyrnauer nem Aimée Bell foram convidados naquele ano. Eles afirmavam não se importar com isso — "Não é como uma *festa* festa", explicou Aimée — mas achei difícil acreditar. Pelo amor de Deus, para que trabalhar para a *Vanity Fair* se não se era convidado para a festa do Oscar? Para um jornalista cavador como eu, as recompensas que podiam fluir de um pedacinho bem-sucedido de conexões em Hollywood eram potencialmente enormes. Meus modelos nessa questão eram Andrew e Leslie Cockburn, dois colaboradores ingleses que haviam vendido recentemente os direitos de filmagem de um artigo deles que ainda nem fora publicado. Eu escrevera dúzias de artigos não publicados que achava que dariam grandes filmes!

Resolvi que a melhor estratégia era me oferecer para escrever uma matéria sobre a festa para *The Evening Standard*. Isso levou à seguinte conversa:

Graydon: Que tipo de matéria?

Eu: A mais lisonjeira, oleosa e enjoativa que você já leu algum dia. Você vai ficar até *constrangido* de tão elogiosa que ela será.

Graydon: Não sei, Toby. Tudo que eu leio de você é sempre desdenhoso.

Eu [Imitando minha própria prosa imortal]: Graydon Carter olhou com pena o suplicante que se prostrava diante dele. "Desculpe, mas minhas mãos estão atadas. O Corpo de Bombeiros de Los Angeles disse especificamente que não posso deixar ninguém entrar até que alguém vá embora. O senhor poderá voltar dentro de meia-hora, Mr. Cruise?"

Graydon [Rindo]: Certo, certo, mas não vou pagar suas despesas. Você vai ter que abrir seu próprio caminho lá.

Eu: Não tem problema.

Graydon: E fique longe das celebridades, porra! Não quero que você vá até os convidados para perguntar se eles são *gays*.

Eu: Vou partir do princípio de que são todos judeus e *gays*.

Graydon: [Fuzilando-me com os olhos]: Não me obrigue a me arrepender disso.

Eu: Não, juro por Deus.

Graydon: E nem pense em chegar lá antes das 11:30 da noite.

Um dia antes da festa Alex encontrou-se comigo no aeroporto de Los Angeles, embora eu mal o reconhecesse; ele parecia tão "L.A." Além de uma bermuda de skatista que vinha até os tornozelos, ele exibia uma grande quantidade de "adornos faciais", sem se falar numa impressionante coleção de anéis e pequenos enfeites em diferentes partes de sua anatomia. Seu cabelo, que em Londres era cortado bem curto como o meu, descia agora em caracóis sobre os ombros e era mantido fora dos olhos apenas por um par de óculos escuros enfiados no alto da cabeça. Tanto quando eu podia ver, só um aspecto de sua aparência permanecia imutável: ele ainda tinha dentes ingleses.

— Ei, companheiro! — exclamou ele. — Como vão as coisas?

Ele ia me dar um abraço mas dei um passo para trás.

— Olhe, Alex, antes de você dizer alguma coisa, quero que fique totalmente claro que não há jeito de eu lhe conseguir um convite para a festa da *Vanity Fair*. É totalmente impossível, lamento.

— Fica frio, meu bem. Já estou na lista.

O quê?!?

Ele se tornara amigo de um famoso produtor que ganhara o Oscar, e o homem se oferecera para atuar como seu mentor. Além de ajudar Alex com seu primeiro roteiro — sobre William Shatner —, o produtor se oferecera para levá-lo à festa da *Vanity Fair*, em vez de levar a mulher. Que patifezinho sortudo!

De repente, tive um pensamento horrível:

— Seu convite é para que hora?

— Como assim?

— Você sabe, quando vão poder entrar. Que horário foi dado a vocês. A hora, a hora, *a hora*.

— 10: 30, acho.

Merda, porra, droga!

Alex podia ver pelo meu rosto que algo estava errado:

— Por quê? Qual é a sua hora?

— 10:00 da noite — disse eu, um pouco rápido demais.

— Porque se não for até 11:30 ou coisa assim, tenho certeza de que poderia vir conosco.

— Minha nossa, Alex, quem trabalha na *Vanity Fair* sou eu, não você. Não preciso da *sua* ajuda para me fazer entrar na minha própria festa, muito obrigado.

— Certo, companheiro. Seja lá como for. Só estava tentando ajudar.

Caminhamos até o estacionamento do aeroporto em silêncio enquanto eu desesperadamente tentava descobrir um modo de ser empurrado das 11:30 para as 10:00. Nem Kim Masters, o correspondente para Hollywood da revista, é convidado tão cedo, pensei. O que é que vou fazer, porra?

Felizmente, a visão do carro de Alex me tirou do devaneio. Era o Volkswagen mais velho, batido e gasto que eu já vira.

— Isso pode enfrentar a estrada? — perguntei, começando a me animar.

Alex explicou que o carro lhe fora emprestado pelo famoso produtor para que ele, Alex, pudesse "ajudá-lo" de vários modos.

— Como o quê, por exemplo?

— Ah, coisas que surgem.

As "coisas que surgem", percebi depois, incluíam buscar as compras do produtor, sua roupa na tinturaria e levar e buscar seus filhos na escola de barca. O auxílio ao roteirista não vinha grátis, parece. Ele concordara em ser o mentor de Alex e, em troca, Alex concordara em bancar Mr. Sulu para o seu Capitão Kirk.

Provoquei Alex dizendo que se tornara uma figura tipo Kato Kaelin, mas ele me assegurou que isso era um modo perfeitamente padrão de pessoas como ele entrarem no negócio. Contou-me a história de um rapaz de sua classe na Universidade de Califórnia do Sul chamado Michael que tinha uma relação semelhante com Brad Pitt. Parece que Michael estava numa festa em Malibu quando viu Brad brincando com seus cachorros a poucos metros adiante. Aproveitando a oportunidade, Michael se aproximou e começou a brincar com os cachorros de Brad, cumprimentando-o dizendo que animais maravilhosos eram. Foi a coisa certa para dizer, segundo Alex, já que Brad adora mais os seus cachorros do que qualquer outra coisa no mundo. Conseqüentemente, ele convidou Michael a juntar-se a seu jogo.

Brad entregou a Michael um bastão de beisebol e atirou uma bola para que ele rebatesse. Infelizmente, um dos cães interceptou a bola precisamente no instante em que o bastão de Michael bateu nela, e ele acabou dando uma pancada na cabeça do cachorro, que caiu aparentemente morto. Brad ficou muito emocionado.

— *Você matou o meu cachorro, você matou o meu cachorro!*

Com surpreendente presença de espírito, Michael disse que tinha visto um incidente semelhante em *Emergência 911* e ajoelhou-se, começando a massagear o coração do cachorro. Miraculosamente, o animal recuperou-se completamente e estava logo trotando pela praia com os outros cães, completamente recobrado. Brad olhou para Michael com amor nos olhos. Ficou tão grato que insistiu em levá-lo para jantar naquela noite, e os dois se tornaram inseparáveis desde então.

— Então esse cara roteirista tem um cachorro? — perguntei.

— Na verdade tem — respondeu Alex. — Um labrador preto.

— E as "coisas que surgem" incluem trotar atrás dele com uma pazinha de recolher cocô quando o cara passeia com o cachorro?

— Muito engraçado, companheiro.

Às 10:00 da noite de segunda-feira, dia 25 de março, andei até a primeira barreira policial do lado de fora do Mortons. Em 1996 havia apenas um ponto pelo qual se tinha que passar antes de deparar-se com a morena cirurgicamente modificada com fones de ouvido e microfone, embora estivesse longe de ser fácil como beber água. Era preenchido por um guarda obeso que conferia as credenciais de cada pessoa minuciosamente. Eu não tinha convite — fora-me garantido que eu estaria na lista — mas estava usando um *smoking* extremamente elegante de Giorgio Armani que convencera Pippi a providenciar para mim. Minha esperança era estar com uma aparência tão bacana que o encarregado simplesmente me deixasse passar com um aceno.

— Boa noite — disse eu, sem interromper meu passo.

— Convite? — grunhiu ele.

Naquele momento eu tinha duas opções. Podia lhe pedir para convocar Beth Kseniak em seu *walkie-talkie* e me arriscar que ela dissesse que eu só podia entrar às 11:30, ou tentar blefar. Escolhi o segundo caminho.

— Sou da equipe da revista — disse eu. Depois, dando uma risadinha cúmplice, acrescentei: — Na verdade, sou um dos responsáveis por esse circo de cavalinhos.

Ele continuou a me olhar suspeitosamente, de modo que lhe mostrei meu cartão da *Vanity Fair*.

— Posso ir em frente? Meu chefe vai me matar se eu aparecer depois das 10:00 horas.

— Acho que está bem — disse ele, examinando meu cartão. — O senhor trabalha para a revista, não é?

— Expiando meus pecados — disse eu, erguendo os olhos para o teto.

— Tudo bem, certo, pode passar.

— Obrigado. O senhor está fazendo um trabalho excelente.

Uma mão lava a outra.

Chegando à entrada principal, fiquei perplexo com o número de jornalistas que lá estavam para cobrir a festa, todos vestidos a rigor. Para repórteres de entretenimento, essa área entre a barreira da polícia e a entrada era um terreno de primeira categoria, embora não lhes fosse permitido ultrapassar as cordas de veludo dos dois lados da passagem principal. Aquela área estava reservada exclusivamente a pessoas que haviam sido convidadas para a festa.

Eu estava em pânico de tropeçar em Graydon. No ano anterior ele passara tanto tempo em pé do lado de fora cumprimentando seus convidados pessoalmente que um dos jornalistas da revista apelidara-o de "*maître* do estacionamento". Felizmente ele não estava por ali, mas isso não tornaria a entrada mais fácil. Perambulando lentamente na frente da passagem, formando um cordão impenetrável, estavam os membros da tropa de choque da *Vanity Fair* que haviam voado para lá duas semanas antes, todos usando fones de ouvido e microfones, e segurando pranchetas. Não estavam dispostos a deixar que um colega entrasse uma hora e meia mais cedo, especialmente quando tinham que passar toda a noite em pé do lado de fora da festa. Que droga de coisa eu teria que fazer para passar por eles?

De repente, vi Darryl Brantley. Darryl, que naquela época era assistente de Sara Marks, é um negro extravagante cuja principal reivindicação à fama no escritório da *Vanity Fair* é ter feito uma aparição simbólica no documentário *Na cama com Madonna*. Ele sempre fora amigável comigo, então achei que seria a minha melhor possibilidade.*

— Oi, Darryl — disse eu, lançando-lhe o meu mais cativante sorriso à Hugh Grant.

— De jeito nenhum, Toby — replicou ele, sacudindo um dedo para mim. — Tenho ordens estritas de não deixar você entrar antes das 11:30. Você é um menino muito mau.

— Graydon disse que tudo bem se eu viesse um pouco mais cedo.

— Um pouco mais cedo? — disse Darryl, olhando o relógio. — Não são nem 10:05.

— Olhe, Darryl, me quebra esse galho. Tenho que escrever uma matéria sobre a festa para *The Evening Standard* e despachá-la às 7:00 da

---

*Darryl era um animal raro na Condé Nast, um sujeito espirituoso. Certa vez estava andando pela Madison Avenue num dia quente de verão quando viu uma mulher muito gorda estourando dentro das calças de lycra e *top* justo. Darryl sacudiu a cabeça com desagrado. "A Lycra é um privilégio, não um direito", murmurou entre dentes.

manhã. Hora de Londres. Isso significa menos de uma hora. Se não me deixarem entrar até 11:30, terei que escrever a matéria sem ter estado realmente na festa.

Aquilo era verdade. O que não contei a ele é que a matéria já estava escrita, e no meu bolso.

Darryl olhou furtivamente para os lados:

— Posso ter problemas por isso.

— Não vou dizer a ninguém, se você não disser.

— Se alguém perguntar, eu não vi você — sussurrou Darryl.

A primeira celebridade que avistei foi Jim Carrey em pé junto ao bar. Desde que assistira a *Débi e Lóide*, eu me tornara um tremendo fã de Carrey. Ele é um desses astros que estouram completamente contra todas as possibilidades. Não é bonito, jamais ganhou um Oscar e ninguém chamaria Carrey exatamente de sexo ambulante. Entretanto, é tão engraçado que o público simplesmente o adora. De fato, duas horas atrás ele aparecera por dois minutos na entrega de prêmios da Academia e roubara o espetáculo. Mantivera centenas de milhões de pessoas no mundo todo às gargalhadas e ali estava ele em pessoa, a menos de dez metros de mim. Era uma oportunidade boa demais para ser perdida.

— Toby Young — disse eu, estendendo a mão. — Trabalho para a revista.

— Oi — disse ele, apertando minha mão sem muito entusiasmo.

— Tenho certeza de que você deve ter ouvido isso cem vezes antes, mas se existisse um prêmio para o Melhor Apresentador dos Prêmios da Academia, você o ganharia todos os anos.

Seu rosto se iluminou:

— Na realidade, você é a primeira pessoa que me diz isso. — Apontou um dedo para o meu peito: — O que está bebendo?

— Ahn, Black Label com gelo, por favor. Obrigado.

Ele se virou para o *barman*, pediu um drinque para mim e então virou para me encarar. Isso estava se tornando meu encontro mais bem-sucedido com uma celebridade em todos os tempos!

— Se é que vale alguma coisa — acrescentei —, achei que você deveria ter ganhado um Oscar por *Débi e Lóide* também.

Ele girou de novo:

— É melhor trazer um uísque duplo!

Depois que colocou o Scotch na minha mão ele começou a contar uma história sobre a visita do palestrante motivacional Tony Robbins ao *set* de *O pentelho* e era tudo tão engraçado que fiquei fisicamente incapaz de tomar um gole nos próximos cinco minutos. Eu não podia acreditar naquilo. Jim Carrey — *Jim Carrey, porra!* — estava fazendo um número de comédia para uma platéia de uma pessoa: eu. Não podia querer mais do que isso.

Subitamente fomos interrompidos.

— Ei! Como vão as coisas?

Era Alex. O que estaria fazendo ali? Eu só esperava sua chegada para dali a quinze minutos. Claro, eu estava contente de que ele tivesse me visto falando com Jim Carrey — o que podia ser mais bacana do que isso? — mas se ele achava que eu ia deixá-lo se intrometer no momento especial com meu astro de cinema favorito, podia esquecer.

— Desculpe, mas acho que não conheço você — disse eu, dando-lhe um olhar gelado. — Jim, você conhece esse homem?

— Claro que sim — disse Carrey. — Todo mundo conhece Alex!

Para meu espanto, Alex e Carrey então começaram a se tratar como os melhores dos amigos. Que diabo, como é que eles se conheciam? Talvez numa reunião dos AA. É, provavelmente era isso. Eu notara que Carrey não tinha pedido uma bebida para si quando me deu uma. Na verdade, eles provavelmente não se conheciam fora do endereço local dos AA. Ufa!

— Então — disse Carrey para Alex —, como vai indo o roteiro sobre William Shatner?

Pombas!

— Vai bem — disse Alex. — Por falar nisso, o que acha de representar James Doohan?

Carrey imediatamente lançou-se numa impecável imitação de Scotty:

— Não sei quanto mais ela pode agüentar, capitão.

— Potência total, Mr. Scott — disse Alex, e tanto ele quanto Carrey caíram na gargalhada.

Desnecessário dizer que enquanto isso estava acontecendo, Alex se recusou a me reconhecer. Eu comecei fingindo não conhecê-lo e agora ele fingia o mesmo. Acho que o único culpado era eu.

Naquele momento, Nicolas Cage entrou segurando o Oscar que acabara de ganhar por *Despedida em Las Vegas*. Ele o levantou bem alto e a multidão irrompeu em aplausos espontâneos. Na realidade eu preparara uma observação rápida e esperta sobre o filme e ali estava a chance de usá-la. Com um pouco de sorte, eu poderia recuperar a iniciativa de Alex.

— Não entendi aquele filme — disse, espetando o polegar na direção de Cage. — Quer dizer, por que alguém ia querer *deixar* Las Vegas?

Eu esperava que eles rissem, mas em vez disso ambos olharam para mim com uma expressão vazia.

— Achei que foi um trabalho impressionante — disse Alex, virando-se para Carrey. — Mike Figgis deveria ter ganhado Melhor Diretor.

— Sem dúvida nenhuma — disse Carrey, concordando entusiasticamente com a cabeça.

Espere um minuto, pensei. Você não é o sujeito que passou o ano passado fazendo a seqüência de *Ace Ventura — Um detetive diferente*? Decidi não me estender com aquilo no caso de ele dizer mais alguma coisa que me desiludisse.

Enquanto eu ficava de lado ninando meu drinque, refleti que Alex era muito melhor para conversar com celebridades do que eu. Ele não ficava intimidado por elas. Conseguia olhá-las nos olhos e manter o sangue-frio, enquanto eu não conseguia superar o fato de estar falando com um astro de cinema da lista A. A discrepância de *status* entre Jim Carrey e mim era grande demais para que eu a ignorasse; ela afetava toda a minha atitude para com ele. Tenho certeza de que Alex sentia o mesmo mas tinha o dom de escondê-la. Ele se mantinha impassível. Em L.A., reconhecer mesmo tacitamente que se está falando com uma pessoa famosa é um tabu completo; é conhecido como "romper a barreira". Se você faz isso, está acabado. É automaticamente caracterizado como um "fã", como um "deles".

Alex acreditava que o segredo de se dar bem com celebridades era tratá-las como pessoas "normais". Eu perdi a conta do número de vezes em que ele disse, "São apenas seres humanos, companheiro, não são diferentes de você e mim." Mas não era verdade, pelo menos não exatamente. Afinal de contas, não é que o astro de cinema não quisesse que você jamais tivesse ouvido falar dele. O truque é fingir que você também é *anormal*, já que qualquer pessoa comum ficaria completamente impressionada com uma celebridade. Se você consegue esconder o fato de que está impressionado com ela, esta automaticamente imagina que você seja alguém importante. É um modo de sinalizar que vocês estão no mesmo degrau da escada de *status*. A arte de Alex não era tratá-los como gente "normal", mas persuadi-los a tratá-lo como um sujeito VIP.

— Como é que você entrou, porra?

Era Graydon.

— Ah, ahn, oi, Graydon. É, eu...

— Era você que estava falando com Jim Carrey?

— Era sim. Eu dizia que se houvesse um Oscar para...

— *O que é que eu falei sobre amolar as celebridades?* Olhe, pode ficar por aí mas não fale com nenhum artista de cinema, certo?

— Sim, capitão.

Ele sacudiu um dedo no meu rosto:

— Estou falando sério.

A fim de transmitir minha matéria para o *Evening Standard*, tinha que ditá-la para que a anotassem em Londres. Infelizmente havia apenas dois telefones no Mortons e uma fila de cinco ou seis pessoas esperando para usar cada um. Mesmo assim não havia mais nada que eu pudesse fazer, e me coloquei no final da fila mais curta. Quando chegou a minha vez, uns dez minutos depois, havia cinco ou seis pessoas na fila atrás de mim, é claro. Suportariam ficar ali sem fazer nada enquanto eu ocupasse o telefone por quinze minutos? Eu teria que arriscar.

Depois de conseguir ligar para o número grátis, comecei meu parágrafo de abertura: "Quando cheguei em Los Angeles no fim de semana passado para os Oscars, vírgula, fiquei surpreso ao descobrir que todos os meus amigos ingleses haviam deixado a cidade, ponto. Por quê, interrogação. Aparentemente, vírgula, era para evitar o constrangimento de não terem sido convidados para a festa do Oscar da *Vanity Fair*, ponto."

Dei um sorriso de desculpas para a pessoa atrás de mim e rolei os olhos para o alto como se dissesse, "Desculpe, pessoal, mas não posso fazer nada." Eles me olharam com impaciência.

— Pode repetir isso? — disse o sujeito anotando a matéria. — Desculpe, mas acho que não peguei nada.

Ah, merda.

— Quando cheguei em Los Angeles no fim de semana passada para os Oscars, vírgula...

— Com licença — disse o homem imediatamente atrás de mim —, isso vai demorar?

— Ahn, pode demorar um pouquinho, sim. Acho que o senhor terá que usar o outro telefone. Desculpe.

— Você não tem celular? Que tipo de repórter é você?

— Desculpe — repeti. — Vou tentar ser o mais rápido possível.

Virei as costas para ele e continuei ditando a matéria. Depois de alguns segundos, as pessoas atrás de mim tomaram relutantemente seus lugares atrás da outra fila. Havia agora umas doze pessoas esperando para usar o telefone — todas me olhando ferozmente — e enquanto eu repetia alto as frases espertas que bolara sobre os indicados ao Oscar daquele ano, eles sacudiam a cabeça com desagrado. Sentia-me como um comediante substituto fracassando ante uma platéia hostil.

Quando terminei, o sujeito que copiava meu ditado disse para eu esperar um pouco enquanto ele falava com a secretária de redação. Nessa altura a outra fila diminuíra, mas havia ainda várias pessoas em pé que desde o início esperavam para usar o meu telefone. Todos me observavam antecipando meu término, prontos para disparar no momento em que eu acabasse.

— Qual é o seu número aí? — perguntou o copista. — Vamos desligar agora mas a secretária de redação quer que você espere perto do telefone caso haja alguma pergunta.

Deus do céu!

Dei-lhe o número, mas, em vez de desligar o receptor, pus sub-repticiamente o polegar no gancho, desligando sem parecer fazê-lo.

— Certo, eu espero — disse alto.

Depois que fiquei assim por cerca de um minuto, uma negra de meia-idade saiu do grupo e ficou atrás de mim.

— Com licença — disse ela —, não quero interromper, mas o senhor está usando esse telefone?

Era Diana Ross.

Minha nossa!

— Ahn, s-s-sim, realmente. Estou esperando.

— Porque parece que você está com o dedo no gancho.

Várias pessoas bufaram de escárnio na outra fila.

— Não, não — disse eu, removendo o polegar. — Só estava descando a mão ali.

— Nesse caso — disse ela —, como é que agora posso ouvir o ruído de linha desocupada?

Não consegui pensar numa resposta.

— Danou-se — exclamou um de meus antagonistas.

— Desculpe, Miss Ross — disse eu, entregando-lhe o telefone. — Eu estava esperando que alguém me ligasse de volta.

Enquanto me afastava, a cabeça baixa de vergonha, as pessoas atrás de mim prorromperam em aplausos e, com o canto do olho, vi Diana Ross fazendo uma pequena reverência.

Meia hora depois eu estava em pé junto ao bar, sentindo-me totalmente abatido, quando Mel Gibson entrou. Ele agarrava os dois Oscars que acabara de ganhar por *Coração Valente* e parecia extremamente contente consigo mesmo, como tinha o direito de estar. De modo nenhum *Coração Valente* merecera ganhar Melhor Filme contra *Apollo 13*. Eu o vira alguns dias antes e, previsivelmente, o detestara. Mesmo pelos padrões de uma indústria de cinema em que os ingleses são sempre os vilões, *Coração Valente* exagerava a dose. Era um trabalho vil de propaganda antibritânica, uma incitação para que os nacionalistas escoceses se amotinassem e derrubassem o jugo da opressão colonial. Já que Mel Gibson também fizera *Gallipoli*, claramente tinha uma enorme raiva dos britânicos. Era um antibritânico! Nesse ponto eu já tomara quatro uísques duplos e subitamente me vi possuído pelo impulso de confrontá-lo.

— Antes de qualquer coisa, companheiro — disse eu, batendo agressivamente em seu ombro —, o que é exatamente que você tem contra os britânicos?

Ele se virou para me encarar e reuni as forças para um confronto. *Agora você vai ver de que sou feito, seu australianozinho de merda beberrão.* No entanto, em vez de me responder, ele passou o Oscar que estava segurando na mão direita para a esquerda, esticou a pata e disse:

— Oi. Sou Mel Gibson.

Foi completamente desarmante.

— Ahn, oi — disse eu, apertando entusiasticamente sua mão. — Toby Young. Que bom conhecê-lo.

Mais uma vez eu ficara completamente ofuscado pela alta voltagem de um astro. Posso ter tido um coração de guerreiro, pronto para sobrepujar William Wallace em benefício de autênticos ingleses em qualquer lugar, mas minha alma babava ante um astro de cinema.

Antes que eu recuperasse a compostura, senti um violento puxão por trás, como se alguém me agarrasse pelo colarinho. Girei pela metade, mas antes de poder ver quem era, fui empurrado de volta bracejando no meio da multidão.

Era Graydon.

— Deus do céu, Toby, não vou lhe repetir isso — vociferou ele. — PÁRA DE AMOLAR AS CELEBRIDADES!

20

"Vamos discutir o assunto"

VOLTANDO À VANITY FAIR dois dias depois, fui imediatamente convocado à sala de Graydon. Minha nossa, pensei. Aqui vamos nós. Ele vai me pôr para fora por chatear Mel Gibson na festa do Oscar. Contudo, assim que entrei, ele enfiou um número de *The Evening Standard* debaixo do meu nariz. Estava aberto na página da minha matéria.

— Que porra é essa? — perguntou ele.

— Não foi elogiosa o bastante para você? — perguntei.

Como resposta, ele pegou a publicação e começou a ler alto: "Quando cheguei em Los Angeles no último fim de semana para os Oscars, fiquei surpreso ao descobrir que todos os meus amigos ingleses haviam deixado a cidade. Por quê? Aparentemente, para evitar o embaraço de terem sido convidados para a festa do Oscar de *Vanity Fair*."

Atirou o jornal na mesa e me fuzilou com os olhos:

— O que é isso?

Minha nossa! Algum idiota de *The Evening Standard* havia apagado a palavra "não" de meu parágrafo de abertura, alterando completamente seu significado. Imediatamente disparei a gaguejar uma explicação, contando-lhe como não tinha sido possível conferir coisa alguma com a redação devido ao problema telefônico no Mortons, contando até como eu fora encurralado por Diana Ross. Ele não se deixou impressionar. Não só estava extremamente cético com a minha desculpa, como agora acrescentava o nome de Ross à longa lista de celebridades que eu "tinha espreitado" naquela noite. No final eu tive que fazer com que a editora de variedades do *Standard* escrevesse uma carta confirmando que eu incluíra a palavra "não" no meu texto original, embora, como me confidenciou ela particularmente, a frase "ficasse melhor" sem o "não". Mas Graydon não se convenceu. Aparentemente era o tipo de coisa "desagradável" que eu escreveria.

— É a última vez que eu deixo você ir à festa do Oscar — esbravejou.

Nesse estágio, eu podia dizer que Graydon perdera quase totalmente a paciência comigo. ("Você *acha*?", como diria Chris Lawrence.) No início, ele tolerara minhas frases espirituosas de escritório como uma fonte de diversão. Por motivos que eu não conseguia perceber muito bem, ele tinha um fraco por mim. Eu era o bobo da corte, a única pessoa na *Vanity Fair* a quem era permitido bancar o bobo repetidamente porque o chefe se divertia com isso. Mas a brincadeira estava cansando. Meu contrato chegava ao fim e se eu não tirasse um coelho da cartola logo, poderia dar adeus aos meus 60 mil dólares por ano.

Felizmente, a 18 de agosto de 1996, afinal apareci com uma idéia da qual ele gostou. Eu acabara de voltar de Londres onde entrevistara Ian Schrager para o *The Evening Standard* — ele planejava abrir dois hotéis na cidade — e disparei um memorando sugerindo que a revista publicasse algo sobre o pouco característico e fervilhante ânimo na cidade no momento. Citei Schrager dizendo que notara haver "uma tremenda energia em Londres", "uma verdadeira euforia". Eu não tinha em mente nada especialmente ambicioso — achava apenas que aquilo poderia dar uma boa matéria para o *Vanities*.

Vinte e quatro horas depois meu memorando voltou com as palavras "Vamos discutir o assunto". Isso significava que Graydon queria falar comigo sobre a questão pessoalmente — um sinal muito bom. (Ele geralmente referia-se às minhas idéias como "apitos de cachorro" — "Você consegue ouvi-los, mas eu não.") Trotei para seu escritório e, a seu pedido, aprofundei-me ligeiramente sobre o motivo de pensar que o momento estava maduro para uma matéria elogiosa sobre Londres. Falei um pouco sobre "Britpop" e "Britart" e identifiquei os habituais suspeitos: Damien Hirst, Noel Gallagher, Vivienne Westwood etc.

— Certo, Toby — disse ele. — Vou pensar no assunto.

Alguns dias depois fui convocado ao escritório de Graydon de novo, só que desta vez havia lá um monte de gente. Além de Aimée Bell, estavam lá George Hodgman, o Editor-Sênior de Artigos, David Harris, o Diretor de Arte, Gregory Mastrianni, o Diretor de Arte Adjunto, e Lisa Berman, a Editora de Fotografia Adjunta. Logo se tornou claro que Graydon convocara essa brilhante assembléia para ouvir minha arenga. Nitidamente ele estava pensando em dedicar mais do que uma página na *Vanities* ao renascimento cultural de Londres. Se eu conseguisse convencê-los de que o Zeitgeist residia atualmente do outro lado do Atlântico, isso poderia se tornar um "ensaio" fotográfico ou, melhor ainda, um "número especial". Exatamente qual seria o meu papel não estava claro, mas fosse qual fosse, seria melhor do que escrever legendas de fotos para VF Camera. Ali estava finalmente a chance de provar meu valor.

Eu falhei, naturalmente. Minha apresentação de dez minutos foi polidamente recebida mas eu sabia que não os havia convencido. Em parte, o motivo era que a fonte estava contaminada. É claro que *eu* cantaria loas a Londres — eu era de lá. Havia também orgulho citadino: eles detestavam ter que admitir que a reivindicação de Nova York de ser a cidade mais bacana do planeta estava ameaçada logo por *Londres*, entre todos os lugares. Quando o prefeito Giuliani dissera a famosa frase: "Nossa cidade pode quebrar a cara da sua cidade", falava por cada nova-iorquino. Fosse qual fosse a razão, não estavam comprando a idéia.

Fiquei momentaneamente perdido. Como é que se convence os outros de que tal e tal coisa está atualmente na moda ou, como os Condé Nojentinhos dizem, "bombando?" Citei vários nacos de evidência empírica — por exemplo, de todos os turistas franceses inundando Londres, 45% tinham menos de vinte e cinco anos — mas elas não eram exatamente conclusivas. Quando se trata de precisar o paradeiro do Zeitgeist num determinado momento, a questão gira em torno de quanto peso se dá a esse tipo de dado; os fatos sozinhos não podem falar por si mesmos. Era mais uma questão de sentir na pele.

Eu não esperava que eles encarassem com tanta seriedade a questão de Londres realmente ser ou não o lugar onde se devia estar no momento. Certamente, quando uma revista como *Vanity Fair* anuncia que um determinado lugar é o "quente", seja ele um restaurante, um bairro ou uma cidade, não é um exemplo de relato direto de notícia. É um ato de unção. Mesmo se não for verdade, *torna-se* verdade assim que o artigo aparecer. Essa era uma área na qual a disseminação da informação tem um impacto tão profundo na história que antigas noções de objetividade e imparcialidade não se aplicam — é o equivalente jornalístico ao Princípio da Incerteza de Heisenberg. Mesmo assim lá estavam eles, franzindo as sobrancelhas, pesando conscienciosamente a questão.

Subitamente me ocorreu um paralelo entre um debate sobre se algo está ou não na moda e uma discussão sobre se algo é certo ou errado. Lembrei de meus estudos de filosofia em Oxford e que uma das pedras de toque de afirmativas morais como, por exemplo, "o assassinato é errado", é que elas são inverificáveis; isto é, nenhuma quantidade de evidência factual pode decidir se são ou não válidas. Isso parecia ser verdade também no caso de afirmativas sobre o Zeitgeist.

Então lembrei do que John Maynard Keynes escrevera sobre o círculo em torno do filósofo moral de Cambridge, G. E. Moore. Segundo Keynes, Moore tivera êxito em dominar seus discípulos não porque pudesse superá-los em argumento mas simplesmente porque tinha a voz mais alta. Moore ganhava o dia porque parecia muito mais confiante do que qualquer outro. Na opinião de Keynes, a chave para persuadir alguém da certeza de seu ponto de vista moral jaz em afirmá-lo tão *enfaticamente* quanto possível. Não havia nada além disso. Uma vez que o oponente receba um bafejo de quanto *não-ambivalente* é o outro, adere a seu modo de pensar.

Poderia o mesmo princípio ser aplicado ao debate que estávamos tendo sobre se o Zeitgeist montara residência ao lado do Tâmisa? Decidi fazer o teste.

— Londres é o quente nesse momento — disse eu, tentando injetar uma nota de absoluta certeza na voz. — Ela está fervilhando. Pode-se quase sentir a eletricidade assim que se desce no aeroporto de Heathrow.

— É mesmo? — perguntou David Harris.

— Não há sombra de dúvida — repliquei.

— Você acha que essa coisa de *Swinging London* Número II é totalmente verdadeira? — perguntou Aimée.

— Totalmente — disse eu, olhando deliberada e sucessivamente para cada uma das pessoas. — Não se enganem: o fenômeno é muito, muito verdadeiro.

O truque pareceu funcionar. Eles se entreolharam e balançaram a cabeça afirmativamente: Toby pode ter sacado alguma coisa aí. Eles começaram a ceder.

David Harris [hesitante]: Bem, pode ser.

Eu: Honestamente, vocês não vão se arrepender.

Aimée Bell [ambivalente]: Se você tem absoluta certeza.

Eu: 100% de certeza.

George Hodgman: Para mim parece verdadeiro.

Um silêncio desceu sobre o grupo. Havia surgido um consenso. Londres estava fervendo.

— Foda-se — disse Graydon. — Vamos fazer.

Concordou-se que o número de março de 1997 da revista conteria vinte e cinco páginas dedicadas ao segundo advento de Londres, consistindo num texto de 5 mil palavras e cerca de uma dúzia de fotografias das mais importantes "locomotivas" e demais pessoas que sacudiam a cidade. Assim nasceu o número "Cool Britannia" da *Vanity Fair*. (De frutos pequenos assim, grandes florestas são abatidas.) E quem disse que a filosofia não tem aplicação prática no mundo real?

21

Cool Britannia

FINALMENTE EU TINHA UM PAPEL adequado na revista. Cool Britannia, esse vazio bordão de uso corrente no verão de 1996, tinha sido a minha salvação. Admito que não me encarregaram do projeto inteiro — tal tarefa foi dada a Aimée Bell — e também não me pediram para escrever a matéria — a honra foi para o marido de Aimée, David Kamp. No entanto, me deram um título oficial: eu era o "número dois" de Aimée. Era melhor do que ser apunhalado no coração com um lápis aguçado.

— Tente não estragar isso — advertira Graydon.

Tive uma pista do que consistia em ser o número dois de Aimée quando fomos para Londres no início de novembro, a fim de organizar as seções de fotos que formariam a parte mais importante do número especial. Aimée embarcou na Classe Executiva enquanto eu fui enfiado na Econômica. Não teria me importado tanto se Aiméee não tivesse levado seu bebê recém-nascido, a babá do bebê, e tentado conseguir um lugar para a babá na mesma classe em que ela estava — mas não para mim. Quando me queixei disso, ela explicou que não queria ficar separada do bebê durante o vôo, e onde quer que ele fosse a babá teria que ir também. Ah, certo, pensei. Deus proíbe que você fique segurando seu próprio filho por cinco horas e meia! Na realidade, porém, aquele não era o verdadeiro motivo. Aimée simplesmente não queria ofender a babá colocando-a na classe econômica. Aquele era um brutal lembrete do meu lugar na cadeia alimentar: Aimée se preocupava mais com os sentimentos da babá do que com os meus ("Dão!", como diria Chris Lawrence.)

Todos no grupo da *Vanity Fair* — e outros se juntaram a nós no decorrer das semanas seguintes — ficaram no The Dorchester, longe de mim. Fui relegado ao meu apartamento-estúdio em Shepherd's Bush. A revista também estabeleceu um escritório temporário no hotel, de modo que as diversas pessoas trabalhando na matéria (fora eu) não teriam o problema de alugar limusines para ir trabalhar. Aquele era um galho caro na posição hierárquica. Incluía alugar uma suíte ao custo de centenas de libras por dia e fazer o hotel equipá-la com mesas, telefones, máquinas de fax etc. E é preciso levar em conta que ficamos lá por quase um mês. Avalio, de um modo conservador, que quando a *Vanity Fair* deixou o hotel, a conta do The Dorchester foi de 100 mil dólares. Deixe Si cuidar disso.

Houve onze sessões de foto ao todo, indo das Spice Girls a Tony Blair, e eu supostamente estava encarregado de todas, exceto duas delas. Digo "supostamente" porque a maioria delas desenredava-se no último minuto, quando um ou mais dos participantes apareciam e Aimée tinha que assumir. Logo se tornou patente por que Graydon a quisera em Londres: Aimée era um gênio em termos de organização. Eu jamais havia encontrado alguém tão implacavelmente eficiente. Pouco importava o que o trabalho demandasse, ela conseguia que ele fosse feito. Num determinado momento, ela precisou falar comigo urgentemente sobre alguma coisa mas não conseguiu me alcançar nem no telefone comum nem no meu celular. O motivo disso era simples: eu estava em meu apartamento em Shepherd's Bush dormindo com ressaca e desligara/desconectara meus telefones. Mas Aimée não era tão fácil de se evitar. Ela divisou o plano de alugar um minitáxi para ir até meu apartamento e fazer o chofer tocar a campainha até que eu atendesse. Quando eu finalmente surgisse, pestanejando por causa da luz, o chofer enfiaria um telefone celular na minha mão com Aimée na linha. Felizmente, Henry Potter, o editor londrino de *Vanity Fair*, conseguiu dissuadi-la disso. Matt Tyrnauer a descrevera certa vez, afetuosamente, como uma "severa feitora irlandesa" mas isso não lhe faz justiça. Ela é o Exterminador.

A sessão de fotos que me deu a maior enxaqueca foi a com Damien Hirst e Marco Pierre White. Deveria ser um passeio no parque, porque os dois estavam prestes a abrir um restaurante juntos — Quo Vadis, na Rua Dean — mas foi um pesadelo total. No final, Hirst só concordaria em fazer as fotos se seu amigo Keith Allen estivesse incluído no retrato e White não concordou com a idéia. Aimée decidiu que era mais importante ter Damien Hirst no número do que Marco Pierre White, portanto eu concordei, mas nesse momento Hirst acrescentou uma terceira pessoa à mistura: Alex James, o baixista do Blur. Ah, que ótimo, pensei. Quem será o próximo? Sua mãe?*

Felizmente, o grupo não ficou maior do que isso, e às 11:00 da manhã de 7 de dezembro eu me encontrava no Groucho Club com o fotógrafo, subindo ao andar de cima em busca dos "Boulevardianos", como Aimée apelidara os três. Nós os encontramos na sala de bilhar com uma terrível enxaqueca. O bar do Groucho ainda não abrira; assim, fomos imediatamente despachados para comprar uma garrafa de vodca. Era a primeira das muitas que eles beberiam no decorrer do dia. Assim que tinham tomado bastante vodca, Keith Allen e Damien Hirst passaram a pedir cocaína, portanto liguei para um vendedor de droga que eu conhecia e encomendei quatro gramas. Seria suficiente? Poderia eu gastar aquilo? Não tinha idéia.** Tentar fazer com que os três homens trocassem de roupa várias vezes e posassem para o fotógrafo depois de toda a vodca ingerida não foi uma tarefa fácil. Senti-me como um ineficaz professor substituto diante de uma turma de colegiais levados. Eu não ajudei a coisa ao mergulhar também na cocaína.

Fiquei muito chocado com o desmazelo dos "Boulevardianos". Se os visse perambulando pelas ruas em Manhattan, acharia que eram uns sem-teto. Às 11:00 da manhã estavam com os olhos injetados e a barba por fazer. A pele deles, especialmente a de Damien Hirst, era seca e escamosa, e os lábios estavam cobertos de bolhas de herpes. O cheiro era de quem tivesse passado a noite no pub Coach and Horses, situado

---

*Na verdade, Hirst insistiu que eu concordasse em mandar um número da Cool Britannia para sua mãe como condição de fazer as fotos. Quando o número finalmente saiu, quatro meses depois, eu o despachei devidamente para a Sra. Hirst.
**Eu era covarde demais para tocar no assunto com Aimée, e acabei pagando pela cocaína do meu próprio bolso.

nas proximidades, rolando pelo chão entre cachorros. Diferentes das celebridades de Nova York, que tendiam a ser mais arrumadas do que o comum dos mortais, eram significativamente mais desmazelados que o londrino médio. Era como se dissessem para o mundo: "Somos tão famosos que não precisamos nos esforçar. Podemos conseguir gente que vá para a cama conosco mesmo fedendo como bodes!" Provavelmente era verdade. Um nome melhor para os três teria sido "Os Vingadores do Tóxico".

No final da sessão de fotos, por volta das 6:00 da tarde, eu tive que fazer com que assinassem formulários. Era uma formalidade, na verdade — a revista podia ainda publicar as fotos deles sem seu consentimento por escrito — mas eu sabia que Aimée ficaria aborrecida comigo se não pegasse as assinaturas deles, e não queria perder a sua estima. Entretanto, eles imediatamente se recusaram a fazê-lo. Era completamente absurdo: se não quisessem aparecer na revista, por que tinham passado as seis horas anteriores posando para o fotógrafo da *Vanity Fair*? Mas no momento em que tiveram uma pista de quanto eu precisava da assinatura deles, cruzaram os braços e se recusaram a assinar. A se julgar pelo desdém em seus rostos, obviamente achavam que estavam sendo extremamente engraçados.

Perdi completamente as estribeiras e comecei a dar "gritos pirados", o termo de Hugh Grant para um ataque de raiva. Como podiam se comportar feito uns babacas completos depois que eu passara o dia inteiro me virando em quatro para satisfazer todos os seus pedidos, inclusive lhes fornecendo drogas e álcool? Eles podiam achar que estavam se comportando de modo bacana mas na verdade não eram diferentes de outras celebridades mimadas e auto-indulgentes que dificultavam a vida de todo mundo só para provar como eram importantes. Eles não estavam fazendo um favor à *Vanity Fair*. Damien Hirst na realidade pedira para Keith Allen e Alex James serem incluídos na foto. Isso supostamente era porque os dois precisavam da publicidade. Então qual era o problema? Por que estavam tornando meu trabalho tão difícil?

No final, Hirst cedeu e fez um gesto para que eu lhe entregasse um dos formulários. Rabiscou o que achei ser sua assinatura e depois me devolveu o formulário. Agradeci profusamente e então li o que ele escrevera: "Chupe o meu grande pau."

Naquele instante eu o teria esquartejado com satisfação com uma machadinha de açougueiro e atirado os pedaços num barril de formol.

Retrospectivamente, talvez a ambivalência de Damien Hirst em sair na *Vanity Fair* fosse compreensível. Um dos motivos desses ícones da *Swinging London* Número II infernizarem minha vida era por que não queriam dar a impressão de que valorizavam as atenções de uma revista de luxo de Nova York. Cool Britannia era um fenômeno que nascera lá mesmo, e eles não precisavam do reforço de escreverem sobre eles na *Vanity Fair*, muito obrigado. Mesmo assim, eu não consegui deixar de achar o protesto deles excessivo. Havia algo inequivocamente provinciano na coisa. Em grande parte, Nova York tinha substituído Paris na frase de Balzac: se algo não tivesse sido noticiado em Paris, não acontecera de fato.

Isso nos faz voltar ao que se refere a palavra "coisa" na frase "onde a coisa está". O Zeitgeist não é uma entidade reta, tangível, cujos traços possam ser determinados por um simples exame dos fatos. Várias pessoas diferentes — jornalistas, *designers* de moda, analistas financeiros etc. — dão uma contribuição para defini-lo, e posteriormente um conceito emerge. Entre esses que percebem as tendências, os Condé Nojentinhos ocupam uma posição privilegiada; falam com a voz da autoridade. Se a *Vanity Fair* anuncia que Londres está fervendo, então, para todos os efeitos, está. Por outro lado, se o assim chamado renascimento cultural de Londres passa completamente despercebido por alguém de fora da cidade, então a coisa toda é um pouco um não-evento. (Se Keith Richards cai num *pub* e não há nenhum jornalista por ali para testemunhá-lo, aquilo realmente aconteceu?)

Não acho que estou exagerando a importância da mídia de Nova York nessa equação. Mesmo a *Swinging London* Número I, um evento histórico genuíno, só se enraizou na imaginação popular depois que foi documentado numa matéria de capa do *Time* em 1966 cujo título era: "*London: The Swinging City*". Manhattan é a capital do mundo no mesmo sentido em que Roma ocupava esse lugar há 2.000 anos, e quando se trata de decidir quem está *in* e quem está *out*, qual é a Próxima Coisa Importante e o que é "tão dez minutos *atrás*, querridinho", o grupo das revistas luxuosas de Nova York são as sibilas que todos ouvem. Elas podem não iniciar tendências, mas decidem quais vão bombar e quais vão se apagar. No reino global, Nova York é a sede da sociedade de corte internacional. Como John Lennon disse, "Se eu vivesse na época romana, teria morado em Roma. Que outro lugar poderia ser? Hoje, os Estados Unidos são o Império Romano e Nova York é a própria Roma."*

É claro que as pessoas fora de Manhattan ressentem-se bastante com tal estado de coisas, e esses não-nova-iorquinos afirmam freqüentemente não darem porra nenhuma para o que pensa um bando de "nazistas da moda" em Manhattan. Na verdade, todo o fenômeno da *Swinging London* Número II, na medida em que era um evento genuíno, foi desencadeado por uma rebelião exatamente por meio disso, com gente como Damon Albarn, Jarvis Cocker e Alexander McQueen rejeitando deliberadamente as influências americanas e reafirmando sua britanicidade. Através dos anos 1980 e 1990 toda a melhor música popular, sem se falar nos melhores filmes e a melhor TV, vinha dos Estados Unidos e, por volta de 1996, a juventude britânica estava ficando completamente farta desse estado de coisas. Cool Britannia foi um grito de independência, um uivo de protesto contra toda a hegemonia cultural americana. Paradoxalmente, porém, ele não significava nada — realmente não *acontecera* até ser noticiado pela mídia americana.** Isso explica a atitude esquizofrênica de gente como Damien Hirst, Keith Allen e Alex James: eles queriam afirmar sua indiferença às atenções das revistas chiques de Nova York e ao mesmo tempo queriam ser fotografados em suas poses despreocupadas na *Vanity Fair*. Como escolares em rebelião, seu protesto não teria tido importância a não ser que

---

*Isso se ele pudesse escolher o lugar onde morar. Se John Lennon tivesse vivido na época romana, poderia ter sido um escravo das galés. Por que será que quando as pessoas se imaginam em épocas anteriores sempre acham que são membros da classe dominante?
**Além de *Vanity Fair*, artigos sobre a *Swinging London* Número II apareceram na *Newsweek*, *Vogue* e *W*.

fosse registrado pelas autoridades. Infelizmente, fui escalado nesse roteiro como o ineficaz professor substituto.

A experiência de trabalhar no número da Cool Britannia teve suas compensações. A maior delas foi sem dúvida Sophie Dahl, a supermodelo britânica, e isso não é uma referência a seu tamanho. Conheci Sophie através de Isabella Blow, uma excêntrica guru de moda britânica a quem Aimée contratara como "consultora" para o número. Parece que Issie tropeçara perto de Sophie quando procurava um táxi em Chelsea carregada de sacolas de compras. Sophie, que vinha passando, perguntou se ela precisava de ajuda.

— Então vi essa fantástica boneca ampliada, com peitos enormes — lembrou Issie. — Simplesmente não podia acreditar no tamanho do peito dela.

Nem eu. Desde o momento em que pus os olhos nela, apelidei-a de "Sophie Dose Dupla". Com sua voluptuosa figura de garrafa de Coca-Cola, seu cativante sorriso e as longas tranças louras, ela me lembrava uma deusa da tela dos anos 1950, embora eu fosse descobrir rapidamente que Sophie era totalmente despida de falsidade. Ela era direta e simples de um modo que a maioria das moças bonitas de dezenove anos não são. Não tinha aquela crosta que tantas modelos têm, graças a todas as atenções que recebem dos homens lascivos de meia-idade. Era como uma menina perambulando por um bosque cheio de ursos carregando um favo de mel, e parecendo inconsciente de quanto era tentadora. A inocência dela era ainda mais surpreendente devido a seus antecedentes. Sua mãe, Tessa Dahl, uma famosa beleza da sociedade, teve Sophie aos vinte anos e não permitia que a presença de uma criança choramingando afetasse seu estilo. Aos treze anos Sophie já tinha freqüentado dez escolas diferentes, e passado tempo na Índia num Ashram. Mas era tão doce e tão terrena que havia algo nela que causava uma boa influência.

Aimée e eu decidimos incluir Sophie num retrato chamado "Os Hedonistas", apresentando a equipe da *Loaded*, a mais notória revista masculina da Inglaterra e várias It Girls. Essa sessão, que se realizou imediatamente depois de uma apresentação dos "Boulevardianos", mostrou-se uma dor de cabeça quase tão grande graças ao comportamento deliberadamente estúpido de James Brown, o editor de trinta e um anos da *Loaded*. Num determinado ponto, ele e Martin Deeson, um colaborador da *Loaded*, tiveram uma discussão e Brown acabou dando um soco no rosto de Deeson. Notei que Deeson não revidou, apesar de ser quase duas vezes o tamanho de Brown. Talvez houvesse lugares mais humilhantes para trabalhar do que a *Vanity Fair*, afinal de contas. Pelo menos Graydon nunca tentou me *bater*.

O fotógrafo na sessão era David LaChapelle e ela ocorreu num estúdio em Harlesdon onde LaChapelle construíra um elaborado cenário baseado na lanchonete de *A laranja mecânica*. Num certo ponto, um de seus assistentes veio até mim e disse que James Brown estava fazendo um "pedido incomum."

— O quê? — perguntei.

— É melhor perguntar a ele.

Ele queria um pouco de cocaína. Felizmente, eu tinha alguma que sobrara da sessão de Damien Hirst, portanto propus lhe dar um pouco no banheiro.

— Não seja bobo — disse ele com seu forte sotaque do Yorkshire. — Estica ela aqui mesmo.

Estávamos no meio do *set*, acompanhados por três membros da equipe da *Loaded*, quatro It Girls e um pequeno exército de técnicos. De lado, observando esse diálogo com uma impaciência crescente, estava o próprio LaChapelle, conhecido freqüentador de programa de abstinência. A idéia de cheirar coca na frente dessa gente toda era LOUCURA.

— Não vou fazer isso aqui — disse eu. — Se quiser, venha até o banheiro.

— Não vou a lugar algum — disse ele, cruzando os braços.

Num certo sentido isso era uma ameaça ridícula, uma vez que eu não queria que ele fosse a lugar algum. Queria que ficasse ali mesmo. Mas algo me disse que James — "dois punhos" — Brown quase certamente começaria a se comportar mal, a não ser que eu cedesse. O fato de ele estar agindo como uma *prima-donna* era um pouco chocante. Damien Hirst comportando-se como um astro do rock era uma coisa — ele era o mais famoso jovem artista do país — mas James Brown?!? Ele era apenas um editor de revista. A impressão é que todo mundo associado com a Cool Britannia estava numa *ego trip* enorme. Poderia isso ser um efeito colateral de toda a cocaína que estavam usando?

Ah, fodam-se, pensei, e estiquei duas fileiras.

As respirações se suspenderam audivelmente em torno de nós: íamos mesmo cafungar ali na frente de todos? Eu sabia que era algo irresponsável, mas estávamos no final de um longo dia e eu não tinha estômago para outro confronto. Brown passou-me uma nota de 5 libras e juntos nos curvamos para inalar a droga.

Flash!

O que fora aquilo? Levantei a cabeça a tempo de ver um sorridente David LaChapelle emergir de trás de sua câmera. Foda, tirara um retrato. Minha nossa! Que ilustração perfeita para a *Swinging London* Número II! Tive uma terrível premonição de abrir uma coletânea fotográfica de LaChapelle dali a dez anos e ver uma foto chamada "Os Cocainômanos". A legenda diria: "Toby Young, um editor-colaborador da *Vanity Fair*, oferece uma carreira de cocaína ao editor da *Loaded*, James Brown, durante uma sessão de fotos para o número Cool Britannia, da *Vanity Fair*. Essa foto apareceu numa exposição em Nova York em janeiro de 1997. Toby Young foi despedido logo depois disso. James Brown é agora o editor da *Vanity Fair*."

22

Um derrame de coca

EU TINHA CONSEGUIDO EVITAR o pó em Nova York, mas não precisei de muito tempo para cair de novo nos maus hábitos em Londres. Não é de espantar que a Britannia tivesse ficado Cool de repente: o país inteiro estava engolfado numa névoa de pó branco.* Havia até um novo nome londrino para descrever a droga. "Gianluca", uma referência (apenas no nome) a Gianluca Vialli jogador de futebol do Chelsea. Nos *pubs* e bares da cidade, levava-se mais tempo para entrar nos banheiros do que para conseguir um drinque. A velha Rua Compton no Soho era mais agitada às 6:00 da manhã de sábado do que a Madison Avenue durante a hora do *rush*. A "tremenda quantidade de energia" que Ian Schrager detectara na capital parecia ser induzida quimicamente. Londres não apenas balançava como também batia continuamente o pé e trincava os dentes.

O ponto alto de minha experiência Cool Britannia ocorreu nas primeiras horas da manhã do Dia de Natal, num clube ilegal que ficava aberto a noite inteira no Soho, conhecido como The Pink Panther. Durante o dia era uma pizzaria italiana chamada Café Bar Sicília, mas depois da meia-noite tornava-se The Pink Panther — ou, como era conhecido por meus amigos na cidade, "a Administradora de Bens CBS".

---

*Isso não é um exagero tão grande quanto parece. Em maio de 2001, *The Face* publicou uma pesquisa sobre 1.000 jovens adultos mostrando que quase 50% dos jovens entre 16-25 anos na Inglaterra haviam experimentado cocaína. No sudeste, a cifra chegava a 86%.

Era dirigido por uma lendária figura do submundo chamado Jan, outrora conhecido como o "Rei da noite do Soho" e que visitava seu império num Rolls Royce Silver Shadow. Contudo, nos anos recentes, ele passara por momentos difíceis e The Pink Panther era a última jóia que sobrara de sua coroa. Mas que jóia! Tinha um antro de *crack* no subsolo, um bar aberto a noite inteira no térreo e um antro de jogo no andar de cima. Era um ponto de parada para o vício. Meu ponto favorito por anos antes de me mudar para Nova York, lá estava eu de novo, de volta à minha velha mesa.

Por volta das três da manhã, uma moça sentou-se à minha frente e se apresentou como Lena. Era o tipo de moça com quem você sonha em tropeçar depois de uma intensa sessão noturna de bebedeira: extremamente bonita, cerca de dezenove anos e, melhor do que tudo, muito, muito solitária. Fora despachada para Londres pelos pais sérvios alguns meses antes, e morava numa hospedaria onde Judas perdeu as botas. Tinha um emprego num bar do Soho e viera até o clube no final de seu turno. Perguntei o que pretendia fazer no Dia de Natal e ela disse que ia passá-lo na hospedaria, prostrada ante uma televisão preto-e-branco com outros abandonados. Disse a ela que de modo nenhum podia fazer isso: por que então não vinha para a minha casa? Eu não podia levá-la para almoçar com minha família, mas ela podia ficar no meu simpático e quente apartamento, assistindo a minha grande televisão *em cores*. Ela titubeou, evidentemente um pouco preocupada em ir para casa com um completo estranho, mas eu lhe disse que nem todos os ingleses que ela encontrava eram patifes. Alguns eram cavalheiros.

Ela acabou indo para casa comigo onde, desnecessário dizer, consegui pôr em prática minhas intenções malévolas. Contudo, no dia seguinte cumpri minha promessa: preparei seu café da manhã e instalei-a em frente à TV com o controle remoto numa das mãos e uma caixa de chocolates na outra. Ela ainda estava lá quando cheguei em casa às dez da noite. Senti-me tremendamente culpado por ela ter passado o Dia de Natal sozinha — que diabo, deveria tê-la levado para almoçar com minha família — mas ela não dava a impressão de ter se importado. Pelo contrário, parecia tocada por eu tê-la deixado ficar no apartamento.

Voltou para casa no dia seguinte e eu não tornei a falar com ela até o dia do Ano Novo. Mais uma vez, era por volta das 3:00 da manhã e eu chegara em casa de mãos vazias depois de uma noite de bastante bebida. Subitamente me ocorreu chamar Lena. Ela estava — inacreditavelmente — mas disse que não podia vir de jeito nenhum porque (a) estava deitada e de pijama, (b) fazia um frio abaixo de zero lá fora e (c) não tinha dinheiro nenhum. Eu lhe disse para deixar de ser boba. Se ela me desse o endereço, eu mandaria um minitáxi pegá-la e o pagaria quando ele a deixasse na minha casa. Ela não precisava nem se vestir. Afinal de contas, quando ela chegasse iríamos direto para a cama.

Ela finalmente concordou e, depois que consegui arranjar o táxi para pegá-la, sentei no sofá para esperar que a campainha da porta tocasse. Servi-me de outra dose de Scotch e olhei o relógio do vídeo. Eram 3:23 da manhã.

Depois do que me pareceram alguns segundos, acordei com um sobressalto e olhei o relógio: 11:28 da manhã. Ah, não! Então percebi a luz das mensagens na secretária-eletrônica piscando. Trepidando, apertei o "Play".

— Toby, é Lena. Onde é que você está? Estou na cabine telefônica na esquina da sua rua. Acabo de tocar sua campainha mas ninguém responde.

Bip.

— Toby, o que aconteceu? O motorista do táxi disse que eu lhe devo trinta libras e não vai embora até que eu o pague. Por favor, você tem que vir me ajudar.

Bip.

— O motorista do táxi foi embora. Pedi a ele para me levar para casa mas ele se recusou. Implorei a ele mas ele disse que só me levaria se eu fizesse sexo com ele. Agora estou na cabine telefônica, de pijama e está muito frio. Estou assustada, Toby. O que é que vou fazer?

Bip.

— Toby...sniff... eu te odeio...sniff...odeio todos os ingleses...sniff... vocês são uns canalhas...sniff...nunca mais me ligue de novo.

Clique. Linha desocupada.

Ah. Meu. Deus.

Liguei imediatamente para Lena mas uma amiga dela atendeu e disse que ela estava doente demais para vir ao telefone. Ao fundo ouvi alguém tossindo. Como é que ela tinha ido para casa? Andando? Tanto quanto eu sabia, ela não estava nem de sapatos. Fiquei mortificado. Como eu podia ter feito uma coisa tão horrível? Eu convencera a moça a confiar em mim e, em consequência disso, ela ficara abandonada na Shepherd's Bush de pijama, às 4 da manhã, sem dinheiro nenhum e sem meios de chegar em casa. Eu era um cavalheiro inglês e tanto. Era o demônio, isso sim!

A retribuição divina, contudo, estava a caminho e chegaria em poucos momentos. Depois que retirei a cabeça das mãos, peguei uma Coca-Cola Diet da geladeira e dei um gole direto da lata. Estranhamente, só podia sentir o gosto com o lado direito da língua, como se o esquerdo tivesse perdido toda a sensação. Teria eu queimado a língua na noite anterior? Não me lembrava disso, o que não garantia não ter ocorrido.

Resolvi examinar a língua no espelho do banheiro. Assim que vi minha imagem, percebi que havia algo ligeiramente errado com todo o meu rosto. Eu parecia... não era possível... era possível sim! Eu parecia Sylvester Stallone! O lado esquerdo do rosto estava completamente imóvel. Tentei sorrir mas apenas o lado direito de meu rosto subiu; tentei piscar e sem dúvida nenhuma apenas o olho direito se moveu. O que é que estava acontecendo, porra? Não era nenhum caso comum de "resfriado de teatro". Metade da porra do rosto estava paralisado!

Meu primeiro pensamento foi que eu tinha tido um "derrame de coca". Entre os usuários regulares de cocaína, esse era o medo principal, juntamente com o medo de destruir a parede entre as passagens nasais. Segundo minha compreensão muito vaga dessas questões, um derrame de coca é um miniderrame induzido por excessivo uso do pó. Tentei levantar os braços e, embora não pudesse ter certeza, meu braço esquerdo estava ligeiramente frouxo. A perna esquerda também parecia estranha. *Ah, merda!* Não havia dúvida: eu tivera um derrame de coca.

A primeira pessoa para quem liguei foi minha irmã Sophie, que é enfermeira. Ela me disse que achava pouco provável que eu tivesse tido um miniderrame — havia outras explicações mais prováveis para os meus sintomas —, mas se eu estivesse realmente preocupado, devia ir ao pronto-socorro mais próximo para ser examinado por um médico.

Voei para o carro e fui até o hospital local onde passei uma das mais infelizes tardes de minha vida. Enquanto esperava atendimento médico, estava convencido de que me causara um dano irreparável, conseqüência direta de todo o álcool e cocaína que consumira durante as oito semanas lidando com a *Swinging London* Número II. Nos últimos dez anos, eu acordava a cada segunda-feira de manhã e olhava fixamente meu rosto no espelho, surpreso de ver que os excessos do fim de semana anterior não causassem estragos maiores. Freqüentemente dizia a mim mesmo, meio brincando, que devia haver um retrato meu num sótão qualquer, mostrando os devastadores efeitos de meu abuso de droga e álcool. Bem, meu estilo de vida dissoluto tinha finalmente aparecido: eu virara o tal retrato. Estava condenado a passar o resto de minha vida parecendo Sylvester Stallone.

Aaaaaaaaaaargh!

— É paralisia de Bell — anunciou o médico quando finalmente consegui que me examinasse. — Uma inflamação do sétimo nervo craniano. Normalmente desaparece dentro de quinze dias e nunca volta. Eu não daria importância a isso, se fosse você. Em 95% dos casos não é mais sério do que um resfriado nasal.

Essa notícia deveria ter me deixado feliz, mas depois de chafurdar na autopiedade nas quatro horas anteriores, senti-me levemente desapontado. *Não é mais sério do que um resfriado?!?* Metade do meu rosto estava paralisado, porra. Ele só me examinara por um grandioso minuto. Será que tinha certeza? E o meu braço frouxo? Seria aquilo devido à paralisia de Bell também?

— Na sua imaginação — disse ele de um modo banal.

E a cocaína? Minha doença estava relacionada ao uso excessivo do pó?

— Por quê? — replicou ele. — Você tem um pouco?

Típico, pensei. Na Cool Britannia, até os médicos estão enfiados até o nariz no pó branco.

Naturalmente, esse diagnóstico não me satisfez; liguei para minha irmã para saber onde poderia conseguir uma segunda opinião. Ela conhecia um bom neurologista? Poderia arranjar um exame de ressonância magnética nas próximas vinte e quatro horas? E se eu tivesse tido um derrame de coca e aquele médico não tivesse percebido?

— Você não precisa de uma segunda opinião — riu ela. — Obviamente é a paralisia de Bell.

Apesar disso, prometeu me visitar naquela noite. Quando cheguei em casa, liguei novamente para Lena e consegui convencê-la a aparecer para que minha irmã desse uma olhada nela também. Quando minha irmã chegou, por volta de nove da noite, Lena estava aninhada na minha cama com um termômetro na boca, um estado de coisas que minou ligeiramente minha credibilidade como paciente. Na realidade, o pouco de solidariedade que minha irmã tinha por mim evaporou-se completamente quando Lena lhe contou o que acontecera na noite anterior.

— Francamente, você merecia ter tido um derrame de coca — disse ela, depois de tirar a temperatura de Lena.

Uma das poucas inconveniências na paralisia de Bell é ser mais sensato não andar de avião até que ela tenha desaparecido completamente; assim, tinha que adiar minha volta a Nova York. Isso por sua vez levou a um dramático telefonema para Aimée Bell, no qual expliquei que estaria fora do escritório em futuro previsível porque metade do meu rosto estava paralisado.

— Está brincando? — disse ela. — Isso é um efeito colateral da cocaína?

Ah, meu Deus, pensei. Ela obviamente soube do incidente com James Brown.

Mais tarde naquele dia, Graydon ligou para saber como eu estava.

— Tem certeza de que não é nada sério? — perguntou. — Não quero fazer pouco de seus médicos aí, mas o serviço de saúde de vocês não é exatamente o melhor do mundo. Por que não volta para cá e faz um exame completo num hospital adequado?

— Não tenho seguro de saúde — disse eu.

— Não se preocupe. Eu cuido disso.

De repente, me vi cheio de remorso. O que fizera eu para merecer tanta gentileza de Graydon? Claro, eu não poderia fazê-lo confirmar esse oferecimento, não quando isso tinha apenas o objetivo de me dar paz de espírito. Aceitá-lo seria contrair uma dívida grande demais para com ele. Mas era muito tranqüilizador saber que, no caso de sofrer uma doença mais séria, ele estaria ali para me ajudar. Não tinha dúvida de que Graydon, um homem de seus quarenta e tantos anos que ainda fumava vinte cigarros por dia, tinha uma rede de contatos médicos prestes a lidar com qualquer emergência. Quantos outros patrões colocariam tal rede à disposição dos empregados, especialmente um tão inútil como eu? Senti-me arrasado por ter feito tão pouco — nada, na verdade — para justificar sua fé em mim.

23

O que não ensinam na Escola de Jornalismo Elephant & Castle

*Q*UANDO VOLTEI À *Vanity Fair* de Nova York, fui imediatamente convocado à sala do diretor. Eu sabia: ele *fora* informado do incidente James Brown. Reuni as forças para ser varrido para fora. Mas o que poderia dizer em minha defesa? Que eu só fingira cheirar cocaína de brincadeira? Ele nunca acreditaria. Tudo bem. Pelo menos eu teria uma desculpa para perguntar se poderia ser reembolsado daquela despesa. No total, eu gastara 240 libras no negócio!

Contudo, assim que vi seu rosto percebi que não era absolutamente por isso que ele me chamara. Estava rindo consigo mesmo e me olhando fixo como se eu fosse uma criatura de aparência engraçada num zoológico — um ornitorrinco *platypus*, talvez.

— Toby — disse ele —, você tem o dedo marrom.

— O que é isso? — perguntei.

Risadinha, risadinha.

— É o oposto do dedo verde — explicou ele. — Tudo que você toca vira merda.

Parece que ele tivera uma longa conversa com Aimée Bell e ela lhe contara que cada sessão de fotos em que eu me envolvera falhara no último momento. Pensei nisso por um segundo e percebi que era verdade. Por um motivo ou outro, todas as nove sessões tinham desmoronado, e só a oportuna intervenção de Aimée salvara o dia. O número Cool

Britannia fora minha última chance na revista e eu o estragara completamente.

— Acho que na verdade não está funcionando — disse Graydon.

Oh, lá, lá, pensei eu. Aqui vamos nós. Eu sabia por experiência própria que aquele era o código para "você é um completo desperdício de espaço". Em público, quando se pergunta aos Condé Nojentinho o que aconteceu a algum antigo empregado, eles sempre dizem "a coisa não funcionou". Em particular, são um pouco mais ásperos. Por exemplo, certa vez perguntei a Aimée o que acontecera a Ann Harrington, a antecessora de Elizabeth Saltzman. "Aquela?," disse ela "Nós a jogamos pela janela".

— Não se preocupe — continuou Graydon. — Não vou despedi-lo. Vou renovar o seu contrato e manter você no Expediente, mas talvez você deva pensar em fazer alguma outra coisa.

Concordei tristemente. Não podia censurar o modo como me tratava. Considerando-se tudo, ele fora notavelmente paciente comigo, e agora que finalmente chegara ao final de seu limite, estava me dando o que parecia um período de aviso prévio indefinido. Tive a sensação de que, apesar de eu ter falhado com ele de todos os modos possíveis, ele ainda gostava de mim. Eu certamente ainda gostava dele.

Não fiquei surpreso de Graydon ter me acenado com a demissão. No ano e meio que eu passara na *Vanity Fair*, cada vez ficava mais claro minha total inadequação para trabalhar numa revista chique de Nova York. Navegar nas águas infestadas de tubarões da Condé Nast exigia equipamento de sonar que eu simplesmente não tinha. Como editor-colaborador, eu esperara superar essa desvantagem colaborando mais que editando, mas meus esforços em convencer Graydon a me utilizar como escritor não haviam tido êxito. Na verdade, por volta de janeiro de 1997, tinham-me pagado 85 mil dólares e eu contribuíra com apenas 3 mil palavras, tornando-me o escritor mais bem pago na história da revista. Na base de um dólar por palavra, eu recebera mais do que Dominick Dunne, cujo contrato dizia-se ser de meio milhão de dólares por ano. No que dizia respeito a "deixá-lo ir", não era uma questão de se, mas de quando.

Então por que não tinha funcionado? Bem, primeiro que tudo, havia meu comportamento excitado. Ser mulherengo, mesmo que isso fosse irônico, não era um comportamento muito adequado numa revista onde os homens heterossexuais eram uma espécie em extinção. Atitudes que eu considerava tremendamente engraçadas eram vistas como grosseiras e *gauches* por meus colegas. Lembro de uma vez em que aborreci um membro asiático-americano da equipe ao ligar para The Shanghai Tang, a loja de roupas de *designer* ultrachique de David Tang, na Madison Avenue, para pedir comida chinesa: "É The Shanghai Tang? Queria pedir pato de Pequim bem tostado, arroz com..." Se a *Vanity Fair* fosse uma companhia de ópera, eu seria o sujeito perambulando pela coxia perguntando aos homens por que estavam usando calças justas e tentando espiar debaixo da saia das moças. Para mim, o mundo da moda era principalmente uma desculpa para inventar piadas pueris: "Você soube daquela de O Segredo da Vitória (Victoria's Secret)? Eu podia contar mas teria que matar você."

Sentia-me com freqüência como um personagem numa comédia de costumes, só que não havia nehuma platéia nem uma trilha sonora de risos. Muitas vezes eu fazia uma piada que caía completamente no vazio. Por exemplo, como no caso do diálogo que ocorreu no departamento de moda depois que Pippi acabara de receber um telefonema:

Pippi (para Elizabeth): É o pessoal do Alec Baldwin. Eles querem saber se você pode ir com ele ao Costume Institute Ball na semana que vem.

Eu: O *pessoal* do Alec Baldwin? O que é isso, uma entrevista coletiva?
Pippi: Como?

Por algum motivo, eu imaginava que a *Vanity Fair* seria povoada pelos equivalentes modernos de Dorothy Parker, Robert Benchley e Edmund Wilson, os quais tinham trabalhado para a revista no passado. Pensei ingenuamente que minha atitude irreverente encantaria meus colegas e que, depois do trabalho, eles me convidariam para ir a seus botequins preferidos onde trocaríamos frases lapidares entre goles de martínis. Na realidade, eles me achavam um desajustado, alguém que não se inseria num ambiente profissional.

Não que a equipe da revista fosse burra. Pelo contrário, eles eram todos bastante inteligentes. O problema é que eram deprimentemente ajustados. Os escritores que preenchem as páginas da revista não são romancistas e dramaturgos frustrados que executam um trabalho desconfortável enquanto estão *en route* de coisas maiores; eles se consideram jornalistas extremamente bem-sucedidos no auge de sua profissão. Mesmo os pesquisadores, geralmente mais inteligentes e instruídos do que seus superiores, estão surpreendentemente satisfeitos. Quando eu observava os funcionários da revista no dia-a-dia, sorrindo benevolamente enquanto faziam suas coisas, freqüentemente cogitava como era possível que um grupo de pessoas aparentemente tão sofisticadas pudessem dedicar tanta energia para produzir um tablóide de supermercado de alta qualidade. Como preservavam a sanidade enquanto bolavam títulos da capa como "Jemima e Imran: O Muito Arriscado Casamento do Casal Camelot do Paquistão"? Estavam todos tomando Prozac?*

Há exceções a essa regra, claro. Os editores-colaboradores da *Vanity Fair* incluem muitos bons escritores que não consideram indicar alguém para o "Hall da Fama" da revista — o tributo mensal a algum benemérito — como o pináculo de suas carreiras. Por exemplo, os dois resenhistas literários: James Wolcott e Christopher Hitchens. Eles são como os dois garotos mais espertos da escola, com Jim emitindo frases espirituosas na carteira de trás e Hitch liderando uma campanha para que o fumo fosse permitido na sala de lazer da sexta série. Lembro de tropeçar em Hitch certa vez no corredor em frente à minha sala. Parecia ligeiramente desgastado, como se tivesse acabado de sair da cama, portanto lhe perguntei se ia bem. "É muito cedo para saber", respondeu. Não preciso dizer que estávamos no meio da tarde.

Hitch foi o único escritor da *Vanity Fair* com quem acabei me embebedando no bar do Elaine's — e é importante ter em mente que ele é britânico. O jornalista à moda antiga de Nova York, um áspero estivador

---

*A resposta provavelmente é sim.

cujo *status* situa-se "em algum ponto entre a puta e o barman",* foi substituído por um sóbrio carreirista de cuca limpa com uma casa de verão nos Hamptons. Se tem algum desconforto em aceitar seu lugar na cadeia alimentar de Manhattan não é porque questione sua legitimidade e sim porque tem "um problema com a autoridade", nada que uma rápida viagem ao terapeuta não possa consertar. Todas as qualidades que eu associara aos jornalistas de "Noo Yawk" — rebeldia, mente independente, solidariedade com os destituídos — tinham sido substituídas por seus opostos. Fosse qual fosse o aspecto romântico vinculado outrora à profissão há muito desaparecera. Em Nova York, as pessoas que no passado consideravam-se "nós" passaram a ser "eles".

O resultado foi que eu me sentia cada vez mais alienado. Às vezes, parecia que Chris Lawrence e eu éramos as únicas pessoas na *Vanity Fair* que se sentiam remotamente superiores à verborragia sem sentido que produzíamos a cada dia. Era realmente por isso que havíamos aberto nosso caminho através dos Grandes Livros na universidade? Para que dedicássemos nossas vidas fazendo as celebridades aparecerem sob sua melhor luz? Uma de nossas brincadeiras correntes era imaginar como seria uma revista chique que genuinamente relatasse os estilos de vida dos ricos e famosos. Entre artigos sobre "olhos feitos" e "cirurgia plástica nos testículos" haveria fotos de artistas de cinema tropeçando em frascos vazios de Zoloft enquanto perseguiam os filhos dos amigos à volta das piscinas. Chamávamos essa revista imaginária de *Vanishing Hair* [Cabelo Rareando].

É claro que trabalhar para a Condé Nast tinha suas compensações. Quanto mais eu permanecia na *Vanity Fair*, mais a analogia da primeira sala de Graydon fazia sentido. Às vezes realmente parecia que estávamos num setor VIP. Lembro da alegria que Chris Lawrence e eu sentimos ao descobrir que um dos editores-colaboradores que víamos ocasionalmente

---

*Isso é parte de uma citação atribuída a Sherman Reilly Duffy por Ben Hecht. A citação completa é: "Socialmente, um jornalista situa-se entre uma puta e um *barman* mas espiritualmente ele fica ao lado de Galileu. Ele sabe que o mundo é redondo." *A child of the century* (Nova York, Simon & Shcuster, 1954), p.191.

por ali tinha escrito o roteiro de *007 contra GoldenEye*.* Era Bruce Feirstein, e simplesmente a pessoa mais improvável de se envolver com um filme de James Bond em que eu já pusera os olhos. Falando de modo geral, os judeus na Condé Nast podiam ser divididos em duas categorias: os que pareciam qualquer outro membro do Establishment WASP da Costa Leste, e os que permaneciam teimosamente não assimilados. Bruce Feirstein estava firmemente incluído no último campo. Ele parecia Woody Allen. Dava a impressão de que sua mãe escrevera bilhetes para que ele ficasse de fora das brincadeiras, quando na escola.

Contudo, de todas as pessoas *importantes* de Hollywood que vinham à revista, Bruce foi o único que fez com que Chris e eu ganhássemos o dia. No momento em que conseguimos juntar coragem para nos apresentarmos, ele escrevia *O amanhã nunca morre*, e nos contou uma história fantástica sobre uma das *Bond girls* naquele filme. Uma das produtoras, Barbara Broccoli, pedira a ele que levasse a atriz para jantar em Los Angeles. Ela estava sozinha, não conhecia ninguém e Broccoli achou que Bruce poderia gostar dela — que afinal de contas era uma modelo de vinte e um anos. Bruce disse que no início achou muito chato fazer aquilo, mas no final da tarde a fresca inocência da atriz o conquistara completamente. Enquanto a levava de volta ao hotel, subitamente foi dominado por uma noção de proteção em relação a ela e resolveu adverti-la contra os predadores sexuais no circuito das celebridades.

— Podem parecer doces e charmosos — disse Bruce —, mas para eles você é apenas carne fresca. Vão comê-la viva.

— Isso é tão engraçado — exclamou ela agudamente. — É exatamente o que Dennis Rodman disse!

O jogador do Chicago Bulls e autor de *Bad as I Wanna Be* já a almoçara.

Ocasionalmente, a *Vanity Fair* preenchia minhas expectativas. Em certos dias, trabalhar lá era como viver numa produção de *The Women*, a brilhante sátira da sociedade de Nova York escrita por Clare Boothe Luce, uma ex-gerente editorial da revista. Por exemplo, em certa ocasião

---

*Naquele momento ainda não tínhamos visto *007 contra GoldenEye*.

escutei por acaso o seguinte diálogo entre duas mulheres esquadrinhando os jornais da manhã no departamento de publicidade da *Vanity Fair*:

Primeira mulher: Um avião caiu no Atlântico. Duzentas e cinqüenta e seis pessoas morreram.

Segunda mulher: Tinha alguém nele?

Primeira mulher: Não.

Outra cena memorável desenrolou-se quando Darryl Brantley, o assistente no grupo do departamento de promoção de festas, incluiu equivocadamente um tópico nada lisonjeiro sobre Graydon no "pacote de fofocas", uma súmula das fofocas do dia que era a primeira coisa a ser distribuída aos membros da equipe pela manhã. Quando Graydon descobriu a coisa, ordenou a Darryl que recolhesse cada pacote de fofocas, apagasse o tópico ofensivo e o redistribuísse. Em conseqüência disso, todos imediatamente desceram ao saguão para comprar o pasquim que tinha publicado a história.

No fundo, as coisas não funcionaram comigo na *Vanity Fair* porque jamais encarei muito seriamente a revista ou o mundo em que ela operava. Não podia deixar de considerar a Condé Nast uma instituição fundamentalmente cômica e não tinha como esconder isso de meus colegas. Não eram apenas as matérias da revista que me pareciam absurdas — as meias *argyle* seriam o Próximo Item da moda? —, mas a absoluta certeza com que tais previsões eram feitas. Era como se o grupo das revistas de luxo fosse uma espécie de sacerdócio, consultando o Oráculo de Delfos e anunciando suas descobertas para o mundo. O que as capacitava a fazer tais pronunciamentos? Como *sabiam* o que seria *in* e *out* na estação seguinte? A seus olhos, era sua sensibilidade às mudanças da moda, seu radar de Zeitgeist, que os qualificava a trabalhar para a Condé Nast e eu simplesmente não tinha esse sexto sentido. Realmente, não apenas não tinha como não conseguia acreditar que alguém de fato o tivesse. A idéia de que as mudanças na moda fossem ditadas por alguma mão invisível me parecia uma feitiçaria maluca e incompreensível, parecida com a crença nas sociedades primitivas de que toda a mudança tem uma origem divina. No templo do *Zeitgeist*, eu era um herético.

Antes de começar a trabalhar na *Vanity Fair*, minha visão do grupo das revistas de luxo era que, longe de rastrear o Zeitgeist e honestamente relatar suas conclusões, elas faziam apenas as apostas dos diversos interesses comerciais. Por exemplo, eu achava que quando Anna Wintour afirmava que as peles estavam novamente na moda, ela não anunciava suas conclusões depois de uma longa sessão com sua bola de cristal: estava simplesmente dizendo o que os peleteiros queriam ouvir — assim, principalmente, eles publicariam anúncios na *Vogue*. Se pessoas como Wintour ocasionalmente previam uma tendência corretamente era apenas porque suas previsões tinham tanto peso que acabavam se tornando profecias auto-realizáveis. Eu reconhecia, é claro, que os Condé Nojentinhos tinham que *fingir* que havia mais do que isso. Se os leitores da *Vogue* não acreditassem que Wintour estava sintonizada com o Zeitgeist, se achavam que estava apenas mancomunada com a indústria da moda para induzir os leitores a comprar determinadas coisas, suas palavras não teriam qualquer autoridade. Somente pela crença de que os rastreadores das tendências da Condé Nast têm os dedos no pulso das tendências é que as revistas da Condé Nast são lidas por mais de 75 milhões de americanos a cada mês. Mas imagino que, por trás das portas fechadas, na privacidade de suas salas, o grupo de poder das revistas chiques reconhece que tudo aquilo é um imenso truque. Eu achava que o jogo na Madison Avenue era uma variante do jogado mais ao sul em Manhattan, o conhecido como "Wall Street engana a Main Street".

Entretanto, após alguns meses no 350, tornou-se claro que eu me equivocara com aquilo. Eu creditara aos Condé Nojentinhos autoconsciência em excesso — eles não chegam nem perto de serem tão cínicos assim. Confessadamente, dizem de vez em quando o que os anunciantes querem ouvir, chegam até a aceitar subornos na forma de mercadorias de luxo, mas ainda pensam em si mesmos como farejadores de tendências e não como criadores delas. São um pouco como um sacerdote corrupto: o fato de abusarem de sua autoridade não significa que perderam a fé. Pelo contrário, acreditam no lixo que estão espalhando. No que diz respeito a eles, trabalham no centro meteorológico nacional da previsão de tendências, e seu trabalho é prever o que está no horizonte. Desnecessário dizer que esse processo não é nem um pouco tão direto e objetivo quanto imaginam. Falando objetivamente, tendências são criadas por pessoas que se comportam de um modo especial; mas para isso acontecer elas precisam acreditar em si mesmas como seguindo ou antecipando tendências que já existem. A verdadeira habilidade dos Condé Nojentinhos é sua capacidade de convencer as pessoas por inúmeros meios engenhosos que seu ponto de vista do que está *in* ou *out* é baseado em algo real; em certo sentido, isso é verdadeiro. Finalmente, o motivo deles conseguirem implementar tal coisa é estarem eles próprios convencidos da coisa. São verdadeiros crentes. Segundo Tina Brown, "O umbigo de Si está plugado no Zeitgeist." Eles acreditam que as mudanças da moda têm uma fonte misteriosa, quase sobrenatural. Honestamente imaginam que mudanças no gosto popular ocorrem em reação à melodia tocada por algum flautista invisível.

A crença nessa mão invisível — seja chamada "o Zeitgeist", "o inconsciente coletivo" ou "a vontade popular" — constitui a religião do grupo de poder das revistas chiques. Isso explica por que sejam tão mesmerizados por qualquer coisa que esteja na moda. Não digo "moda" no sentido estrito, embora Deus saiba que eles não seriam vistos nem mortos nos trajes da estação passada; refiro-me a qualquer coisa que seja "de agora" em tudo e todos os lugares, dos últimos dispositivos aos mais novos clubes. Usando os estilos de ultimíssima palavra, cantarolando as melodias mais atuais e comendo nos restaurantes mais "quentes" do momento, eles acreditam que estão em contato com algo significativo e profundo. A seus olhos a "coisa", na expressão "onde a coisa está", se refere a uma entidade misteriosa e intangível que tem tantas propriedades quanto um ser divino. É invisível e ainda assim se encontra em toda parte; está no mundo e ainda assim não pertence muito a ele. Acima de tudo, parece ordenar que eles se comportem de um modo e não de outro. Em suma, é um eco distante da vontade de Deus. Apostar no Zeitgeist confere *status* a eles do mesmo modo que ser um membro dos Eleitos confere *status* em certas seitas cristãs; estar na moda é estar num estado de graça. Por mais estranho que pareça, espreitar de modo invisível a fábrica de euforia da Condé Nast é algo que se assemelha estreitamente ao Deus da teologia judaico-cristã.

Acima de tudo, era essa religião que eu não podia encarar seriamente. Em maior ou menor grau, é uma fé partilhada por todos os nova-iorquinos. Como V. S. Pritchett escreveu, "Não há lugar onde o novo é tão continuamente procurado." É uma forma extrema do materialismo contra o qual Tocqueville advertiu em *Democracia na América*, uma obsessão com os prazeres físicos à custa da alma imortal, só que em vez de ser o oposto do Cristianismo, contém traços do sistema de crenças que substituiu. Os homens e mulheres que trabalham na Condé Nast são os Altos Sacerdotes desse culto, e era óbvio para eles que eu não era um crente. Uma coisa é desprezar os absurdos cotidianos da vida no 350 — o que já é suficientemente ruim —, mas desdenhar abertamente das crenças sobre as quais todo o edifício estava construído... era demais! Eles podem não ter conseguido me queimar numa fogueira, mas não perderam tempo em me jogar pela janela.

24

O diário de Midget Jones*

MINHAS PERSPECTIVAS NA ARENA DOS ENCONTROS AMOROSOS seguiram uma trajetória semelhante à da minha carreira. Logo que cheguei a Nova York, achei que o mundo era a minha ostra — pelo menos seria, depois que eu comesse uma ou duas dúzias delas. Sob todos os pontos de vista, eu entrara num paraíso do homem solteiro. Ouvira dizer que uma mulher solteira na casa dos trinta anos em Manhattan tinha mais chance de ser atingida por um raio do que de encontrar um marido. Com todas aquelas solteiras tristes por ali, seria difícil para mim arranjar parceiras de cama?

Descobri a resposta: seria muito difícil, sim.

Quando as mulheres de Nova York se queixam que há escassez de homens na cidade, querem dizer é que há escassez de homens altos, ricos e disponíveis que ainda tenham seus próprios cabelos. Um cara baixo, a caminho da calvície e sem qualquer meio de sustento como eu não era considerado exatamente um partidão. Meus esforços para seduzir as princesas da Park Avenue moldando para mim o estilo do "Honorável Toby Young" haviam dado em nada, e mesmo mulheres normais — "civis", no jargão da Condé Nast — não pareciam impressionadas com as minhas credenciais da *Vanity Fair*. Contrário à minha impressão de antes de partir para a terra da oportunidade, as mulheres de Nova York não

---

*Jogo de palavras com o livro *O diário de Bridget Jones* e a palavra *midget*, anão. (N. da T.)

vão para casa com homens que encontram em bares; pelo menos não com aqueles que tenham a minha aparência.

Parte do problema era que, para as desgastadas orelhas da população feminina cansada de guerra de Manhattan, as frases com humor ditas sem seriedade que eu aperfeiçoara nos clubes e *pubs* de Londres soava como lixo sexista. (Eu: "Meus olhos se desviaram para essa direção, então pensei em vir até aqui buscá-los!" Ela: " Vai se foder.") Eu me sentia como Austin Powers, o agente secreto dentuço congelado nos agitados anos 60 e reanimado numa era mais abstêmia. Rapidamente tornou-se patente que o único modo de eu ter alguma chance com mulheres americanas seria convidá-las para sair numa série de encontros.

Nesse ponto eu já passara um ano e meio em Manhattan e ainda não dominava os intrincados rituais americanos do cortejo. Para dizer a verdade, eu não estava totalmente certo do que era um encontro romântico. Se dois homens e duas mulheres saíam para jantar, era apenas um grupo de amigos se reunindo ou um "encontro duplo"? Se você convidasse uma mulher para sair e tomar um drinque, isso contava como um encontro ou era um "encontro não-encontro?"

Como regra geral, se a mulher me ligasse cancelando o encontro alguns minutos antes, eu podia ter certeza de que o que estivéramos prestes a fazer era um encontro. Eu ouvi a mais ridícula série de desculpas no curto período em que estive ativo na arena dos solteiros. Certa vez, uma mulher me disse que não podia sair de seu apartamento porque o gatinho que acabara de comprar tinha "traumas de abandono".

Um problema adicional nos círculos da mídia de Nova York é que, como tanta gente escrevendo livros sobre encontros amorosos, nunca se pode saber ao certo se a pessoa com quem você está quis sair com você apenas para fazer pesquisa. Por exemplo, Tammy, uma moça que conheço, foi convidada para um drinque por um sujeito chamado Lawrence Larose. Seis meses depois ele e outro autor publicaram um livro que supostamente seria uma resposta às *As 35 regras para conquistar o homem perfeito* chamado *O código — Como conseguir tudo o que você quer das mulheres*. Um dos conselhos oferecidos aos supostos abatedores de lebres, descobriu Tammy, era convidar uma mulher para tomar um drinque num "encontro não-encontro" e descobrir se valia a pena convidá-la para sair apropriadamente.

Desnecessário dizer que Tammy jamais teve notícias dele de novo.

Nas poucas ocasiões em que consegui convencer mulheres a saírem comigo, achei a experiência inteira muito desconfortável. O problema era que, sendo inglês, fico embaraçado muito facilmente. Há algo direto demais em sair para jantar com alguém apenas para estabelecer se a pessoa é adequada como parceira sexual. Até aquele ponto, meu *modus operandi* tinha sido me aproximar das mulheres e, sem deixar a coisa óbvia demais, tentar manobrá-las para a cama. Logo aprendi que as mulheres de carreira em Nova York preferem uma abordagem mais direta. Sempre ficava admirado de ver quão à vontade elas me avaliavam. Invariavelmente tinham uma lista de perguntas que faziam sem qualquer vergonha no decorrer da noite. Eu trabalhava em quê? Em que parte da cidade era o meu apartamento? Qual era o meu carro? Era menos um encontro romântico do que uma entrevista extremamente dura. Quando a conta chegava, eu me surpreendia de minha companheira não ter me pedido uma amostra de urina.

Os esforços que eu fazia para estar à altura dessas gerentes de RH em circunstâncias menos formais não levavam a nada. Por exemplo, certa vez resolvi convidar uma moça do Departamento de Pesquisa da *Vanity Fair*, de quem eu gostava, para jantar comigo e três outros casais, tirando assim um pouco da pressão. Entretanto, eu sabia que ela só aceitaria se o restaurante para o qual iríamos estivesse "fervendo" — afinal, ela era uma Condé Nojentinha. Então, resolvi reservar uma mesa no Balthazar, uma boate quente que acabara de abrir na Rua Spring. O único modo de conseguir uma reserva era ligar para um número secreto que seu proprietário, Keith McNally, dera a um seleto grupo de pessoas. Assim, após algumas mesuras abjetas, consegui convencer Elizabeth Saltzman a me dar o número. Quando um homem atendeu ao telefone, assumi meu ar mais autoconfiante e perguntei se podia reservar uma mesa para oito para a próxima sexta-feira.

— Como conseguiu esse número? — perguntou ele.

— Foi Keith quem me deu — repliquei.

— É Keith quem fala — disse ele. — Quem está falando?

Isso me derrubou. Eu não esperava que o dono atendesse o telefone. Dei meu nome, o que nitidamente não significou coisa alguma para ele.

— Não reservamos mesas para oito — disse. — No máximo para seis.

— Posso reservar uma mesa para seis, então? — perguntei.

— Não há possibilidade.

— Bem, qual é o máximo possível?

— Não sei — respondeu ele. — Um?

Quase aceitei para dar uma olhada no lugar.

Mesmo quando consegui passar pela primeira experiência relativamente incólume, ainda estava muito longe da linha de chegada. Um rápido beijo à porta era praticamente o máximo que eu podia esperar. Segundo um cálculo aproximado, eu não esperava ir além da soleira até o terceiro encontro e, mesmo assim, era improvável haver algo mais excitante do que um rápido beijo de língua no sofá. Era como se elas ainda seguissem o padrão estabelecido no ginásio, mesmo que algumas dessas mulheres estivessem na casa dos trinta. Em Manhattan, uma vez que você tenha embarcado na corrida de ratos dos encontros, não há atalhos para chegar ao queijo.

Isso era um contraste total com as damas espirituosas dos Frenéticos Anos 1920. Na "Introdução" a *The Colletcted Dorothy Parker*, Brendan Gill escreve: "As moças que davam o ritmo [da época] eram consideradas sofisticadas, embora poucas o fossem; seu chocante lema era 'Anything goes' [Vale tudo] e elas falavam a sério." A era foi sintetizada pela poeta Edna St. Vincent Millay:

> *We were very young, we were very merry,*
> *We went back and forth all night on the ferry.**

Em 1997, eu saí com uma moça inglesa chamada Lucy Sykes — uma bela loura fashion — mas o único sucesso que eu havia tido com as ha-

---

*Éramos tão jovens, éramos tão maneiras/de lá pra cá de barco a noite inteira. (Tradução livre.)

bitantes locais até aquele período fora com o chili "quente". Depois do meu encontro abortado com a efervescente mulher de Santiago, ela me ligou no dia seguinte e me convidou para almoçar.

— Para onde vamos? — perguntei, esperando que ela mencionasse algum bistrô supercaro de *uptown*.

— Meu apartamento, claro — ronronou ela.

Evidentemente, ela se sentia um pouco contrita depois de seu comportamento da noite anterior. Estávamos na metade do dia e eu planejara passar a tarde na academia, mas o pensamento nos seus peitos de 20 mil dólares se mostrou irresistível. Em pouco tempo eu estava abrindo caminho para *uptown* no metrô.

Seu apartamento ficava num edifício de aparência bastante esquálida no Upper West Lide, mas quaisquer apreensões que eu tivesse por me arrastar até lá logo foram postas de lado quando ela atendeu à porta. Usava apenas uma toalha branca, e esta não era maior do que um pano de prato. Sem dizer uma palavra, ela me pegou pela mão e me levou diretamente a seu quarto. Obviamente estava se sentindo contrita *de fato*! Certo, pensei. Dessa vez vai acontecer.

Quando chegamos lá, ela ficou em frente à cama e, como um artista orgulhoso revelando sua última criação, retirou a toalha.

— Você gosta? — perguntou.

Tinha uns trinta e tantos anos mas seu corpo era o de uma modelo do Havaí de dezoito. Parecia uma mulher de proporções perfeitas e altura média que tivesse encolhido 33%, à exceção dos seios. Eles tinham sido aumentados — *literalmente*. Mesmo assim não fora uma plástica comum de peito. O cirurgião que os criara era o Michelângelo de Miami Beach. Eles pareciam 100% naturais, como os peitos de uma bem-dotada princesa taitiana. Nem mesmo estrelas pornôs tinham seios tão bons. Baixando os olhos para abarcar o resto de seu magnífico corpo, finalmente descobri o que era uma virilha depilada: ali, aninhada uns treze centímetros abaixo de seu umbigo, havia uma pequena faixa de pêlos púbicos não maior do que uma lagarta.

— Venha cá, Tobee — disse ela, estendendo as mãos. — Estou com tanto tesão.

Como se poderia esperar de uma veterana de devassidões bacanálicas nos dois lados do Atlântico, o chili pediu algumas coisas pouco comuns quando estávamos entre os lençóis.

— Ponha a língua para fora — disse ela enquanto fazíamos amor. Por algum motivo, ——— não conseguia chegar ao orgasmo se não pudesse ver minha língua. Quando os acontecimentos seguiam seu curso, e eu momentaneamente esqueci de mim mesmo, ela repetia esse pedido cada vez com mais urgência: Põe a língua para fora, Tobee, *Põe a língua para fora!*

Antes que se passasse muito tempo eu estava a caminho, martelando com todas as minhas forças.

— Oh, Tobee — gritou ela, aparentemente em pleno êxtase. — Agora você está falando a minha língua. AGORA VOCÊ ESTÁ FALANDO A MINHA LÍNGUA!

Depois disso, liguei para o chili durante uma semana todos os dias mas, ai de mim, ela se recusou a sair comigo de novo. Posso ter falado a língua dela mas evidentemente estava longe de ser fluente. Talvez eu devesse ter me oferecido para lhe "emprestar" mais 250 dólares.

Após dezoito meses na cena dos solteiros de Nova York, e com apenas uma marca na minha pistola, comecei a pensar que ser atingido por um raio realmente podia ser preferível a ter outro encontro romântico. Queixei-me disso a Candace Bushnell, ressaltando que a realidade da vida de solteiro em Manhattan não chegava aos pés do mundo permissivo que ela pintava em *Sex and the city*. Onde estavam as moças despreocupadas e soltas que queriam se divertir de que falava sua coluna?

— Sabe do que mais? — disse ela. — Você deve tentar sair com modelos. Elas são muito mais fáceis do que você pensa.

Quem sabe valia tentar?

As únicas modelos que eu conhecia eram as que eu encontrara durante o trabalho no número Cool Britannia da *Vanity Fair*. Uma das sessões de foto de que eu fora encarregado — "As Belezas de Sangue-Azul" — incluía fotografar quatro supermodelos britânicas no Blenheim Palace. Depois da sessão, elas supostamente voltariam a Londres num miniônibus, mas eu lhes ofereci uma carona no Jaguar que alugara por cortesia da *Vanity Fair*, e elas pularam para o banco de trás. Nos noventa minutos seguintes vi-me confinado com Iris Palmer, Honor Fraser, Jodie Kidd e Jasmine Guinness — quatro das moças mais bonitas da Inglaterra. Melhor impossível, pensei, enquanto corríamos pela estrada M40 em direção a Londres. Por um momento terrível tive um impulso de virar o carro na direção de um caminhão que vinha em sentido contrário. Pelo menos meus amigos ficariam com inveja quando soubessem da notícia. Mentalmente imaginei a manchete no *The Times*: "Toby Young Morre com Quatro Supermodelos."

Então percebi que o que título da reportagem diria mesmo era: "Quatro Supermodelos Morrem com Jornalista Desconhecido."

Mesmo assim, decidi seguir o conselho de Candace à risca. Das quatro, Honor Fraser havia sido a mais amigável, em parte porque eu conhecia seu primo, executivo de um banco mercantil que operava em Nova York e que se chamava Aeneas Mackay. A outra vantagem de Honor, pelo menos a meus olhos, eram seus peitos enormes. Ela pode ter sido uma "Beleza de Sangue-Azul", mas tinha a silhueta de uma garota da *Penthouse*.

Quando Aeneas me disse que Honor estaria na cidade num fim de semana, implorei a ele que me pusesse em contato com ela e terminamos jantando no Indochine, um restaurante da moda na Rua Lafayette. (Ele reservou a mesa.) Aeneas convidara outra modelo, Ines Sastre, e depois sugeri que todos fôssemos ao Hogs & Heifers, um bar de motociclistas no distrito de processamento de carnes de Nova York. A principal virtude do estabelecimento era o fato de seus administradores encorajarem as freqüentadoras a remover os sutiãs e pendurá-los por ali numa "árvore de sutiãs" por trás do bar assim que entravam. Com um pouco de sorte, eu conseguiria ver os peitos de Honor!

Quando chegamos lá, havia uma longa fila esperando para entrar, e Honor me perguntou se havia algo que eu pudesse fazer. Atrevidamente fui até o início da fila e me apresentei ao porteiro, um motociclista grisalho vestido completamente *à la* Hell's Angel.

— Será que tenho mesmo que esperar na fila? — perguntei. — Eu estou na lista.

Ele parecia um pouco cético. Então inclinei-me e, num sussurro conspiratório, acrescentei:

— Estou com duas supermodelos.

— A única lista que cê tá é na lista dos babacas. Volta pra fila — respondeu ele.

Não preciso dizer que fui para casa sozinho naquela noite.

Depois de fracassar com Honor, resolvi que precisava tomar medidas drásticas. A impressão é que pouco importava em quem eu pusesse os olhos: fosse uma supermodelo ou uma pesquisadora, eu sempre acabava atirando no meu próprio pé. Já era tempo de eu ter um "instrutor de encontros".

Eu lera sobre a agência chamada Primeiras Impressões Inc. que oferecia aos "clientes" conselhos práticos de como melhorar sua capacidade de sedução. Por 195 dólares, a Primeiras Impressões podia arranjar um "encontro simulado" com uma de suas "consultoras de encontros", todas com Ph.D. em Psicologia, depois do que o cliente era levado novamente aos escritórios deles e depositados num sofá, onde lhe diriam por que não tinha ido para a cama com ninguém nos últimos dezoito meses. Parecia exatamente o que o médico receitava.

Liguei para a Primeiras Impressões e fui posto em contato com a Dra. Ann Demarais, de trinta e oito anos, a co-fundadora da companhia. Depois que lhe contei o meu caso desesperado, ela concordou em cuidar de mim pessoalmente. Alguns dias depois, chegou às minhas mãos um pacote de informações dizendo que uma agência chamada The Cafe Dating Service supostamente tinha me posto em contato com "Susan Green", "uma profissional... interessada em cinema, arte, viagens, animais e pintura como *hobby*." De um modo um tanto desmobilizante, fui também solicitado a assinar um "Acordo de Participação" onde eu reconhecia que "o encontro é puramente uma simulação, e que não haverá contato físico entre o cliente e a consultante."

Às 3:00 horas da tarde no domingo seguinte, "Susan" e eu nos encontramos no Paninoteca Cafe, na esquina da Rua Prince com Mulberry, na Little Italy. Meu primeiro pensamento ao ver Susan foi que ela não fizera muito esforço. Parecia uma heroína de Woody Allen que esquecera de tirar as roupas de jardinagem. Então lembrei que eu é que devia dar boa impressão. Sentei diagonalmente oposto a ela e instantaneamente percebi que cometera um erro. Por que não me sentara na frente dela? Realmente, de volta a seu consultório, a Dra. Demarais tocou naquele ponto. "Isso envia a mensagem de que você me acha repulsiva", explicou ela. "Diz: 'Quero manter uma certa distância de você.'"

Durante todo nosso encontro inicial, senti-me em desvantagem devido à situação peculiar. Era como se eu estivesse fazendo um teste para um papel dramático especialmente exigente enquanto Susan estava sentada ali, tomando notas em sua prancheta mental. Claro que, nesse aspecto, era exatamente como estar num encontro com uma típica mulher de Nova York.

Antes de voltar ao escritório da companhia para ouvir o veredicto da Dra. Demarais, ela me deu um formulário para preencher, convidando-me a classificar minha própria atuação. Em resposta à pergunta, "De um modo geral, como acha que se saiu durante o encontro?", escrevi: "Não suficientemente interessado em Susan. Facilmente distraído. Nervoso. Voluntarioso. Bilioso. Obcecado com celebridades. Desonesto. Ocasionalmente divertido mas rindo vezes demais de minhas próprias piadas. Agressivo. Maníaco."

Achei que fora duro comigo mesmo.

Voltando ao escritório, depois do preâmbulo obrigatório sobre que "conversa interessante" eu tinha, a Dra. Demarais atacou o cerne da questão. "Aqui estão as coisas que teriam *sido melhores se*", disse ela, enfatizando as últimas três palavras. Eu me endireitei na cadeira.

— Você é um pouquinho desafiador — explicou ela, cheia de tato. — Acho que pode intimidar um pouco as pessoas. Parece um tanto intenso.

Em outras palavras, *pega mais leve*.

— Senti que a conversa estava bastante equilibrada em termos de quem falava — continuou ela —, mas na maior parte do tempo foi sobre seus interesses. A outra pessoa pode sentir que você não está realmente interessado nela, que ela é apenas uma platéia.

Você é um ego com um aparelho digestivo.

— Você é um pouquinho negativo — disse ela. — Apenas tenha consciência de que comunica um pouco de negatividade. De um modo geral, isso não é tão atraente quanto a positividade.

Você é amargo e tortuoso.

— Você não falou das ex-namoradas desagradáveis ou de sua mãe maluca — continuou, tentando ela própria parecer "positiva". — Eu não preciso saber sobre isso no meu primeiro encontro.

Pelo menos você não vomitou no meu vestido.

Ela resumiu: "Mostrar interesse é sua maior oportunidade de desenvolvimento. Susan foi embora sem sentir que você tinha um interesse especial nela ou que queria saber mais sobre ela."

Você tem um caso agudo de Disfunção de Personalidade Narcisista. Procure a ajuda de um terapeuta.

Provavelmente estou exagerando um pouco, mas a seu próprio modo circunspecto, a Dra. Demarais era brutal. Não era de espantar que eu tivesse sido reprovado. Saí daquilo como um egomaníaco cínico e autorreferente.

Naturalmente, resolvi retaliar. A premissa da Primeiras Impressões não estaria toda equivocada? Certamente, as mulheres decidem nos primeiros quinze segundos do encontro se querem levar as coisas adiante e, se decidirem que você não está à altura delas, nada que você diga ou faça fará a mínima diferença.

— De modo nenhum — contrapôs a Dra. Demarais. — Só o fato de saber que alguém está atraído por você torna esse alguém mais atraente — disse ela. — Se você se sente atraído por alguém e o demonstra, isso vai aumentar sua própria atratividade. A coisa funciona desse modo.

Eu continuava cético — "negativo", como a Dra. Demarais diria — e no final de nossa sessão de noventa minutos, eu lhe disse que para testar sua teoria eu precisava ter um encontro real, não simulado, e colocar seu conselho em prática.

— Quer que eu lhe arranje um encontro? — perguntou ela animadamente.

Oh, oh. Os sinos de alarme tocaram. Depois de tudo que a Dra. Demarais havia dito, com que espécie de feixe de nervos ela vai me arranjar um encontro?

— Qual é o seu tipo? — perguntou.

A resposta correta a essa pergunta é "Helena Christensen", mas na única vez que eu dissera aquilo, a pessoa se oferecendo para me arranjar um encontro riu e disse: "Não é de espantar que esteja solteiro!" Por outro lado, quando eu disse a outra intrometida que a aparência da mulher não tinha importância contanto que fosse inteligente, ela me arranjou um encontro com o tipo de mulher que Chris Lawrence descrevia como "um ogro medonho". Como podia eu dar uma resposta precisa sem parecer superficial?

— O importante — repliquei — é que ela deva ser um verdadeiro desafio, alguém com quem eu normalmente não conseguiria chegar ao primeiro objetivo sem a ajuda de seus excelentes conselhos. Para testar isso de fato, ela tem que ser *deslumbrante*.

— Vou pensar no assunto essa noite — disse ela.

Deve ter sido uma sonequinha rápida, pois quando cheguei em casa havia uma mensagem na secretária: "Descobri a pessoa certa para você: Jennifer. Ela é um 'avião' total."

Liguei para Jennifer e combinamos um encontro no Piadina, um restaurante italiano no West Village, na sexta-feira seguinte. Como eu poderia reconhecê-la? Ela me disse que era morena, um metro e sessenta e três de altura e, aham, um busto cheio. Em outras palavras, uma garotinha jeitosa de peitos enormes. Exatamente meu tipo!

Tipicamente, quando sexta-feira chegou, esqueci todos os conselhos da Dra. Demarais e revertera a meu velho eu. Como a maioria dos homens, meu ponto de vista é que o fator mais vital para determinar o sucesso ou o fracasso de um encontro é o traje. Afivelei a Levi's 501, calcei minhas botas de cavalaria Gieves & Hawkes, escolhi a melhor camisa — um caro modelo azul, italiano, da Harvey Nicks — e arrematei tudo com um blazer azul-marinho de bolso único no peito da Brooks Brothers. Bacana!

Cheguei no Piadina às 8:25 da noite — cinco minutos antes da hora em que Jennifer devia chegar — e apoderei-me da melhor mesa na casa.

Pedi uma boa garrafa de vinho, servi-me, pus os pés na cadeira oposta e assumi uma expressão displicente e entediada. Estava pronto para a batalha.

Quando às 9:10 da noite ela ainda não aparecera, consultei meu serviço de recados. "Nenhuma mensagem nova", informou ele. (Ocorreu-me que se Nora Ephron algum dia escrevesse uma comédia romântica sobre a minha vida, a peça se chamaria *Nenhuma correspondência para você*.) Para minha irritação, eu não trouxera comigo o número de Jennifer, o que me impedia de ligar para ela e também de ir para casa, no caso de ela ligar, se nos desencontrássemos. Tive que ficar ali.

Às 9:45 liguei novamente para o serviço de recados. Nada. Acabei esperando até 10:30, tendo a essa altura terminado o vinho e encetado minha segunda dose de Black Label com gelo. Não havia dúvida. Ela me dera um bolo.

Liguei para Jennifer alguns dias depois e ela afirmou que estivera no Piadina às 8:30 da noite, esperara vinte minutos e depois fora para casa. É, tudo bem, pensei. O mais provável é que ela tivesse vindo ao restaurante, espiasse pela janela e, depois de uma boa olhada em mim, tivesse decidido adiar o encontro. Eu estava certo. Tudo se decide nos primeiros quinze segundos!

Mas como poderia ela ter me rejeitado com minhas roupas de "resultado"? Liguei para o "Consultor de Estilo" da Primeiras Impressões, um homem chamado Gregg Levine, e lhe perguntei onde é que eu falhara. "Sempre aconselho as pessoas a ficarem longe do estilo *jeans* e paletó esportivo", disse ele, descartando brutalmente toda minha filosofia sobre as roupas. "É *Seinfeld* demais."

Na semana seguinte, li em *The Village Voice* que uma estrela pornô chamada Houston procurava 400 voluntários para ajudá-la a quebrar o recorde mundial da trepada feminina com vários homens ao mesmo tempo. Pensei em ligar para ela e depois resolvi que não. Conhecendo minha sorte, era bem provável que ela desse uma olhada em mim e gritasse: "PRÓXIMO!"

25

"Desculpe, senhor, mas o cartão foi recusado"

*E*NQUANTO ISSO, DE VOLTA AO FRONT DA CARREIRA, as coisas não pareciam bem. Meu contrato com a *Vanity Fair* chegou ao momento de ser renovado em 1º de abril de 1997 e, como Graydon prometera, fui recontratado, embora apenas por três meses em vez dos seis habituais. A partir de 1º de julho, explicou, meu nome continuaria no Expediente, mas eu perderia o escritório e meu salário mensal seria reduzido de 5 mil para mil dólares. Isso era menos do que eu pagava de aluguel. Felizmente, ainda tinha minha coluna no *Evening Standard*, mas mesmo assim. Era hora de buscar um emprego alternativo.

Pensei em começar do alto. Enviei uma carta para Howell Raines, que era então o editor da página editorial do *New York Times*.* Na comunidade jornalística americana, a página editorial do *Times* é considerada o nicho de maior prestígio no negócio. Não se recebe muito — é uma honra tão grande que supostamente se deve fazê-lo por 150 dólares — mas em termos de contratos de livros, outras encomendas para escrever e, mais importante, *convites para aparecer na televisão*, vale seu peso em ouro. Eu ouvira dizer que Raines estava procurando um colunista de humor, portanto incluí meia dúzia de pequenos artigos satíricos que escrevera sem que tivessem sido pedidos na esperança de que ele pudesse me considerar para o posto. Enfiei o pacote inteiro num envelope da

---
*Raines é agora o editor-executivo do *New York Times*, o posto mais alto do jornal.

Vanity Fair — pelo menos desse modo chegaria a ele — e despachei-o via malote da Condé Nast.

Seis semanas depois o envelope voltou à minha mesa. O endereço de Howell Raines havia sido riscado e alguém escrevera embaixo "Devolver ao remetente", com uma seta apontando para meu endereço no alto do canto esquerdo. Rasguei-o e deparei-me com minha carta original, juntamente com os seis artigos, arrumados exatamente na mesma ordem em que eu os enviara. Não havia nenhuma carta, nem mesmo um bilhete de recusa. A única prova de que o material tinha sido lido era que cada erro de ortografia e gramatical fora corrigido com marcador vermelho. Claramente, eu não era material do *Times*.

Resolvi enviar um memorando final a Graydon. Afinal de contas, é costume conceder ao condenado um último pedido. Talvez ele me deixasse escrever uma matéria de mil palavras para o *Vanities* como canto do cisne. Valia a pena tentar.

Caro Graydon,
    enquanto eu estava em L.A., topei com um sujeito chamado Abdul que oferece um serviço bastante incomum a homens que vão a seus primeiros encontros românticos. Parece que por uma remuneração de 300 dólares, ele finge que provoca uma luta com o cliente e permite que este o espanque.
    Por que não ligar para a *Playboy*, fingir que eu quero escrever uma daquelas freqüentes matérias da revista na qual eu saio com a *Playmate* do Ano e então contratar Abdul para fazer sua mágica?
    Em vez de ele me atacar uma vez só, ele podia pôr roupas diferentes e me atacar várias vezes no decorrer da noite. Naturalmente, cada embate terminaria comigo acabando com ele. (Isso pode custar um pouco mais de 300 dólares, mas talvez possamos obter um desconto no total.) Quanto tempo a *Playmate* do Ano demoraria para entender que algo engraçado estava acontecendo? Meu palpite é que ia demorar muito.

Não é de surpreender que tal memorando não tenha voltado para mim com as palavras "Vamos conversar". Nessa época Graydon já lavara as mãos em relação a mim. "Toby é como um pedaço de chiclete", disse ele a um jornalista do *New York Times* três anos depois. "Ele gruda na sola do nosso sapato."

Enquanto minha carreira descia em parafuso, e sem qualquer perspectiva de uma namorada no horizonte, fiz o que qualquer inglês que se respeita faria nessas circunstâncias: voltei-me para o álcool. Sempre fui incapaz de beber com moderação, mas até aquele ponto conseguira restringir minhas bebedeiras aos fins de semana. Agora, sem qualquer necessidade real de ir trabalhar todos os dias, comecei a beber durante a semana também. Lenta mas seguramente eu estava me tornando um alcoólatra.

Um dos sintomas mais alarmantes do meu adiantado alcoolismo era que freqüentemente eu era incapaz de lembrar o que tinha feito na noite anterior. Quando me levantava, o que raramente ocorria antes do meio-dia, havia quase sempre uma mensagem na secretária eletrônica de um de meus companheiros de bebida — geralmente Anthony Haden-Guest — perguntando se eu estava bem. Quando eu retornava a ligação, a conversava geralmente era assim:

Eu: Por que eu não estaria bem?
Anthony: Você não se lembra?
Eu: Lembro de quê?
Anthony [rindo]: Ha, ha, ha.
Não era um bom sinal.

Em certa ocasião, Anthony ligou para contar que eu tinha sido encontrado na noite anterior num dos compartimentos do banheiro no Wax, um clube noturno ultrachique do Soho. O proprietário do clube me encontrou quando estava fechando o lugar, as calças abaixadas até os tornozelos, inconsciente. O pobre homem teve que levantar minhas calças, colocar-me nos ombros e me pôr num táxi. Anthony soubera disso porque o proprietário ligara para ele às cinco da manhã para pedir meu endereço. Parece que em minha bebedeira eu não conseguia lembrar.

Sou obrigado a frisar aqui que fui ajudado por muitos bons samaritanos em tempos como esses. Certa ocasião eu visitava um amigo em Chicago quando, depois de beber a maior parte de uma garrafa de Scotch, ficamos separados numa festa. Acabei perambulando por um parque público ao alvorecer, tendo perdido a carteira e incapaz de lembrar onde meu amigo morava. Entretanto, uma senhora negra extremamente amável veio em meu socorro, ajudando-me a conseguir o endereço do meu amigo no serviço de informações e me levando lá ela mesma. Inúmeros atos de bondade como esse impediram-me de me tornar excessivamente sombrio em relação aos americanos, depois de minha má experiência na Condé Nast.

Notei que as coisas saíam cada vez mais do controle no território da bebida quando certo dia, sem mais aquela, recebi um telefonema de Molly Jong-Fast, a filha de dezenove anos de Erica Jong. "Soube que você, ahn, é uma espécie de alcoólatra *lendário*", disse ela, indo direto ao ponto. Parece que uma "amiga mútua" soprara para ela que eu "seria um sujeito muito, muito simpático" se parasse de beber. Eu não gostaria de ir a uma "reunião" com ela?

— Que tipo de reunião?
— Uma reunião dos AA.

Ah, meu Deus, pensei. Finalmente está acontecendo. Alguém está tentando me arrastar para os Alcoólatras Anônimos.

— Onde? — perguntei.
— Você mora no West Village, não é? Que tal a Rua Perry?
— Ah, isso pode ser um problema.

Meu apartamento era na Rua Perry e pouco depois de me mudar para lá eu tinha descoberto que o edifício do outro lado da rua era usado como um local de encontro dos AA. Após uma noite de bebedeira, fico inclinado a sentir um ódio de mim mesmo tão intenso que a visão daquele pessoal entrando para as reuniões durante toda a manhã não era exatamente bem-vinda. O que me irritava especialmente era que, depois das reuniões, dois ou três deles geralmente sentavam num banco embaixo da janela de meu quarto para discutir o "progresso" deles, impedindo que eu dormisse.

Tentei mudar o banco de lugar algumas vezes, mas depois de uns dois dias descobria que voltava sempre ao local original. Posteriormente, contudo, cheguei à solução perfeita: comprei um ar-condicionado e instalei-o diretamente acima do banco de modo que ele pingava em qualquer um lá embaixo. Em breve, o banco encontrou um novo lugar e pude afogar em paz minhas ressacas no sono.

Fiquei tão contente com essa vitória que incluí um item sobre ela em minha coluna no *Evening Standard* — um grave equívoco. Alguns dias depois, eu estava debruçado na janela do quarto quando um Hell's Angel saiu de uma entrada do outro lado da rua. "Ei, Toby", gritou ele, apontando um dedo acusador para mim. "Penduramos seu artigo aqui!"

Molly Jong-Fast teria que procurar outra pessoa para exercer seu complexo de Florence Nightingale.

Enquanto meu mergulho no alcoolismo continuava, confortei-me muito com a teoria de que todos os bêbados são protegidos por um anjo da guarda. Por mais embriagado que eu estivesse, sempre conseguia achar meu caminho de casa no final da noite, embora nunca pudesse lembrar como. Isso sempre me surpreendeu como algo miraculoso.

Entretanto, na noite de 24 de julho, meu anjo guardião me abandonou. A cena em questão desdobrou-se num bar supercaro de vodca e caviar chamado Pravda, na Rua Lafayette. Eu estivera bebendo com Bruno Maddox, de vinte e sete anos, o editor britânico da *Spy* quando, já entrado nos copos, eu me ofereci para pagar a conta. Isso se mostrou um equívoco. Quando a conta chegou, era muito mais do que eu tinha comigo, e naquele momento Bruno já tinha ido embora. Felizmente, eu recebera um novo cartão de crédito pelo correio naquela manhã e o entreguei ao garçom.

— Desculpe, senhor — disse o gerente, alguns minutos mais tarde, —, seu cartão foi recusado. O senhor tem outro?

Lastimavelmente, eu não tinha. No entanto, lembrei que a carta que acompanhara o cartão dizia que a fim de "ativá-lo" eu teria que usá-lo uma vez num caixa eletrônico. Se o gerente tivesse a gentileza de devolvê-lo, eu daria um pulo no caixa eletrônico mais próximo e resolveria o problema.

— Desculpe, senhor — replicou ele, agarrando o cartão junto ao peito. — Vou ter que guardá-lo como penhor até que o senhor tenha pagado a conta.

— Mas não posso pagar a conta a não ser que o senhor me devolva o cartão!

— Com todo o respeito, senhor, isso não é problema meu.

O sensato a fazer nesse momento seria deixar o cartão e voltar no dia seguinte com dinheiro vivo. Em minha carteira, que deixara em casa, eu tinha muitos outros cartões. No entanto, eu bebera vodca a noite inteira e não estava com nenhum ânimo de ser "sensato".

Dei um pulo na direção do gerente, arrebatei-lhe o cartão e disparei a correr. Eu esquecera momentaneamente que a entrada para o Pravda é um longo lance de escadas, e que eu teria que subi-la a fim de escapar. Eu chegara na metade dela quando minhas pernas foram puxadas pelo gerente, o que me fez tropeçar para trás até embaixo. Levantei de novo e dessa vez cheguei ao alto — mas fui interceptado pelo segurança na rua. *Bonk!* Ele me tascou um gancho de direita. Um momento depois chegou o gerente e os dois começaram a me espancar para valer.

Dentro de poucos segundos uma radiopatrulha parou, dois guardas saíram dela e me empurraram para o banco de trás. Antes que eu tivesse chance de contar o meu lado da história, que admito era bastante frágil, meus dois atacantes contaram aos policiais extamente o que acontecera. Entretanto, quando os policiais voltaram para o carro, resolvi narrar minha versão dos acontecimentos.

— Por favor, deixem...

— Cala a porra dessa boca, seu lixo — disse o mais velho dos dois, virando-se no banco e me cutucando o peito com o dedo. — Você está preso, certo?

Por um terrível momento me vi mentalmente nos Tombs, a infame prisão subterrânea de Nova York. *Não!... por favor. Qualquer coisa menos isso!*

Felizmente, em vez de me prender me levaram em casa, esperaram que eu pegasse a carteira e depois me levaram de volta ao Pravda para eu pagar a conta. Durante os cinco anos que passei em Manhattan esse foi meu único encontro com a lei, e eles se comportaram com uma contenção exemplar. Graydon, por outro lado...

— Que diabo você me diz disso? — perguntou ele, dois dias depois, enfiando um número do *The New York Post* debaixo do meu nariz. Minhas façanhas de bêbado tinham aparecido na Página Seis daquela manhã.

— Eu me meti numa briga de bar — expliquei.

— Briga de bar? — repetiu Graydon, correndo os olhos por minha cara amassada. — Você é muito pequeno para entrar numa briga de bar.

— Você devia ver o outro cara — disse eu orgulhosamente. — Não teve nem um arranhão.

Ele não riu.

— Ouça, Toby, vou tirar seu nome do Expediente. Essas coisas não são boas para a imagem da revista.

Engoli em seco. Meus dias como Editor-Colaborador da *Vanity Fair* estavam terminados.

— O que é que aconteceu, porra? — perguntou Graydon. — Eu lhe dei uma oportunidade de ouro e você fodeu com tudo.

— Não sei bem — repliquei. — Em primeiro lugar, porque exatamente você me contratou?

— Não tenho absolutamente a menor idéia, porra.

Era de se esperar que essa fosse a última gota. No auge da *Vanity Fair*, nos Frenéticos Anos Vinte, brigas de bar eram praticamente *exigidas* dos colaboradores da revista. Os nomes mais celebrados do Expediente eram todos bêbados notórios. Na verdade, Frank Crowninshield, o lendário editor da *Vanity Fair* daquela época, empregara Robert Benchley e Robert E. Sherwood porque os porres dos dois os haviam tornando *inempregáveis* em qualquer outro lugar. Agora parece que era uma ofensa a ser punida com a forca. Comparemos isso ao modo como Herman J. Mankiewicz foi tratado pelo *New York Times*. Em 1925, Mankiewicz voltara ao jornal depois de ver *Escola de escândalo*, e estava tão bêbado que dormiu em cima de sua máquina enquanto escrevia a resenha. O resultado foi que o *New York Times* apareceu no dia seguinte sem a costumeira resenha da estréia. Apesar disso, Mankiewicz conseguiu convencer o gerente editorial assistente a não despedi-lo, presenteando-o com uma garrafa de Scotch.

Graças a Deus eu ainda tinha minha coluna no *Evening Standard*! Enquanto a tivesse, estaria bem. Nessa altura eu já a escrevia há dois anos, e finalmente conseguira chegar ao meu ritmo. De fato, recebera apenas um "heroigrama" do editor, mas não tinha nenhum motivo para imaginar que ele não estivesse contente. Eu me tornara um esteio do jornal. Eles até tinham pregado um pôster de mim no metrô de Londres, pelo amor de Deus. Não, ali eu estava seguro.

— Tenho uma notícia ruim — disse o editor de variedades do *Standard*, ligando de Londres algumas semanas depois. — Vamos interromper sua coluna. É uma decisão puramente orçamentária. Simplesmente não podemos arcar com você. Lamento.

Clique. Linha desocupada.

26

Alex através do espelho

*C*ERTA TARDE DE FINAL DE SETEMBRO, ACORDEI após uma monumental sessão da noite anterior e descobri que Alex de Silva tinha me deixado um recado na minha secretária eletrônica. "Me ligue imediatamente, companheiro. Tenho notícias muito, *muito* importantes." Com alguma relutância, liguei para ele. Alex nunca me telefonava a não ser que tivesse algo de que se gabar. Ele é uma dessas pessoas que só sabem falar, nunca ouvir.

Alex: Ei, companheiro. Que voz é essa? Parece que você está com uma ressaca séria.

Eu: Não, não, só um resfriado.

Alex: Seja como for, adivinhe só? Vendi um roteiro!

O quê?!?

Isso não podia ser verdade. Ele tinha se formado no programa de roteiros da Universidade da Califórnia do Sul apenas alguns meses antes. Como era possível que tivesse vendido um roteiro?

Eu: Está falando de quê?

Alex: Lembra que eu lhe disse que tinha feito uma parceria com —————?

————— era um comediante galês que inesperadamente obtivera sucesso numa comédia de costumes americana. Alex se tornara amigo dele e haviam combinado de colaborar num roteiro. Mas tanto quanto eu sabia, não haviam de fato feito nenhum.

Eu: Vagamente.

Alex: Bem, nós escrevemos essa comédia sobre um tratador *gay* de cão galês que vai a L.A. para entrar numa competição de cachorros. Chama-se *Au!* De qualquer modo, há umas seis semanas meu agente...

Eu: Espere um minuto. Você tem um *agente*? Desde quando você tem um agente?

Alex: Há milênios, companheiro. Você também devia arranjar um. Falo sério. Então meu agente mandou esse roteiro, é, e no início não houve muito interesse. A reação é muito positiva e tudo o mais, mas quem quer fazer um filmezinho excêntrico sobre o tratador *gay* de um cão galês? Então *Tudo ou nada* estreou e quem poderia adivinhar? Foi a porra de um tremendo sucesso! E comédias inglesas excêntricas são o próximo grande lance. Subitamente, *Au!* se torna uma mercadoria "quente". Estamos falando de *ferver*, meu bem. (Até ele?) Depois, vejo que a porra de todos os estúdios da cidade querem negociar conosco.

Eu: Está brincando.

Alex: É verdade, companheiro, é verdade sim, porra! Minha vida acaba de ficar *surreal*. Você não vai acreditar nisso, mas num determinado momento eu e —— estávamos numa entrevista coletiva com Harvey Weinsten, Arnold Rifkin e o presidente da Paramount! Quer dizer, estávamos ali em meu apartamentinho de merda, com três dos maiorais de Hollywood do outro lado da linha! Era totalmente real, porra. Num certo momento, nós o colocamos na espera para que a gente pudesse rir! Era simplesmente inacreditável!

Eu [Atônito]: Tem razão. Eu não acredito.

Alex: Estou lhe dizendo. Era como a cena de um filme ou coisa parecida.

Eu: Então, para quem vocês venderam finalmente?

Alex: Paramount. Não eram os que ofereciam mais dinheiro, mas pareciam realmente entender o que estávamos tentando fazer com o material, sabe?

Material? Deus do céu. Ele estava começando a falar como um idiota de Hollywood.

Eu: Então, quanto dinheiro vocês *conseguiram*?

Alex: Não é o dinheiro, companheiro. Podíamos vender por um milhão de dólares, mas sentimos que era mais importante estar no negócio com as pessoas certas. A Paramount estendeu o tapete vermelho para nós. Parece que é o correto, sabe?

Eu: Vamos lá. Quanto?

Alex: Não vou dizer.

Eu: Cinqüenta mil dólares?

Alex [Rindo]: Olha, realmente não posso dizer a você [Pausa]. Mas foi mais de 50 mil.

Eu sabia. O patifezinho estava *louco* para me contar.

Eu: 100 mil?

Alex: Mais.

Eu: 150 mil?

Alex: Mais.

Puta que pariu! Aquilo era mais do que eu já ganhara no meu melhor ano.

Eu: Então me diz quanto.

Alex: Por volta de 250 mil dólares, mas isso não tem a ver com ficar rico. Tem a ver com a realização de seu sonho. Vim para Hollywood para tentar vencer como roteirista e — bingo! — tirei a sorte grande antes de jogar.

Eu: Não é uma boa metáfora.

Alex: O quê?

Eu: Não pode tirar a sorte grande antes de jogar. Para ganhar a sorte grande você tem que...

Alex: Seja lá como for, companheiro. Não está feliz por mim?

Eu: Ahn, claro, claro que estou.

Meu Deus do Céu! O que é que Alex tinha que eu não tinha? Ambos estávamos nos Estados Unidos há dois anos e meio, e enquanto eu era despedido — duas vezes! —, ele vendia um roteiro. Era como se nossos destinos fossem misteriosamente entrelaçados e cada vez que eu sofria algum revés ele era catapultado para a frente. O que aconteceria se eu me descobrisse soropositivo? Alex ganharia a loteria da Califórnia?

Alex: Isso é de pasmar, não é? Meu filme vai realmente ser feito. Os atores vão falar os diálogos que eu escrevi. Putaquepariudeinacreditável.

Eu: Putaquepariudeinacreditável.

27

Esquecido mas não acabado

*A*S BOAS NOTÍCIAS DE ALEX teriam me deprimido na melhor das circunstâncias, mas vindas logo depois de meu duplo fracasso conseguiram me abalar. Ali estava eu no centro financeiro do mundo, no auge do *boom* da bolsa da década de 1990, e era virtualmente um destituído! Como acontecera isso? Num piscar de olhos eu, com um escritório, duas contas de despesas e um salário conjunto de 120 mil dólares por ano, me tornara um jornalista freelance sem nenhuma renda fixa. Acabara de fazer trinta e quatro anos e ainda não tinha nenhuma carreira que pudesse mencionar, nenhuma herança em que me apoiar, nenhum fundo, nada. Meu único bem era meu apartamento na Shepherd's Bush e ele estava hipotecado até o pescoço. Depois de dois anos e meio de Nova York, eu só tinha para mostrar o meu problema com o álcool.

Manhattan era uma cidade especialmente ruim para um desempregado no final de 1997. A quantidade de dinheiro ganho em Wall Street naquele ano era de assustar. Uma moça de trinta e dois anos de quem fora colega em Harvard contou-me que sua carteira de ações crescera cerca de 65% desde o início de 1997, trazendo um lucro à sua rede de mais de 40 milhões de dólares. Contudo, ela me assegurou que nos círculos que freqüentava, seus 40 milhões eram considerados um troco — ou "dinheiro de gorjeta", como disse ela. Em 1996 Teddy Forstmann, da Forstmann Little & Co, havia ganho 100 milhões de dólares, Tom Lee da Thomas H. Lee Company, 130 milhões, e Henry Kravis, da Kohlberg Kravis Roberts e Co., abiscoitara pelo menos 260 milhões de dólares —

e todos, claro, se sairiam melhor em 1997. Lá no alto da pilha, esperava-se que George Soros fosse lucrar meio bilhão.

Para onde quer que eu olhasse, os nova-iorquinos pareciam brandir seus cartões de crédito num frenesi orgiástico de consumismo. Muitos itens obrigatórios de compras no Natal daquele ano, como os cardigãs de *cashmere* de 3.200 dólares de Dolce & Gabbana, já estavam esgotados. No Patroon, um restaurante de *midtown* aberto recentemente, um colega meu observou três sujeitos de Wall Street celebrando a conclusão de um negócio com uma garrafa de Château Margaux 1953 de 1.725 dólares, uma *magnum* de Haut Brion 1953 por 2.325 dólares e uma garrafa de Château Pétrus de 5.800 dólares. Excetuando acender charutos com notas de cem dólares, seu consumo não podia ser mais visível. Senti-me um eunuco sem tostão naquela cornucópia de sexo e dinheiro.

Nas palavras de George S. Kaufman, eu estava esquecido mas não acabado.

Minha infelicidade aumentou com um telefonema de Chris Lawrence dizendo-me que recebera ordens estritas para que minha entrada no edifício Condé Nast não fosse permitida. "Graydon está com medo de que você roube os suprimentos do escritório", explicou. Contudo, para que eu não pensasse que se passara para o outro lado, Chris acrescentou rapidamente: "Não pense nem por um minuto que vou dar alguma atenção a isso. Se você precisar entrar no edifício por qualquer razão, qualquer razão mesmo, vou deixar você entrar sem nenhum problema."

Graydon estava preocupado que eu *roubasse clipes de papel*? Num determinado minuto eu era um funcionário confiável, no minuto seguinte era um ladrãozinho de quinta? Aparentemente, depois que você era expulso da primeira sala, acabar na Rikers Island era uma questão de tempo. Foi nesse ponto, tenho vergonha de dizer, que comecei a sentir falta do sistema de classes inglês. Eu ansiava pela rede de segurança social fornecida pela minha posição de membro na burguesia instruída de meu país. Em Londres, graças a meu sotaque da BBC e ao fato de ter freqüentado Oxford e Cambridge, eu podia esperar ser tratado com algum respeito mesmo com minha carreira no vaso sanitário — ou mais apropriadamente no *loo*.* Graças à minha extração social, eu tinha uma identidade que não era afetada pelo fato de estar ou não me saindo bem. Minha situação social era independente de meu *status* profissional.

Meus vários reveses no final de 1997 deixaram claro até que ponto os nova-iorquinos o julgam pelo fato de você estar ou não se saindo bem. Logo que cheguei, quando as pessoas me perguntavam nas festas o que eu fazia, uma visível mudança ocorria nelas quando eu dizia que trabalhava na *Vanity Fair*. Eles paravam de olhar por cima de meu ombro por um segundo e me examinavam de novo. Ocasionalmente, até falavam comigo. Evidentemente, eu era alguém que valia a pena conhecer. Contudo, depois que fui retirado do Expediente da revista, desapareci da tela do radar. Não sendo rico, bem-sucedido, bonito ou bem-relacionado, eu não era alguém que valesse se levar em conta. Assim que as palavras "sou apenas um jornalista *freelance*" saíam de minha boca, a pessoa com quem eu conversava se afastava rapidamente, imaginando como poderia educadamente pedir a devolução de seu cartão. Era uma experiência e tanto. Eu havia imaginado que gostavam de mim por minha própria pessoa, não pelo que fazia, mas em Manhattan você é o que você faz.

Por que os nova-iorquinos dão tanta importância à carreira de alguém? Até certo ponto, eles se definem de acordo com as categorias demográficas habituais — gênero, origem étnica, formação religiosa etc. — mas tais coisas se tornam insignificantes comparadas ao trabalho que a pessoa executa. É como se não houvesse fontes alternativas de identidade. Principalmente, eles não definem as pessoas segundo a classe a que pertencem. Os nova-iorquinos estão mais interessados em para onde você está indo do que de onde está vindo. Não fazem cerimônias quanto a isso. Se você está em posição de ajudá-los, ficam bem felizes em ajudá-lo, convidando-o para festas, apresentando-o aos amigos, conectando-o com a rede de trabalho deles. Mas se você não tem nada a oferecer em troca, você pode muito bem não existir.

---

*Na Inglaterra, há geralmente duas palavras para descrever a mesma coisa, uma socialmente aceitável e a outra completamente *riscada do mapa*. Em geral, as palavras inglesas são preferíveis às francesas. Assim, "*loo*" [que pode ser vaso sanitário ou banheiro] é aceito e "*toilette*" não. (*N. da T.*)

Para Tocqueville, a ausência de distinções de classe era uma das principais diferenças entre a Inglaterra e a América e embora ele de modo geral aprovasse isso, se preocupava de que isso pudesse levar a um significado excessivo a coisa como *status* profissional:

> Nas democracias, onde os cidadãos nunca diferem tanto um do outro e naturalmente se encontram tão próximos que a todo instante podem ser mesclados numa massa comum, são criadas uma multidão de classificações artificiais e arbitrárias com as quais cada um busca pôr-se à parte, por medo de ser arrastado para a multidão apesar de si mesmo.*

É claro que aos olhos da maioria dos nova-iorquinos, esse é um preço pequeno a pagar para se viver numa sociedade sem classes. Nos Estados Unidos contemporâneos, segundo o jornalista e autor Nicholas Lemann, a meritocracia ocupa o *status* de um "primeiro princípio sagrado" e Manhattan é freqüentemente erguida como um brilhante exemplo dela. Na realidade, isso explica por que os nova-iorquinos julgam as pessoas de acordo com seu êxito profissional ou não. À diferença da Inglaterra, onde o sistema de classes impede a mobilidade social, não há nada que impeça o duro trabalho da subida ao topo americano, ou para impedir que os indolentes caiam até o fundo. Essa crença é especialmente forte nos habitantes mais bem-sucedidos de Manhattan, pois implica que chegaram onde estão unicamente por seus próprios méritos. Eles chegam até a se referir a si próprios como "meritocratas". A seus olhos, da mesma forma que os que se saem bem merecem ser elogiados, os que se saem mal só podem pôr a culpa em si mesmos.

Sempre fui ambivalente em relação à meritocracia — e não apenas porque sou um beneficiário do sistema de classes da Inglaterra. Durante meu tempo em Nova York, gostava de chocar as pessoas dizendo-lhes que a palavra "meritocracia" fora originalmente cunhada com o objetivo de condenação e não de elogio. Eles sempre duvidavam disso até que eu jogava meu trunfo: a expressão fora inventada por Michael Young, meu pai.

---

*Freud chamava esse fenômeno de "o narcisismo das diferenças menores."

Ele a cunhara para descrever uma futura sociedade de pesadelo em seu *bestseller* de 1958, *The Rise of the Meritocracy* (A ascensão da meritocracia). Na opinião de meu pai, a igualdade de oportunidades é uma armadilha e uma ilusão, já que torna menos provável que surja algum dia a igualdade de resultados, a forma "dura" da igualdade em que ele acreditava. Se todos começam a atuar a partir do mesmo ponto, então a resultante distribuição de riqueza, por mais desigual que seja, será encarada como legítima. Segundo ele, uma sociedade meritocrática não é melhor do que uma aristocrática, já que uma é tão hierárquica quanto a outra. De fato, é consideravelmente pior já que o segmento mais rico da população não sofre de qualquer sentimento de culpa. Diferente daqueles que herdaram a própria riqueza, eles acham que sua boa fortuna é totalmente merecida. No livro de meu pai, uma obra de ficção que pretende ser uma tese de Ph.D. escrita por um estudante de sociologia em 2030, a ausência de *noblesse oblige* na sociedade meritocrática do futuro resulta posteriormente numa revolução sangrenta em que os trabalhadores derrubam seus novos patrões.

Nos Estados Unidos contemporâneos, os que alcançaram o alto são tão satisfeitos consigo mesmos como a condenada classe dominante em *The Rise of the Meritocracy*. Sua auto-satisfação é exibida de todos os modos. Por exemplo, os residentes de Nova York, Washington e Los Angeles se referem ao resto do país como "os estados de passagem" e descrevem a si mesmos como pertencendo à "Aristocracia natural" de John Adams. Eles acreditam que tiveram êxito porque foram abençoados com uma abundância de talento e pensam nas pobres criaturas que vivem fora desses três lugares vencedores como pertencentes a uma espécie inferior. Na *Vanity Fair*, meus colegas freqüentemente debochavam dos que vivem nos estados "de passagem", afirmando que eles envelhecem mais rápido, ficam carecas mais rápido e são mais propensos a sucumbir ao câncer.

Um sinal seguro de que os plutocratas americanos não sofrem de qualquer sentimento de culpa quanto à sua riqueza é que não têm a mínima vergonha em exibi-la. Basta ir aos Hamptons para testemunhar o triunfalismo burguês mais cru. Enquanto se observa uma sucessão de milionários passar em seus Porsche 911 conversíveis, cada carruagem contendo uma loura mais bonita que a outra, fica-se com a impressão de que é apenas uma questão de tempo para que esses Mestres do Universo tatuem o valor de suas fortunas na testa. Segundo Tom Wolfe, os Hamptons existem primordialmente para fornecer aos nova-iorquinos a oportunidade desse tipo de demonstração. "A primeira grande vantagem de passar o verão nos Hamptons", ele confidenciou a um jornalista do *The Sunday Telegraph*, "é simplesmente contar aos outros no escritório que você estará lá e não aqui."

Antes de me mudar para Manhattan, sempre suspeitei da tendência dos vencedores da Inglaterra a minimizar seu *status* privilegiado. Por que a modéstia e o eufemismo devem ser sinônimos de bom gosto? Minha opinião — não especialmente original — era que esse estilo utilitarista fora originalmente desenvolvido pela aristocracia britânica como um modo de diminuir o ressentimento causado por sua prosperidade. Numa época em que o poder era restrito a membros do clube do esperma feliz, a aristocracia adotara prudentemente um conjunto de maneiras que proibia a ostentação de sua boa fortuna. Era um dos diversos truques astuciosos que utilizavam para evitar o destino de seus primos do outro lado do Canal. É claro que o poder da aristocrcia britânica há muito diminuiu, mas seu código social provou-se notavelmente resistente, influenciando o comportamento de seus sucessores burgueses.

Contudo, agora que eu tinha visto a alternativa — uma classe dominante que encarava sua riqueza como completamente legítima — comecei a repensar a questão. Fossem quais fossem suas origens históricas, a auto-anulação não era mais atraente do que a autopromoção? Certamente me parecia assim no final de 1997.

A imodéstia dos mais prósperos residentes de Nova York não teria sido tão objetável se eles realmente tivessem *conquistado* seu sucesso. Mas até que ponto a sociedade americana é meritocrática? Se a palavra é usada para denotar igualdade de oportunidades, então os Estados Unidos não se saem muito bem. Os 20% dos lares americanos mais ricos têm quinze vezes mais renda do que os 20% da camada inferior, e uma criança nascida no segmento mais rico terá um conjunto de oportunidades não disponíveis para o nascido entre os mais pobres. Para apontar o exemplo mais óbvio, alguém realmente imagina que George W. Bush chegaria à presidência só por mérito? É interessante notar que um dos primeiros atos de Bush como presidente foi anunciar a abolição da taxação sobre herança, capacitando os 20% mais ricos a transferir o total de seus bens para seus filhos sem pagar nada ao governo. A transferência sem restrições dos bens de uma geração para a próxima dificilmente leva à criação de uma meritocracia. Isso contrasta com a Inglaterra, onde a aristocracia foi dizimada pela política de taxação do Governo Trabalhista de 1945-51. Este aumentou a taxação sobre heranças em 75% para aqueles que deixassem mais de um milhão de libras, forçando grande número de aristocratas a passar suas casas para as mãos do The National Trust. Hoje, mesmo depois de dezoito anos de Governo Conservador de 1979-97, a herança ainda é taxada em 40%.

É claro que os especialistas em educação de mente liberal tentaram eliminar o efeito da grosseira desigualdade econômica dos Estados Unidos baseando a admissão às faculdades em pontuação SAT,* mas isso foi bom e mau ao mesmo tempo. Há uma abundância de indícios mostrando que a pontuação SAT de uma criança é pelo menos parcialmente determinada pelo *status* socioeconômico de seus pais. Uma das minhas amigas de Manhattan, a Dra. Katherine Cohen, era uma "*college counsellor*", profissão altamente lucrativa que significa treinar os filhos dos ricos para entrar na universidade de sua escolha. Kat, que no passado trabalhou para o escritório de admissões em Yale, cobra 28.995 dólares por seu "pacote platina".**

Parece claro que os Estados Unidos estão longe de conquistar a igualdade de oportunidade, mas pode ser descrita como meritocrática em algum outro sentido, menos ambicioso? Talvez tudo que a palavra significa é que

---

*Teste de aptidão escolar.
**Segundo um artigo sobre ela na revista *New York*: "Kat, como seus reverentes *protégés* a chamam, é parte de uma próspera raça de novos *counsellors* particulares que estão ajudando os filhos dos ricos a conquistar seu direito inato de serem aceitos na faculdade de sua escolha na Ivy League." Ralph Gardner Jr., "The ultimate college admissions coach", *New York*, 16 de abril de 2001.

os Estados Unidos não têm o fardo de um sistema de classes. Entretanto, num exame rápido, até mesmo essa afirmação é dúbia. A elite Wasp da Costa Leste — o "Episcopado" — é *ainda* imensamente rica, há ainda uma grande quantidade de nepotismo nas universidades da Ivy League e uma cabala de famílias poderosas ainda domina a política americana. Tudo isso na verdade nos diz que, nos Estados Unidos, existe uma elite de classe média alta que se autoperpetua, e poucos observadores argutos discordariam disso.

A questão é: quanta mobilidade social existe ali? Olhado desse modo, o quadro começa a melhorar. Até Karl Marx, referindo-se aos Estados Unidos da década de 1850, reconhece que "embora classes na verdade existam, elas não se tornaram fixas, mudando e intercambiando continuamente seus elementos num constante estado de fluxo." Segundo Jonathan Freedland, autor de *Bring Home the Revolution: The Case for a British Republic*, a América goza de níveis muito mais altos de mobilidade social do que a Inglaterra. Ele cita a estatística mostrando que, de todas as pessoas nos 20% da camada inferior da escala de renda americana em 1975, só 5% ainda estavam lá em 1991. Outra pesquisa realizada em meados dos anos 1980 mostrou que 18% das famílias nos 20% da camada inferior saíram de lá *em apenas um ano*. Em geral, os que estão na camada do fundo da sociedade americana só ficam lá por um curto período de tempo.

Na década passada, contudo, muitos economistas começaram a desafiar estatísticas como essa. Por exemplo, em 1992, um economista chamado David Zimmerman revelou que esse lisonjeiro auto-retrato era fundamentalmente impreciso. "Parecia-me que os economistas estavam avaliando o estudante de universidade que era pobre por alguns meses antes de conseguir um emprego", destacou. Quando realizou sua própria pesquisa, descobriu que o *status* de renda média a longo prazo de uma pessoa era primordialmente determinado pelos ganhos de seus pais. Das crianças nascidas no quintil inferior, 40% ficavam lá por toda a sua vida, enquanto 29% ascendiam apenas um nível; dos que haviam nascido no quintil superior, 41% ficavam onde estavam, com apenas 17% descendo um nível. A desigualdade de renda é agora mais alta nos Estados Unidos do que em qualquer outro lugar no mundo industrializado. A chance de um trabalhador que começa nos 20% do fundo mover-se para os 60%

do alto é menor do que em qualquer país da Europa — e menos da metade do que na Grã-Bretanha.

Durante o tempo que passei na *Vanity Fair*, presenciei inúmeros exemplos de como a sociedade de Nova York não é nada meritocrática. Por exemplo, os únicos assistentes pessoais contratados entre 1995-97 a serem promovidos foram Patricia Herrera e Evgenia Peretz. Embora indubitavelmente inteligentes e capazes, essas duas mulheres não eram explicitamente mais talentosas do que quaisquer outros assistentes pessoais contratados no mesmo período. Entretanto, ambas partilhavam uma vantagem que os outros não tinham. Patricia era filha da *designer* de moda Carolina Herrera e Evgenia era filha de Marty Peretz, que naquela época era o dono do *The New Republic*. Em Nova York, como em Londres, não é *o que* você sabe que conta, e sim *quem* você conhece.

Evidentemente, os Estados Unidos não podem reivindicar serem mais meritocráticos do que a Grã-Bretanha. Isso torna o triunfalismo de seus cidadãos mais bem-sucedidos totalmente indefensável. Os Estados Unidos são uma falsa meritocracia na qual níveis de desigualdade são justificados pelo apelo a um princípio de justiça social que, embora sagrado, tem ainda que ser implementado. Os cidadãos mais bem-sucedidos dos Estados Unidos nasceram com meio caminho andado e pensam que começaram do zero.

A diferença crucial entre a Grã-Bretanha e os Estados Unidos não é que a Grã-Bretanha tenha um sistema de classes, e sim que os americanos acreditam que seu país é meritocrático enquanto os britânicos não acreditam. Os britânicos reconhecem que o *status* socioeconômico de seus pais pode ter um impacto crucial em suas chances na vida, enquanto a maioria dos americanos acredita que todos eles competem num nível de igualdade. Na verdade, não é muito certo dizer que eles "acreditam" nisso, uma vez que a coisa é tão patentemente falsa. É mais um artigo de fé, um exemplo do que Platão chamava de "uma mentira nobre". É um mito nacional destinado a tornar mais aceitáveis os níveis extremos de desigualdade causados pelas forças desencadeadas pelo mercado, e desafiar isso seria completamente impatriótico. Que alguém possa erguer-se ao topo, por mais humilde que tenha sido seu começo, é o que torna grande Os Estados Unidos da América. "Chegamos mais perto de uma verdadeira meritocracia do que qualquer outro lugar no mundo", escreveu Warren Buffett numa carta ao *New York Times* em 14 de fevereiro de 2001. Ele provavelmente acredita em tal afirmação, claro, já que isso significa que sua fortuna de 28 bilhões de dólares é totalmente merecida.

Esse mito nacional tem seus benefícios. Provavelmente explica por que os Estados Unidos têm uma economia tão vibrante. Se as pessoas acreditam que só o trabalho árduo pode impeli-las ao topo, então, obviamente, trabalharão muito mais arduamente. Nova York está cheia de pessoas famintas e ambiciosas lutando por seu pedaço da ação; um fato que ajuda a explicar por que a cidade tem uma vitalidade tão fantástica. Contrasta com Londres, onde a existência no iníquo sistema inglês de classes é a desculpa preferida de todos para o fracasso. Se alguém não preencheu seu potencial, ora, foi porque não nasceu em berço de ouro!

No balanço geral, porém, a autocompreensão mais acurada da Grã-Bretanha me parece esmagadoramente preferível. O fato de que os britânicos reconhecem que suas chances na vida são profundamente afetadas por quem são seus pais significa que os tornam menos propensos a julgar as pessoas pelo fato de elas se saírem bem ou mal. Os britânicos cultuam menos o sucesso que os americanos e, mais importante ainda, desprezam menos quem fracassa. A tradição aristocrática da *noblesse obrige* tem sido preservada na Grã-Bretanha exatamente porque seus habitantes não acreditam que o país seja uma meritocracia. À diferença dos cães-líderes americanos, os que se saem melhor na sociedade britânica tendem a se sentir um pouco culpados e embaraçados em relação à sua boa fortuna, como se não a merecessem. Como resultado, têm bastante consideração com os outros e, ocasionalmente, são até amáveis com os menos afortunados. Na verdade, mais de um historiador traçou as origens da sociedade assistencialista da Grã-Bretanha precisamente nesses sentimentos paternalistas.

Isso contrasta com os Estados Unidos, onde qualquer um que não esteja tendo êxito é automaticamente descartado como um perdedor. Kurt Andersen, o ex-editor da *Spy*, resumiu a atitude numa entrevista em *The Washington Post*. "Hoje em dia, se você não está ganhando dinheiro, é uma espécie de tolo." A displicente e irrefletida crueldade com que os nova-iorquinos bem-sucedidos tratam motoristas de táxi e garçons, sem se falar em seus assistentes pessoais, foi algo que presenciei a cada dia. Na Manhattan contemporânea, o conceito do "é pobre porque merece" é um oximoro.

Após uma hora de trabalho na Condé Nast, até mesmo a negligenciada Família Real começa a parecer atraente. O fato do soberano ser escolhido por um acidente de nascimento é um lembrete constante de que existe algo completamente irracional no fato de se ter ou não sucesso no jogo da vida. O que pode ser mais absurdo do que fazer de um membro do clube do esperma sortudo o chefe do Estado? Se a monarquia fosse abolida, a Grã-Bretanha não se tornaria subitamente uma sociedade sem classes da noite para o dia, como alguns republicanos parecem achar. Então por que não preservá-la como símbolo de quão *imeritocrática* é a sociedade britânica? Os Estados Unidos podem ter um chefe de Estado eleito, mas o atual detentor do cargo herdou-o tão seguramente quanto a Rainha *britânica*. É importante que os símbolos da identidade nacional britânica devam refletir a injustiça da vida na Grã-Bretanha, já que a alternativa — a alegação de que todos começam com chances iguais — leva a crer que a distribuição de riqueza é inteiramente legítima. A seu próprio modo primitivo, a monarquia melhora o resultado extremo ditado pelo capitalismo contemporâneo.

Já que eu me sentia tão nostálgico do *meu velho país* no fim de 1997, considerei seriamente tomar correndo o primeiro avião para casa. Por que não aceitar que eu não tinha o que era necessário para conquistar Manhattan?

Bem, para início de conversa, eu não poderia encarar as expressões de complacente satisfação no rosto de meus amigos. Mudar-se de Londres para Nova York é um pouco como se mudar de Newcastle para Londres. Por pior que tenha sido o resultado da mudança, você não pode mudar-se novamente para Newcastle. É humilhante demais. Eu pintava mentalmente um comitê de recepção dos amigos esperando por mim no aeorporto de Heathrow enquanto eu descia do avião. "Está vendo? Nós dissemos que você jamais venceria em Nova York."

Depois, eu teria que lidar com o *schadenfreude* de Alex. Eu sabia concretamente que ele se sentia tão competitivo comigo como eu com ele, mesmo se ele o conseguisse esconder melhor. Se eu fosse para casa naquele momento, poucas semanas depois de ele ter vendido seu primeiro roteiro, ia parecer que eu estava jogando a toalha. Só porque ele ganhara os primeiros seis *rounds* não significava que ganharia a partida. (Isso só a tornava *esmagadoramente* provável.) Se eu não fosse a nocaute, pretendia continuar no ringue pelos doze *rounds* completos.

Finalmente, e mais importante de tudo, eu ainda pensava que poderia vencer. Mesmo cético quanto à meritocracia dos Estados Unidos, eu esperava ser um dos sortudos que conseguem romper a barreira. Estava sofrendo do mesmo delírio que outros que tentavam escalar o pau de sebo de Manhattan até o alto: eu era especial, estava destinado a ser alguém.

Essa não era uma crença racional. Estatisticamente, eu sabia ter aproximadamente a mesma chance de conquistar Manhattan quanto de que meu cabelo crescesse de novo. Mas havia exemplos suficientes de pessoas exatamente como eu que tinham conseguido, e isso me impedia de desistir da esperança. Na minha opinião, é por isso que a vasta maioria dos americanos continua a acreditar que seu país é a terra da oportunidade. Todos conhecem alguém que começou em circunstâncias muito semelhantes às deles e que agora está no banco de trás de uma limusine, rodeado de supermodelos. Sempre que eu entrava numa discussão com um nova-iorquino sobre quão pouco meritocrática era a sociedade americana, eles sempre caíam numa espécie de evidência anedótica: "Se os Estados Unidos não são meritocracia, como é que o cara que foi meu colega no ginásio acaba de comprar um jato particular?" São principalmente as histórias de "mendigo-a-príncipe" que sustentam a fé de pessoas comuns na justiça do sistema. É o tema narrativo mais comum na cultura popular americana: o carinha que vence totalmente só pela força de vontade. Isso reforça a convicção deles de que se apenas recorrerem à sua força interior, se apenas liberarem seu potencial, também terão sucesso.

É essa fantasia que sustenta todo o edifício; é por isso que a elite não sofreu o mesmo destino da classe dirigente em *The Rise of the Meritocracy*.

As massas sem dinheiro não levantam barricadas quando ouvem falar dos enormes bônus pagos aos sócios de Goldman Sachs a cada ano porque acham que podem ser tão ricos quanto eles um dia, se acertarem a mão. E só Deus sabe que, no final de 1997, eu também acreditava nisso.

Enquanto eu contemplava os plutocratas mastigando charutos e saindo do Balthazar em seus ternos "Black Label" de Giorgio Armani, de 2 mil dólares, uma parte de mim pensava. "Que coisa medonha!". A outra, menos racional, pensava: "No próximo ano estarei lá, companheiro. Me aguarde."

28

Caroline

*E*XATAMENTE QUANDO MINHA CARREIRA chegava ao fundo do poço, minha vida pessoal se aprumou. — *graças a Deus!* Uma ex-namorada chamada Nati Bondy, com quem eu saíra dezesseis anos antes, ligou para dizer que sua irmãzinha acabara de arranjar um emprego numa grande firma de advocacia de Nova York e chegaria à cidade em breve. Poderia eu encontrar um lugar para ela ficar enquanto procurava apartamento? Eu tinha uma vaga lembrança da irmã mais moça de Nati pairando no cenário de uma certa tarde na casa de seus pais, segurando um volume de *Orgulho e preconceito*. Naquela época tinha sete anos. Sem pensar muito, eu disse a Nati para lhe dar meu telefone. Um dos riscos de morar em Nova York, se você é inglês, é que duas vezes por semana recebe telefonemas de compatriotas procurando um lugar para ficar.

Caroline Bondy acabara de fazer vinte e três anos quando chegou à minha porta, em 5 de outubro de 1997, e gostei dela no momento em que a vi. Tinha uma expressão levada e ligeiramente culpada no olhar, como se tivesse acabado de comer toda uma caixa de chocolates. Seus olhos enormes brilhavam de malícia e sua boca fechava-se com firmeza, parecendo fazer um esforço para se impedir de rir. Como se ela fosse uma escolar delinquente mandada para a sala do diretor por fumar na sala das meninas. Ela sustentou firmemente meu olhar, decidida a não piscar primeiro.

Segundo Nati, Caroline tinha acabado de se separar do namorado e eu recebia intruções estritas para apresentá-la a "homens ricos e bonitos."

No entanto, depois de pôr os olhos nela, estava resolvido a guardá-la para mim, embora minhas perspectivas não fossem boas. A seus olhos, o fato de eu ser tão classe-média me tornava desesperadamente nada bacana. Até os dezesseis anos ela freqüentara o Cheltenham Ladies College, uma das mais grandiosas escolas de moças da Inglaterra, mas depois disso fora para o William Ellis, o mesmo ginásio a norte de Londres em que eu tinha estudado. Na época em que ela chegou lá, o colégio já tinha se deteriorado tremendamente; em conseqüência disso ela agora falava com um sotaque *cockney* e era conhecida como "Cazzy". (Seu pai brincava dizendo que queria que o Cheltenham Ladies College lhe devolvesse o dinheiro.) Ela continuou os estudos e formou-se em antropologia social na London School of Economics; a maioria de seus amigos eram pequenos escroques que ela conhecera no Ellis, ou estudantes empobrecidos.

Consegui encontrar para ela um apartamento ao lado do meu e a levei a tantos eventos glamurosos quanto pude em sua primeira semana. Eu esperava impressioná-la com meus vínculos sociais mas nem precisava ter feito o esforço. Ela achou que a maioria de meus amigos era "desprezível" e descartou as festas em que eu a levava como "chatas". Não estava interessada no mundo ver-e-ser-visto dos restaurantes e bares da moda de Manhattan. Era um moleque, não uma aspirante a *socialite*. Na realidade, ela era a fantasia de um leitor da *Loaded* concretizada: uma *lady* com a silhueta da moça pelada da página central. Sua idéia de diversão era assistir a uma luta de boxe no canal pago da televisão e depois ir ao *pub* mais próximo e encher a cara. Em Londres, ela bebia cerveja em canecas gigantes.

Caroline era totalmente diferente das outras moças que eu vinha perseguindo em Manhattan. Para começar, não era totalmente obcecada com a própria aparência. Roupas, cabelos, maquiagem — nenhuma dessas coisas nem de longe importava tanto para ela quanto para qualquer moça mediana de vinte e três anos de Nova York. Artifícios femininos não eram parte de suas armas. Na verdade, sua natureza era totalmente incapaz de enganar. Sempre que tentava esconder algo isso era risivelmente óbvio, como uma criança pequena contando que não comeu o último pedaço de pão com o rosto coberto de geléia de morango. Tudo nela me lembrava o que eu deixara para trás ao embarcar na missão de conquistar Manhattan. À luz do *beau monde* de Nova York, Caroline não era ninguém, mas mesmo assim me descobri querendo passar cada vez mais tempo com ela.

Esperei que ela estivesse completamente bêbada antes de lhe dar uma cantada — que cavalheiro! — mas mesmo assim fiquei ATÔNITO quando ela não me rejeitou. Tive outra surpresa quando ela tirou a blusa, exibindo peitos tipo *Baywatch*, tamanho 46, perfeitos. Ela notou, também. Ao me levar para o quarto, disse-me para não tropeçar em minha própria língua. Quando fizemos amor pela primeira vez — ou "trepamos", como disse ela — tive a sensação de estar trapaceando com o destino, que eu acabara com uma moça muito mais *sexy* do que eu merecia. Quer dizer, ela era *absolutamente deslumbrante, porra*. O que estaria fazendo com um cara como eu? Estava convencido de que seria uma vez só, um modo de agradecer por tomá-la sob minha proteção, e tentei desesperadamente registrar a experiência com minha câmera de vídeo interna. Aquela era definitivamente uma para o que Chris Lawrence chamava de "a bomba" — banco de memória das vencedoras.

O simples fato de eu estar com uma mulher na cama já tornava o evento *histórico*. Desde minha memorável tarde com o chili "quente", eu só conseguira um punhado de noites únicas e isoladas. Após dois anos e meio no cenário dos solteiros de Manhattan, descobrira que as mulheres de Nova York tendem a julgar os parceiros potenciais segundo a quantidade de atributos desejáveis que eles possuem e não o que eles são como pessoas. Tais atributos eram, numa ordem de importância descendente: *status* social, valor líquido, aparência física, apartamento, casa de verão e, bem abaixo na lista, personalidade. Nenhum homem é aceito por possuir qualquer valor intrínseco — somos todos apenas a soma de nossos bens.

Caroline era diferente. No caso, uma esnobe ao inverso, mais propensa a descartar os homens se estes fossem muito visivelmente bem-sucedidos, especialmente se enfiassem seu sucesso pela garganta dos outros como a maioria dos nova-iorquinos tende a fazer. Em geral, ela era menos preocupada com os atributos externos dos homens, por mais ofuscantes que fossem, e mais interessada no que eram por dentro. Isso era uma sorte para mim, já que, do lado de fora, eu era baixo, cada vez mais careca e desempregado aos trinta e três anos, sem nenhum dinheiro e um apartamento minúsculo. O fato de ela me achar engraçado foi também uma grande ajuda. Mulheres de Manhattan nunca riam de minhas piadas — e quando digo nunca é NUNCA mesmo.

Por exemplo, eu estava numa festa no Upper East Side no verão de 1997 quando a mulher com quem eu conversava disse ter visto três conhecidos cirurgiões plásticos ao entrar. Tomei isso como uma dica para lhe perguntar o que faria em si mesma se tivesse que escolher uma plástica.

— Não sei — ponderou ela. — Acho que diminuiria meus seios.

Como você pode imaginar, precisei de um esforço quase sobre-humano da vontade para que meus olhos não perambulassem na direção sul. Ela então me perguntou que plástica eu faria em mim.

— Ah, é fácil — retruquei. — Acho que diminuiria meu pênis.

Está bem, foi um pouco óbvio, embora eu esperasse ao menos um risinho polido. Mas não houve nada. Em vez disso ela comentou: "É mesmo? Por que, você tem algum problema?"

Seus olhos estavam arregalados como pires, e debati comigo mesmo se continuaria brincando. *É, meu bem, tenho um problema ENORME!* No entanto, no caso de ela vir para casa comigo, eu sabia que tal frase a levaria a uma decepção — colossal e abaladora —, portanto eu disse que estava brincando.

— Ah, entendo — falou ela. Então, como se pensasse melhor, acrescentou: — Ha!

Trinta segundos depois ela havia ido embora.

Felizmente, Caroline achava meu tipo de humor pueril bastante engraçado e, para meu espanto, nossa noite juntos revelou-se o começo de... algo. Eu ia dizer "um caso" mas isso não seria muito exato. Parecíamos mais dois velhos amigos que por acaso fazem sexo do que dois amantes. A excitação habitual que acompanha os primeiros estágios de um romance, quando duas pessoas descobrem uma à outra pela primeira vez, estava estranhamente ausente. Éramos como um casal bem-casado que já vive junto há pelo menos dez anos. Eu estava totalmente contente com esse estado de coisas — minha nossa, eu a teria aceito sob *quaisquer* condições — mas aquilo aborrecia Caroline. Afinal de contas ela só tinha vinte e três anos. Não estava interessada numa confortável relação de baixa rotatividade. Ela queria fogos de artifício.

De seu ponto de vista, o problema era que não estávamos apaixonados. Nesse estágio, eu deveria ter feito o que qualquer homem sensato em minha situação teria feito: arrebatado Caroline para um fim de semana lascivo nos Hamptons. Em vez disso, fiz algo totalmente, totalmente estúpido — na verdade GALAXICAMENTE estúpido. Disse que não acreditava em amor romântico. É uma ilusão, insisti, um transbordamento de sentimento desencadeado por outra pessoa, mas na realidade tendo muito pouco a ver com ela. A pessoa pela qual imaginamos estar apaixonados é apenas uma tela branca na qual é projetada nossa própria fantasia romântica. É uma reação excessiva e absurda, fora de qualquer proporção com sua causa aparente. Na linguagem da psicanálise, nós "idealizamos o objeto sexual". É como ser hipnotizado. Como Freud sublinhou, ocorre geralmente porque algo na mulher em questão nos lembra nossa mãe. Ela se torna a "mãe substituta" e todo o anseio libidinal que tínhamos pela mãe, há muito reprimido, volta com uma força esmagadora. Essa paixão só dura — no máximo — dezoito meses e quando desaparece nos vemos envolvidos com alguém que pouco conhecemos, como se acordássemos de um sonho. Muito freqüentemente nem sequer *gostamos* delas. Não, disse eu a Caroline, escolher o parceiro com base no amor é rídículo. Estávamos muito melhor em nossa relação madura e adulta: dois bons amigos que por acaso faziam sexo.

O que é que eu tinha na cabeça?

Confesso que naquela época eu acreditava nisso. A análise que Freud fazia do amor romântico — ou o "amor sexual", como o chamava — parecia combinar com minha própria experiência. A última vez em que me apaixonara fora em 1993, quando saí com uma atriz chamada Natascha McElhone. A relação não durou muito — ela me deixou depois de três meses —, mas meus sentimentos por ela me dominavam como uma febre. Quando posteriormente passaram, foi um imenso alívio — eu me senti como um adepto do reverendo Moon que tivesse sido desprogramado com sucesso. Estava decidido a não entrar nesse estado alterado de novo.

Mas jamais deveria ter comunicado essa visão ressentida a Caroline. Só posso dizer em minha defesa que eu fui enganado por sua *persona* masculina, pão-pão-queijo-queijo. Achei que ela era parte de uma nova geração de mulheres pós-feministas que haviam rejeitado o modelo tradicional de feminilidade em favor de algo muito mais agressivo e viril. E cometi o erro de presumir que, pelo fato de ela ser um moleque, não daria bola para todo aquele negócio romântico e sentimental. Aquilo era para garotas "mulherzinhas", não para fãs de luta de boxe e bebedoras de cerveja como Caroline. Ela era como um cruzamento de Lara Croft e GI Jane, e não estava preocupada se seu traseiro era grande ou com qualquer outra coisa assim — ela fazia e acontecia!

Em suma, fiz exatamente o que acusava as mulheres de Nova York de fazerem comigo: julguei um livro pela capa.

No início de janeiro de 1998, Caroline me deixou por um vigoroso advogado de vinte e oito anos da firma onde trabalhava. Eu não tinha percebido, mas ele a rodeava há milênios, cortejando-a com flores, chocolates e jóias. Diferente de mim, esse advogado astucioso não foi enganado pelo duro exterior de Caroline. Ele soubera exatamente que botões acionar.

Desnecessário dizer que, assim que a bala foi disparada, eu percebi que tinha me apaixonado irremediavelmente por Caroline. Eu não mudara de idéia sobre o amor romântico, mas isso não me impedira de cair de quatro. Havia pensado no amor como uma espécie de desordem mental e acreditava que, uma vez suas raízes psicológicas expostas, ele perderia o poder — a boa e velha "cura pela fala". Na verdade, é muito mais como uma doença física: entender suas causas — ou achar que se entende — não impede alguém de contraí-la. O amor é completamente involuntário. O que você acha dele abstratamente não faz nenhuma diferença quando ele o afeta pessoalmente. De modo arrogante, eu imaginava que, já que não acreditava nele, estava imune a seus encantos. Sentia-me como o curandeiro de Deal nos famosos versinhos:

> *There was a faith-healer of Deal*
> *Who said, "Although pain isn't real,*
> *If I sit on a pin*
> *And it punctures my skin,*
> *I dislike what I fancy I feel."**

Quando o inverno 1997/98 chegou ao fim, eu estava péssimo. Não apenas tinha perdido meus dois empregos como também a mulher que amava. Até eu podia ver que havia um padrão ali: eu era um auto-sabotador de manual. Que diabo haveria de errado comigo? Por que o impulso de autodestruição — o que Freud chamava de "instinto de morte" — era tão poderoso em mim?

É claro que quando pensei ter atingido o fundo do poço, as coisas subitamente ficaram bem piores.

---

*Um curandeiro-rezador de Creta/ dizia, "Embora a dor não seja concreta, / Se eu sentar num alfinete/ ou ele furar meu gasganete, / Não gostarei do que imagino que me espeta." (Tradução livre.)

29

O problema com Harry

FOI POR VOLTA DO MEIO-DIA de 16 de fevereiro de 1998 que descobri toda a extensão do meu problema. Frank Johnson, o editor da *The Spectator*, ligara-me mais cedo naquele dia para me dizer que chegara uma carta para mim de Theodore Goddard, uma firma de advogados atuando por Harold Evans, marido de Tina Brown. A carta desenrolava-se agora do meu fax como uma serpente venenosa. Era a resposta a um artigo que eu escrevera na *The Spectator* em novembro anterior sobre a saída de Evans da Random House, a editora da qual tinha sido presidente. A carta me acusava de desencadear uma "campanha" para "ridicularizar e denegrir" Evans e sua mulher, e me ameaçava com um processo por difamação se eu não pagasse todos os custos legais dele até aquela data, lhe desse uma quantia em dinheiro para sua obra de caridade favorita e assinasse uma garantia que efetivamente me impediria de escrever para sempre sobre ele ou sua mulher.

Bem, pensei, finalmente aconteceu. Desencadearam uma guerra nuclear.

Todos os meus colegas da Fleet Street tinham me avisado para não aborrecer Evans e Brown — ou "Harry e Tina", como são chamados universalmente. Desde que chegaram em Nova York em 1983, Harry e Tina se tinham tornado dois dos mais formidáveis operadores da cidade. Além de serem considerados responsáveis pelo sucesso de uma cintilante série de escritores, há vários jornalistas que afirmam terem tido suas carreiras prejudicadas depois que aborreceram o casal. (O apelido de Tina na *New Yorker* era "Stalin de saltos altos".) Eu me via agora no alto da lista de seus inimigos. Não se poderia chamar o que eu tinha feito de "suicídio profissional", já que minha carreira estava a ponto de expirar. Era mais uma eutanásia.

Conheci Tina em Oxford em 1985, quando era um atrevido estudante de vinte e um anos. Ela estava com trinta e um e era editora da *Vanity Fair*, tendo voado para a Grã-Bretanha alguns dias antes para investigar a morte de Olivia Channon por overdose de heroína. Além de ser uma Coisinha Brilhante de Oxford, Channon era a filha de um político importante, e Tina decidira que valia a pena escrever sobre esse escândalo. Um grupo de "alunos proeminentes" fora reunido a pedido dela, e estávamos sentados a uma mesa num restaurante francês quando ela entrou.

— Finalmente — disse eu, correndo para ela de braços abertos como se recebesse um parente há muito perdido. — A Toby Young de saias.

Os outros riram — eu tinha a reputação de dizer coisas inadequadas —, mas Tina pareceu extremamente desconcertada. *Quem era aquele idiota?*

— Estou brincando — disse eu, tentando uma abordagem diferente. — Sou a Tina Brown de saias!

Silêncio.

A jornalista britânica mais bem-sucedida de sua geração fixou-me friamente e fez um aceno de cabeça quase imperceptível antes de cumprimentar os outros. Mal lançou um olhar na minha direção pelo resto do almoço. Naquela época eu me xinguei por ter estragado uma oportunidade de ouro, mas os estudantes que conversaram com ela não tiraram muito da coisa. Um rapaz disse que entrar em contato com Tina era como encontrar uma forma de vida alienígena com a capacidade de absorver em poucos segundos tudo que você sabe, perdendo o interesse em você no momento em que a Mente Absorvedora de Vulcano conseguiu seu objetivo.

Logo que cheguei a Manhattan pensei que Harry e Tina poderiam fazer algum esforço para me agradar, especialmente depois que comecei a escrever a coluna no *Evening Standard*. Não é pouco comum que cortejem correspondentes de jornais britânicos em Nova York na esperança de conseguirem alguma publicidade favorável na antiga pátria. Uma certa jornalista gosta de contar a história de como foi apresentada a Harry no Festival Literário Hay-on-Wye pouco antes de se mudar para Manhattan. "Então, você está partindo para a nossa bela costa, não é?", disse ele. "Não deixe de me procurar quando chegar lá." A seguir passou-lhe seu cartão e continuou a percorrer a sala. Dez minutos depois ela estava em pé em algum outro lugar quando um de seus colegas arrastou Harry para conhecê-la, dizendo-lhe que ele era o melhor contato possível em Nova York. Ela olhou constrangida para Harry como se dissesse, "Desculpe isso", mas o atento senhor de sessenta e oito anos se mostrou notavelmente imperturbável. "Então, você está partindo para a nossa bela costa?", ele disse. "Não deixe de me procurar quando chegar lá." A seguir, conscienciosamente, passou-lhe outro cartão antes de desaparecer na multidão.

Talvez Harry e Tina não tenham feito nenhuma tentativa de contato comigo em 1995 porque eu estava trabalhando para a *Vanity Fair*. Graydon e o poderoso casal de Nova York não morrem de amores um pelo outro. Em seus dias de *Spy*, Graydon publicou a cópia de uma carta servil enviada por Tina a Mike Ovitz implorando-lhe uma entrevista. Na carta, que apareceu em 1990, Tina descreveu Ovitz em termos constrangedoramente efusivos, referindo-se à "criatividade" dele, seu "acurado senso de talento", seu "gosto", sua "aguda percepção profissional" e sua "aura de liderança".

A chance de vingança surgiu dois anos depois, quando Tina soube que Si Newhouse oferecera a Graydon a editoria da *The New Yorker*. Naturalmente Graydon aceitou, mas antes de isso ser anunciado, Tina informou a Si que ela própria estava interessada no posto. Tina terminou na *The New Yorker* — ela era a favorita de Si — e em lugar disso Graydon foi indicado editor da *Vanity Fair*. Segundo o folclore da mídia de Nova York, Tina então esfregou sal na ferida, deixando um enorme retrato ampliado de si mesma recebendo um National Magazine Award na parede de seu escritório para saudar o sucessor.

Ela também incentivou os mais importantes autores e anunciantes da *Vanity Fair* a irem com ela para *The New Yorker*, e um de seus associados apelidou a revista de "*Vanishing Flair*".* Tais táticas agressivas tiveram êxito em perturbar Graydon e só depois de cerca de dois anos ele conseguiu um reconhecimento adequado na *Vanity Fair*.

Depois que perdi meus dois contratos em 1997, o único meio de conseguir ganhar a vida foi fazer matérias *freelance* para o maior número de publicações inglesas possível, e descobri rapidamente que havia um apetite quase insaciável por histórias comprometedoras sobre Harry e Tina. Não era de surpreender que poucos repórteres estivessem preparados para escrever sobre as sujeiras do "Bill e Hillary da imprensa de Nova York". Um perfil típico sobre eles começava com o jornalista se queixando de não ter conseguido convencer ninguém a pronunciar uma palavra contra eles, *on* ou *off* the *record*. Na realidade, alguns repórteres se queixaram de que ninguém estava sequer disposto a ser citado dizendo algo simpático sobre eles, caso Harry e Tina equivocadamente atribuíssem quaisquer das citações anônimas menos lisonjeiras a eles. Poucos jornalistas de Nova York queriam aborrecer o time de marido-mulher, pois este supostamente podia liquidar a carreira do profissional com um simples estalar de dedos.

Sempre fui cético quanto a isso. Achava que era apenas parte do mito que os dois cultivavam sobre si mesmos. De qualquer modo, eu fora despedido de todos os meus empregos, portanto o que poderiam fazer? Eu não tinha nada a perder. Portanto, comecei a vasculhar fofocas sobre eles. Não havia escassez de material. Quase todos em quem eu esbarrava tinham uma história para contar. Por exemplo, John Heilpern, o crítico de teatro britânico do *The New York Observer*, contou-me certa noite no Elaine's a seguinte história: em 1985, quando Heilpern era editor da *Vanity Fair*, Tina lhe pediu para encomendar um conto para o número de Natal e, usando todo o charme, Heilpern conseguiu convencer o romancista Isaac Bashevis Singer a escrevê-lo. Naquela época, a *Vanity Fair* era uma publicação muito mais literária do que é hoje, tendo publicado

---

*Flair significa discernimento instintivo, faro para escolher ou realizar o melhor. Paródia depreciativa com o nome da revista, "*Vanishing Flair*" significa que a qualidade mencionada está em vias de desaparecer na publicação. (*N. do T.*)

o romance de Gabriel García Márquez, *Crônica de uma morte anunciada*, inteira, em 1983. Conscienciosamente, Heilpern encaminhou o conto na revista, esperando que Tina ficasse contente por ter conseguido tal façanha; alguns dias depois, a matéria voltou com as palavras "Melhore Singer" rabiscadas acima do título com a letra de Tina. "Tive que explicar gentilmente a ela que aquele 'Melhore Singer' tinha ganhado o Prêmio Nobel de Literatura", riu Heilpern.

Como descobri depois, eu me enganei em achar que Harry e Tina não retaliariam se eu espalhasse histórias assim na imprensa britânica. Fui ameaçado com um processo caso não desse uma garantia dizendo que eu "desistiria dali por diante de difamá-los, denegri-los e ridicularizá-los". Na realidade, tentavam me impedir de escrever sobre eles novamente.

Parecia uma reação exagerada e ridícula a um pouco de suave provocação da minha parte, mas Harry e Tina não gostam de ser molestados. Segundo Steve Florio, o presidente da Condé Nast: "Em algum ponto de seus antecedentes, Tina tem uma avó siciliana." Eu devia ter percebido que estava brincando com fogo quando o colunista de mexericos britânico Nigel Dempster me contou sobre uma entrevista que fizera com Tina no final de 1997. "Mencionei seu nome e ela endoidou completamente", disse ele. "Ela começou a remexer em seus papéis e isso foi o fim da entrevista. Você me causou um problema tremendo."

A carta do advogado me acusava de cometer dez equívocos em meu artigo da *Speccie*. Harry objetava principalmente ao que eu dissera sobre sua decisão de deixar o emprego na editora. Depois de se separar da editora Random House, ele assumira um novo posto como diretor editorial de *The New York Daily News*, e em minha matéria eu tratara seus esforços de mostrar isso como um lance inteligente de carreira com algum ceticismo. Curiosamente, eu não havia escrito quase nada que já não tivesse sido amplamente relatado na imprensa de Nova York, mas o artigo foi singularizado como um exemplo de minha "campanha nada profissional de invenções e insinuações."

Além dessa carta, Theodore Goddard enviou outra a *The Spectator* ameaçando a revista com um processo caso ela não garantisse que jamais repetiria as alegações contidas em meu artigo, além de publicar uma correção, um pedido de desculpas, e pagasse uma quantia em dinheiro à obra de caridade preferida de Harry.

Suspeito que Harry ficou realmente enfurecido com um tópico que surgiu numa coluna de mexericos no *The New York Post* dizendo que eu estava escrevendo uma peça satírica sobre ele e Tina.* O artigo da *Spectator* havia aparecido no número de 29 de novembro de 1997, uns dois meses antes, enquanto o tópico em *The Post* surgiu em 21 de janeiro de 1998, apenas um dia antes que Harry disparasse sua primeira queixa oficial.** À essa luz, a tentativa de Harry de me sufocar parecia suspeitosamente uma tentativa de esmagar a peça.

Fiquei atônito de que Harry estivesse fazendo um uso tão pernicioso das leis de difamação da Inglaterra. Parecia tão contrário ao espírito da Primeira Emenda. Como poderia Harry ter trabalhado por tanto tempo na mídia americana sem adquirir um respeito pela liberdade do discurso? Ou ele acreditava na Primeira Emenda, e então por que estaria procurando me amordaçar, ou ele não acreditava, e então por que aceitara um trabalho como diretor editorial de *The Daily News*? Não fazia sentido nenhum. Como presidente da Random House, Harry publicara *Primary Colors* (Cores primárias), *um roman a clef* quase indisfarçado sobre Bill Clinton. Por que era perfeitamente certo que Joe Klein satirizasse o presidente dos Estados Unidos, e inaceitável que eu "ridicularizasse" Harry e Tina?***

---

*Posteriormente terminei a peça; chama-se *Liberté, Egalité, Publicité*. De modo surpreendente, ela nunca foi produzida.
**Harry mandou uma carta para o *The Spectator* datada de 22 de janeiro de 1998, na qual fazia a lista de 13 "invenções" em meu artigo. A carta, que Harry queria que a *The Spectator* publicasse palavra por palavra, era duas vezes mais longa do que a matéria a que supostamente respondia. Continha uma riqueza de detalhes sobre a carreira de Harry, inclusive o nome do *designer* que ele contratara para redesenhar o *US News & World Report*: Edwin Taylor. Foi a recusa de Frank Johnson em publicá-la que levou à carta de Theodore Goddard, em 16 de fevereiro.
***A reação de Clinton à provocação por parte de Harry foi um tanto mais sangüínea: ele convidou Harry e Tina para jantar. Era um jantar governamental para Tony Blair em janeiro de 1998 e, em seu relato do evento em *The Nedw Yorker*, Tina retribuiu o cumprimento. Ela discorreu encantada sobre a "altura [de Clinton], sua boa aparência, seu cabelo recém-cortado, cor de aço, e a intensidade de seus olhos azuis", afirmando que ele emitia "mais calor do que qualquer outro astro no aposento".

Não era a primeira vez que ele reagia excessivamente a algo que considerava um ataque pessoal. Harry é especialmente sensível com qualquer coisa relacionada à sua briga com Rupert Murdoch. (Murdoch era dono do *The Times* durante a breve passagem de Harry como editor em 1981-82. Antes disso, Harry tinha tido um período muito bem-sucedido de catorze anos como editor do *The Sunday Times*.) Quando o jornalista William Shawcross mandou a Harry uma cópia manuscrita do capítulo de sua biografia de Murdoch em que este tratava da editoria de Harry no *The Times*, Harry reagiu com um fax de vinte e sete páginas sugerindo várias mudanças que, nas palavras de Shawcross, eram "quase tão longas quanto o próprio capítulo". Não é de surpreender que Shawcross ignorasse a maioria das recomendações de Harry, e Tina posteriormente disparou um severo ataque contra a biografia de Shawcross na *The New Yorker*, artigo que John Le Carré descreveu como "uma das matérias mais feias de jornalismo parcial que já li."

Por que Harry e Tina reagem assim a qualquer forma de crítica? Por que não se colocam acima disso? Afinal de contas, eles são britânicos. À diferença da classe dirigente de Nova York, supõe-se que nós sejamos capazes de absorver um pouco de provocação ocasional. A resposta, acho eu, é que passaram tempo demais nos Estados Unidos. No passado, devem ter conseguido rir de si próprios, mas tal faculdade parece tê-los abandonado nos dezoitos anos passados em Manhattan. Da mesma forma que todos outros figurões de Nova York, seu senso de auto-estima está intimamente vinculado ao seu *status* profissional e, especialmente, à percepção de quão bem estão *se saindo* aos olhos dos outros. Tanto Harry quanto Tina se tornaram mestres em criar uma opinião favorável sobre si, altamente competentes em transmitir a impressão de que têm carreiras brilhantes. Num certo sentido, suas carreiras atuais são secundárias em comparação com o negócio de lidar com a percepção pública sobre suas carreiras; ou, melhor, é nisso que consiste suas carreiras agora. Parafraseando Oscar Wilde, eles puseram seu talento no trabalho, mas seu gênio na cobertura desse trabalho pela imprensa.

No mundo em que Harry e Tina operam, a esfera pública é mais significativa do que a privada. Não seria nem preciso dizer que, nesse mundo, a percepção é mais importante do que a realidade; a percepção *é* a realidade. Para nomes em negrito como Harry e Tina, a esfera pública é a única que importa. É onde vivem. A partir do momento em que se tornaram figuras públicas, começaram a encarar tudo através dos olhos dos que imaginam estão seguindo cada movimento deles. Ao debater se fazem algo ou não, não ponderam sobre isso como uma pessoa normal o faria, e sim avaliam como tal coisa afetará suas reputações. Após alguns anos assim, certas figuras da lista A acabam absolutamente sem qualquer vida interior. Começam a sofrer do que o *Manual Diagnóstico e Estatístico de Disfunções Mentais* da Associação Psiquiátrica Americana define como "Disfunção da Personalidade Narcisista".* Eles pagam o preço final por sua notoriedade, que é a desintegração do eu ou, pelo menos, a transformação do eu em algo menos reconhecivelmente humano.

Não estou sugerindo que Harry e Tina se tornaram "celebridades-monstros", para usar o termo técnico, só que, juntamente com todos os pesos-pesados de Nova York, eles são hipersensíveis à crítica. A atmosfera combativa de Fleet Street, na qual jornalistas rivais batem uns nos outros o tempo todo, é algo que há muito deixaram para trás. Quando alguém põe a língua de fora para eles em público, eles não riem, como podem ter feito quando ainda estavam em Londres. Pelo contrário, retaliam.

Segundo o advogado da *The Spectator*, Harry tinha um caso judicial muito forte nas mãos. Eu confiava que meu artigo dizia a verdade, mas isso não

---

*Segundo o *Manual diagnóstico e estatístico de disfunções mentais*, os sintomas da Disfunção de Personalidade Narcisista são os seguintes: 1. Um senso grandioso de auto-importância. 2. Acreditar ser especial e só entendida por outras pessoas especiais. 3. Exigir excessiva admiração. 4. Uma tendência a usar as outras pessoas. 5. A sensação de ter determinados direitos, o que o faz acreditar que suas solicitações devem ser automaticamente atendidas. 6. Uma incapacidade de empatia com outras pessoas que tangencia o isolamento. 7. Ser considerado pelos outros como arrogante e altivo. Eu gostaria de acrescentar um oitavo sintoma a essa lista: referir-se a si mesmo na terceira pessoa. Assim, quando a Talk fechou em janeiro de 2002, Tina Brown foi citada dizendo ao *Sunday Times*: "Vocês ainda verão Tina Brown na chefia de uma companhia editorial muito bem-sucedida, pois certamente não tenho nenhum plano de me aposentar e fazer tricô."

significava que eu ganharia se a questão fosse ao tribunal. Segundo as leis britânicas, não caberia a Harry provar que os fatos disputados eram falsos; cairia sobre mim o ônus de mostrar que eram corretos. Só o fato da maioria deles em minha matéria na *Speccie* já ter aparecido em várias publicações de Nova York não provava que fossem verdadeiros. A fim de persuadir o júri, eu teria que convencer as fontes em que tais publicações se apoiaram a testemunhar em meu benefício. Uma vez que a maioria dessas fontes era anônima e morava em Nova York, as chances do testemunho acontecer eram mínimas. Por outro lado, Harry afirmava ter várias testemunhas esperando na pista do aeroporto JFK para irem para Londres ao primeiro aviso. Segundo a carta de Theodore Goddard, elas incluíam Si Newhouse, Dick Morris e o principal executivo da Disney, Michael Eisner.

Contudo, a situação não era sem esperança. Minha melhor estratégia era assegurar que os esforços de Harry para me amordaçar recebessem tanta cobertura desfavorável da imprensa quanto possível. Em qualquer caso de difamação, o queixoso corre sempre o risco de parecer vaidoso e se dar ares de importância simplesmente por fazer um esforço tão monumental para restaurar seu bom nome. Meu trabalho era persuadir Harry de que esse certamente seria o caso se ele prosseguisse com sua reivindicação. Por quase um mês, meu apartamento se tornou o quartel-general de uma campanha de publicidade em que tentei pintar Harry como um magnata da imprensa mau inclinado a silenciar seu crítico mais vociferante. Era uma nova versão de Davi e Golias.

A campanha não foi totalmente bem-sucedida. Como ex-editor do *The Sunday Times* e do *The Times*, sem mencionar seu tempo como ex-presidente da Random House, Harry conhecia uma ou duas coisas sobre como lidar com uma história. Numa entrevista após a outra, ele me rotulava como um "assediador jornalístico", tentando colocar-se e a Tina como vítimas e eu como um solitário amargo. Ao final, contudo, ele não conseguiu fazer isso colar muito bem. Ele e Tina são ricos e poderosos demais para serem encarados seriamente pelos destituídos. No ano anterior haviam comprado uma mansãozinha de 3,7 milhões de dólares na Rua 57 Leste, e algumas semanas antes haviam posto sua casa de campo nos Hamptons à venda por 2,7 milhões de dólares. Por outro lado, eu representava um perdedor convincente. Na cobertura de imprensa que nossa briga recebeu, eu era descrito como "um jornalista insignificante", "um *freelance* sem importância" e "um zé-ninguém." O ângulo Davi e Golias — ou, como *The Evening Standard* colocou, "o príncipe liberal" e a "mosquinha irritante" — era bom demais para ser ignorado.

Uma conseqüência inesperada de todo o caso foi melhorar minhas relações com Graydon. Assim que ele soube que Harry estava ameaçando me processar, ligou para saber como eu estava.

— Você não está assustado, está? — perguntou.

— Na realidade, estou gostando da coisa — respondi, tentando parecer tão displicente quanto possível.

— Aposto que sim, escrotinho.

Ele acrescentou que não havia motivo para eu ter medo já que, em sua opinião, a briga acabaria fazendo o meu nome.

— Há dois modos de conseguir reputação nessa cidade — anunciou ele. — Você pode fazer algo fantástico ou destruir algo fantástico de alguém. E acredite, a segunda coisa é infinitamente mais fácil que a primeira.

Graydon pediu para ver uma cópia da carta de Theodore Goddard e, alguns dias depois, ligou de novo. Desta vez para falar de seu espanto com a pomposidade da carta. De fato, era tão moralista que ele achava que o advogado de Harry devia estar debochando do cliente: "Essa frase em que o cara diz, ' A impressão transmitida é que Sr. e Sra. Evans são pessoas auto-referentes e com pouca consideração, só preocupados com seu próprio bem-estar e promoção.' Puxa, isso só pode ser uma ironia, não é?"

Assegurei-lhe que a carta era 100% sincera.

Em 10 de março, a *The Spectator* me passou por fax outra carta de Theodore Goddard, esta endereçada à revista, dizendo que Harry concordara em abandonar a ameaça de ação legal contra ela, contanto que a revista publicasse uma carta dele na semana seguinte. Todas as outras exigências haviam sido postas de lado, inclusive a de que *The Speccie* devia pagar suas despesas legais. Ele parecia ter recobrado o bom senso, pelo menos no que tangia à revista. Mas e sua ameaça contra mim? A carta não fazia nenhuma referência àquilo. A espada de Dâmocles ainda pendia sobre minha cabeça e continuaria assim até que o estatuto de limitações sobre *libelo* se esgotasse um ano depois. Mesmo assim, eu estava bastante confiante de que Harry não viria atrás de mim. Ele se importava acima de tudo com a própria imagem e, ao ameaçar-me com uma ação, causara mais prejuízo à sua reputação do que o artigo da *Speccie* o fizera.* Uma vez que eu deixara claro que não ia recuar, não havia nada que ele pudesse ganhar me perseguindo. Fora isso tudo, eu estava completamente falido. Posso ter ganhado aquele *round* em meu corpo-a-corpo com Manhattan, mas ainda estava a caminho de perder a luta.

---

*Como disse Quentin Letts: "A suspeita é que Harry Evans, cujo olho para conexões sociais era uma fonte comum de zombaria quando ele morava em Londres, pegou a doença de Manhattan: a falta de humor"; "The liberal prince and the 'pesky gadfly'", *The Evening Standard*, 4 de março de 1998.

30

O massacre de São Valentim

*D*EPOIS QUE CAROLINE ME DEIXOU, senti que precisava realmente fazer algo sobre meus problemas com o sexo oposto. Se tivesse permanecido em Londres, jamais teria me ocorrido buscar ajuda profissional, mas depois de morar em Nova York por dois anos e meio eu fora infectado pelo mosquito da auto-ajuda. No jargão da terapia, eu considerava que tinha uma "questão" e já era hora de "lidar com ela"; se eu não dominasse "meu problema", ele acabaria "me dominando".

Não que eu realmente tenha feito terapia. No que me dizia respeito, a resposta era "reformular minha imagem". A primeira vez que esbarrei nesse conceito foi num artigo do *New York Times* dizendo que os homens solteiros de Manhattan tinham começado a consultar especialistas de mercado para melhorar suas perspectivas de namoro. Aparentemente, a idéia era tratar a pessoa como um produto que não saía da prateleira de modo suficientemente rápido, e arranjar uma companhia de pesquisa de mercado para "reformulá-la". Você reunia um "grupo de focalização" — uma amostra representativa do "mercado" que pretendia atingir — e contratava um consultor para descobrir onde você estava errando.

No meu caso isso era especialmente urgente, já que as mulheres em Nova York tinham inventado um modo novo e aterrorizante de avaliar amantes potenciais: elas usavam o Google. Após o primeiro encontro, elas digitavam seu nome no Google e recolhiam os resultados. Assim que eu soube disso naturalmente acionei o Google, e a primeira coisa que surgiu foram as palavras: "Toby Young é o pior jornalista do mundo?" Cliquei nisso e li o seguinte:

> Desculpem essa desestruturada tirada bombástica, mas há algo nas palavras "por Toby Young" que simplesmente aciona meus botões. Ele escrevia uma coluna tremendamente irritante no *The Standard* sobre sua vida em Nova York trabalhando para *Vanity Fair* (já foi demitido), que basicamente consistia em contar aos extasiados leitores repetidamente como fora outra vez impedido de entrar na festa da moda semanal porque "a nazista da prancheta" (frase um tanto repugnante) "não o achava suficientemente famoso". Eu tinha impulsos de escrever uma carta para o editor frisando que, de fato, Toby Young não era suficientemente famoso.

Era claro que, se alguém precisava reformular a imagem, esse alguém era eu.

Depois de vasculhar as Páginas Amarelas, encontrei ouro: uma companhia chamada Focus Suites que concordou em me pôr em contato com uma "consultora de pesquisa de mercado" chamada Hazel Kahan. Hazel já tinha ajudado um homem na casa dos trinta a reformular-se e, desde que eu reunisse o grupo de focalização, ela "moderaria" o debate e traduziria suas elucubrações em conselhos práticos. Só havia um problema: ela cobrava 750 dólares.

— E se eu escrever sobre a experiência para o jornal britânico? — apelei. — Você dispensaria os honorários?

— Lamento — disse ela. — Isso é inegociável.

No final, consegui convencer *The Mail on Sunday* a pagar a conta, embora tivessem resolvido não publicar a matéria que resultou disso depois. Acho que, do ponto de vista deles, todo aquele exercício era um pouco triste demais. Não era um "triunfo sobre a tragédia", a fórmula do *The Mail on Sunday* para uma boa história. Era apenas tragédia.

Para pôr o exercício em marcha eu tinha que encontrar seis mulheres atraentes entre as idades de vinte e um e trinta e cinco anos que quisessem falar sobre mim por duas horas — uma tarefa que não era fácil. Preferi pedir isso às mulheres que eu conhecia em vez de fazê-lo a seis estranhas. Em parte por achar que elas ofereceriam conselhos mais valiosos, mas principalmente porque esperava que não fossem excessivamente duras comigo. Também resolvi contar a elas que eu as estaria observando por trás de um espelho de duas faces, na esperança de que com isso não fossem muito más.

Pensando retrospectivamente, eu devia ter percebido que os amigos jamais precisam de uma desculpa para serem rudes com você.

A Focus Suites situava-se no alto de um arranha-céu na Avenida Lexington e, no dia em questão — o Dia de São Valentim, ou o Dia dos Namorados de 1998 —, Hazel começou perguntando a cada uma das seis mulheres como haviam me conhecido. Eu estava colocado atrás do espelho, com um caderno de notas na mão. A primeira a responder foi Claire, uma amiga de Caroline de vinte e três anos. Era uma das duas únicas inglesas presentes, então achei que podia confiar na sua solidariedade.

— Conheci Toby há anos em Londres, e ele estava muito bêbado — disse. — Ele era um idiota.

Ai!

A seguir foi Jane, uma atriz americana de vinte e sete anos que estava saindo com um amigo meu. Eu a achava muito interessante, portanto me sentia especialmente interessado no que ela ia dizer.

— Lembro que dei uma passada no apartamento de meu namorado certa manhã e esse rapaz careca estava dormindo no sofá, com uma garrafa de uísque a seus pés — respondeu ela. — Não posso dizer que fiquei contente de vê-lo ali.

Uuuiii!

A terceira a responder foi Lucy, uma executiva inglesa de trinta e três anos.

— Acho que eu o conheci provavelmente há dois anos e ele não me causou muita impressão, na verdade — disse ela. — Nem boa nem má.

Uuuuu!

Eu estava na lona, mas isso não impediu Lorna, uma relações-públicas irlandesa de vinte e seis anos, de me chutar quando caído.

— A primeira vez que eu vi Toby ele estava perambulando num clube noturno com uma de minhas amigas — desdenhou ela. — Ela tentava desesperadamente se livrar dele, então lhe disse que ia ao banheiro e foi embora.

Aaaargh!!!

Qualquer ilusão que eu tive de elas me tratarem suavemente espatifou-se nos primeiros cinco minutos. Tratando todo o exercício como uma espécie de brincadeira, elas se permitiram me ridicularizar. Soube então que as próximas duas horas seriam brutais. Só não sabia o quanto.

O tópico seguinte na agenda foi meu cabelo.

— Ele é mesmo careca ou seu cabelo é cortado muito curto? — perguntou Candace Bushnell. Estritamente falando, Candace saía de meu "mercado-alvo" porque tinha mais de trinta e cinco, mas era tão tremendamente *sexy* que eu daria um braço para sair com ela. Na realidade, um dos motivos que me levou a lhe pedir que participasse do grupo foi descobrir o que ela achava de mim.

— Ele está ficando careca — respondeu Meg, uma consultora de arte de trinta anos.

— Nunca consigo saber ao certo porque ele tem aquela penugenzinha... — disse Candace.

Nesse estágio elas já haviam esquecido que eu estava atrás do espelho. Pelo menos era o que eu esperava. Saber que isso era a versão censurada do que elas realmente pensavam era difícil de suportar. De vez em quando, uma delas dava uma olhadela na minha direção e, por um segundo, eu achava que olhavam para mim. Depois percebi que apenas olhavam a si mesmas no espelho.

Então passaram a falar do meu apartamento que, felizmente, só uma delas havia visto. Infelizmente era Lucy, minha condescendente amiga inglesa.

— Fiquei surpresa de como o lugar era limpo e arrumado — disse ela. — Era arrumado mesmo, ele tinha orgulho de sua casa e ia dizendo onde comprara todas as peças da mobília.

— A mobília era boa? — perguntou Hazel.

— Não — disse Lucy —, mas era cuidadosamente escolhida, sabe?

Tomei uma nota mental. *Se algum dia você conseguir pegar uma garota em Nova York, certifique-se de ir para o apartamento dela.*

Até esse ponto, os comentários haviam sido bastante leves. Mas Hazel era uma consultora de mercado treinada e estava decidida a chegar ao âmago da questão. Quais eram as minhas verdadeiras falhas como homem?

Meg, a consultora de arte americana, mudou para outro assunto.

— Ele não consegue lidar com sexo — anunciou. — É muito reprimido. Não consegue combinar sexo com amor por alguém.

Por algum motivo, tal comentário fez com que uma quantidade de mulheres do grupo balançasse a cabeça concordando: *É exatamente isso*. Candace estava especialmente impressionada.

— Meg é o tipo da pessoa com que Toby devia estar saindo — declarou —, mas Meg era um profundo problema ali e não quer se aproximar dele.

— É verdade — disse Meg.

— Ela vê através dele — acrescentou Candace.

Senti toda a dor da rejeição, mesmo que jamais tivesse convidado Meg para sair. Era como se um sofisticado grupo de consumidoras acostumadas a fazer compras no Barneys estivesse sendo questionado sobre os produtos genéricos do Wal-Mart. Eu estava sendo pego, cheirado e descartado.

Para esclarecer bem a questão, Hazel perguntou se alguma delas pensaria em sair comigo.

— Sem dúvida, acho Toby extremamente estimulante do ponto de vista intelectual — disse Lucy, tentando ser caridosa —, mas fisicamente não o acho interessante.

Candace foi mais direta.

— Nunca pensei sobre isso — disse. — Sempre o vi como um amigo.

— Mas não pensar nisso sugere que você não está interessada — ressaltou Lucy, de forma menos caridosa. — Acho que não há nada de errado com ele fisicamente....

Houve um silêncio constrangido. Só se ouvia o som dos soluços vindo do outro lado do espelho.

Apesar disso, Hazel ainda não tinha terminado. Ela resolveu pressionar Candace nesse ponto: eu era alguém em que ela pudesse ter interesse sexual *algum dia*? Suspendi a respiração. Era o momento da verdade.

— Realmente não consigo me imaginar com Toby — respondeu Candace. — Não consigo de modo algum. Ele é simplesmente alguém de quem eu sou amiga, e eu nunca, jamais poderia...

— Pelo que estou ouvindo, você não pensa nele como sexuado, como uma pessoa dotada de sexo, isto é, não pensa nele do ponto de vista sexual. — perguntou Hazel.

— *Eu* não — disse Candace, sublinhando o "Eu", como se dissesse "mas isso sou eu, apenas".

— Acho que ninguém pensa — disse Hazel, brilhantemente. — Alguém quer mais vinho?

Esqueça o vinho, Hazel. Que tal cicuta?

Para ser honesto, eu me sentia mais esgotado que suicida. A coisa fora mais intensa do que eu imaginara. Era como se eu tivesse passado por alguma forma de terapia de grupo especialmente árdua. O objetivo do exercício, ajudar a melhorar minhas perspectivas de namoro, fora perdido em algum ponto ao longo do caminho. Em vez disso descobri o que algumas de minhas amigas pensavam realmente de mim. Eu era uma rã que poderia se transformar em príncipe, mas nenhuma delas ia me beijar para descobrir.

Outra anotação mental: *Jamais ouça seus amigos falando de você sem que eles saibam. Você pode ouvir algo que não devia.*

No dia seguinte, Hazel ligou para me dar o atestado de óbito.

— Você é um fruto interessante mas elas o preferem descascado — disse. — Estão mais interessadas no lado de dentro do que no lado de fora.

Em outras palavras, não me acham atraente. Sim, obrigado, acho que percebi isso.

— Se você fosse uma bebida alcoólica, seria menos um conhaque e mais uma tequila — acrescentou ela. — Um conhaque é muito íntimo, romântico e assim por diante, enquanto a tequila é uma coisa sociável, direta, de festa.

Então, como deveria me reformular?

— Mostre o seu lado sério — incentivou ela. — Mostre às pessoas como você é realmente. Desenvolva-se. Você prendeu o interesse dessas mulheres. Agora tem que mostrar que está interessado nelas. Acho que as pessoas não vêem a vulnerabilidade em você. As mulheres querem isso, querem a pequena escuridão nos homens.

Uma pequena escuridão?!? Sobre o que estava falando?

— Um pouco menos de brilho e um pouco mais de substância — concluiu. — Mostre um pouco mais de emoção.

Então era isso. Eu tinha que me tornar emocionalmente correto. As mulheres me percebiam como um Tequila Slammer, mas com um pouquinho de trabalho eu poderia me tornar um Tequila Sunrise. Infelizmente, as mulheres com quem eu queria sair eram do tipo que bebia Slammer. Após a dura experiência de ser reformulado, resolvi aderir a um método mais testado de melhorar as perspectivas de namoro: sapatos de plataforma e produtos que aumentassem os cabelos.

31

Homens se comportando mal

UMA CONSEQÜÊNCIA INESPERADA de minha luta com Harry e Tina foi chamar a atenção sobre mim de Bob Guccione Jr., quarenta anos, fundador do *Spin* e filho do lendário dono da *Penthouse*. Na primavera de 1998 o Gooch, como ele era conhecido, acabara de embolsar 18 milhões de dólares com a venda da *Spin* e estava prestes a criar uma revista masculina chamada *Gear*. O sucesso da *Loaded*, *FHM* e *Maxim* no Reino Unido deu a diversos editores a idéia de lançar uma revista igualmente carregada de testosterona nos Estados Unidos. Gooch pretendia ser o primeiro a executar a empreitada. (*Maxim* e *FHM* logo se seguiram.) Embora *Gear* fosse supostamente um pouco mais intelectual do que uma típica revista masculina, com algumas matérias sérias engolidas com a cerveja e as garotas, era essencialmente uma versão americana da *Loaded*. Depois de ler sobre o meu arranca-rabo com o casal número um do poder em Nova York, Gooch achou que eu era exatamente o tipo de jornalista politicamente incorreto que procurava e me ofereceu um emprego como escritor contratado.

Naturalmente, aceitei. Certo, era uma certa descida em relação ao emprego anterior — se a *Vanity Fair* era um Cadillac, a *Gear* é um carrinho de parque de diversões — mas eu não estava de modo nenhum podendo ser luxento. Gooch me ofereceu 60 mil dólares por ano. Eu estava de volta ao negócio!

Assim que fui contratado, comecei a bombardear Guccione Jr. com minhas habituais sugestões malucas. Diferente de Graydon, ele se mostrou muito receptivo.

Uma delas atraiu especialmente sua atenção:

Caro Bob,

desde que comecei a perder cabelo, as mulheres vêm me dizendo que não tem importância para elas que um homem seja careca. "Não é o que está sobre a cabeça que conta, é o que está *dentro* dela", me disse uma namorada. Não preciso acrescentar que isso não diminuiu absolutamente minha ansiedade. O que é que ela *podia* dizer? "Eu preferia que você tivesse cabelo, mas acho que não podia conseguir coisa melhor"?

Gostaria de fazer uma experiência social para tentar descobrir até que ponto uma cabeça cheia de cabelos faz diferença quando se trata de impressionar o sexo oposto. Por que não escolho as dez melhores frases do livro *How to Pick Up Girls* [Como "Pegar" Garotas], vou a dez bares diferentes em Lower Manhattan e as experimento em dez mulheres diferentes? Na noite seguinte eu poderia voltar aos mesmos bares e usar as mesmas frases em outras dez mulheres, só que dessa vez com uma diferença crucial: eu estaria usando uma peruca. Se me sair melhor na segunda noite do que na primeira, isso provará conclusivamente que as mulheres preferem homens com cabelo. O que acha?

— Adorei — disse Gooch. — Vá em frente, garoto.

Não preciso dizer que na primeira noite falhei com as dez mulheres que abordei. Parte do problema era que cada frase de azaração que eu dizia soava exatamente isso — uma frase de azaração. Assim que uma mulher de Nova York percebe que você está usando uma frase dessas com ela, automaticamente o deixa falando sozinho, já que é melhor isso do que dar ao interlocutor a impressão que ela é tola demais para perceber o que acontece. Nenhuma nova-iorquina que se preze quer ser confundida com o tipo de pessoa ponte-e-túnel (de fora de Manhattan) com quem uma frase de pegação poderia de fato funcionar.

Na noite seguinte, fui para lá com de coração pesado. Estava convencido de que ia fracassar e queimar todos os bares novamente, embora eu estivesse agora usando a peruca. Não deu outra: nos primeiros cinco lugares em que tentei naufraguei em chamas; contudo, de maneira estranha, em vez de ficar cada vez mais desanimado após cada experiência humilhante, minha autoconfiança começou a aumentar. Algo no fato de usar a peruca havia alterado sutilmente minha personalidade. A peruca não era nenhuma coisa velha e sim uma juba louro-cinza de duzentos e cinqüenta gramas desenhada por um fabricante de perucas de Hollywood. Eu não era mais um tipo Philip Seymour Hoffman que não conseguia arranjar uma transa na cidade que nunca dorme. Era um surfista australiano *punk* que traçava uma Sheila diferente em Bondi Beach a cada noite!

O sexto lugar que tentei foi o Elbow Room, uma *cave* pouco iluminada do Greenwich Village. Na noite anterior eu fora o guia de um grupo da New York University, e quando cheguei a música era tão alta que eu não conseguia me fazer ouvir. Mas essa noite em especial estava destinada ao karaokê, e a música tinha sido desligada enquanto a máquina estava sendo armada.

Vi uma moça junto ao bar que me pareceu australiana, provavelmente porque ela estava prestes a fazer o número da Tequila. Ela parecia descolada e *sexy*, e decidi tentar uma frase que eu me prometera só usar em último recurso.

— Essa calça que você está usando é espacial? — perguntei. — Porque sua bunda é tão fantástica que não é deste mundo.

Ela me olhou com uma expressão de total surpresa: *Você realmente disse o que acho que disse?* Então, miraculosamente, começou a rir.

— Essa é a pior frase que já ouvi — riu ela. — Não posso acreditar que você já tenha conseguido pegar alguém na sua vida usando essa frase.

— Tem razão — disse eu. — Não peguei. — Então, quando estava prestes a me afastar, minha nova personalidade cabeluda assumiu o controle. Fixei-a com um olhar imperturbável: — Até agora, *baby*.

Em poucos minutos estávamos brincando e flertando e, em pouco tempo, nos vimos no palco entoando um dueto de *Wild Thing*. Eu me sentia como Jim Carrey em *O Máscara*: a peruca tinha me transformado na alma da festa. Ela era uma polonesa-americana de vinte e oito anos chamada Krysia e, embora não fosse exatamente Cameron Diaz, mesmo assim era "traçável". Após mais ou menos uma hora começamos a ficar excitados e a pegar pesado nos fundos do clube. Comecei a me preocupar de que ela pudesse acidentalmente deslocar minha peruca. A única solução era fingir ser extremamente vaidoso. "Meu bem, não toque no meu cabelo, certo?", dizia eu a cada vez que os dedos delas perambulavam pela minha nuca.

No táxi a caminho de meu apartamento, fiquei sóbrio o suficiente para me lembrar que, afinal de contas, eu estava realizando uma experiência. No interesse da ciência, decidi tirar de repente a peruca para ver se a moça ainda iria para casa comigo quando visse o total Kojak que eu era. Se ela fugisse do táxi gritando, isso provaria que as mulheres acham os homens com cabelo mais atraentes.

— Certo, meu bem — disse eu, jogando a peruca em seu colo. — Agora você pode tocar meu cabelo.

Por um segundo ela pareceu completamente horrorizada: *Quem é esse psicopata?* A seguir, exatamente como havia reagido com minha frase de pegação, ela desatou a rir.

— Porra? Você é totalmente maluco, sabe disso?

Ela acabou indo para casa comigo, embora parecesse me achar nitidamente menos atraente sem a peruca. Suspeito que o motivo que a fez continuar foi por não querer aparentar ser uma moça tão rasa que se preocupa se o sujeito tem cabelo ou não. Se tivesse descoberto meu segredo um pouco mais cedo, provavelmente teria se desculpado e ido embora.

Nos próximos meses, banquei o macaco para o tocador de realejo que era o Gooch. Nada que eu sugerisse era ultrajante demais. Passei uma noite no Voyeur Dorm, uma casa na Flórida em que sete adolescentes fazem sucessivamente *strip-tease* na frente de uma câmera que transmite todos os seus movimentos ao vivo pela Internet; fiz o teste de campo de uma máquina rotulada como "o detector de mentira da orientação sexual", em que fios foram ligados ao meu pênis e então analisou-se como o sujeitinho reagia quando me mostravam retratos de homens nus; acompanhei por vinte e quatro horas Bill Goldberg, um lutador profissional de trinta e dois anos que, num determinado momento, me deu uma chave de braço e executou uma "britadeira", seu golpe marca registrada; cheguei até a me vestir de mulher numa tentativa de pegar uma lésbica no Clit Club, o principal local de encontro dos sapatões da pesada de Nova York. Esqueça Kosovo. Aquela foi a tarefa jornalística mais perigosa dos anos 1990.

Trabalhar para a *Gear* era muito divertido, mas não era exatamente o que eu tinha em mente nas fantasias de me mudar para Nova York. Eu não estava mais perto da Round Table do Algonquin do que quando morava em Shepherd's Bush.

Durante meu período na *Gear*, minha relação com Gooch poderia ser mais bem descrita como volátil. Seis meses depois de ter me contratado, ele me despediu. Levei-o para tomar um drinque e consegui persuadi-lo a me dar outra chance, mas depois de mais alguns meses ele me despediu de novo. Gosto de pensar que isso tivesse menos a ver com minhas falhas como repórter e mais com seus caprichos como empregador. Gooch era tremendamente tenso. Quando me despediu pela última vez, também despediu todos os escritores do Expediente, à exceção do colunista de sexo. Mas eu também não era exatamente o mais confiável dos empregados. Por exemplo, em 30 de junho de 1998, enviei a Gooch o seguinte fax:

Caro Bob,

desculpe não ter ido à reunião desta manhã. Foi uma daquelas noites. Fiquei com uma moça até às 9:00 da manhã. Quando ela finalmente foi embora para trabalhar, pus o despertador para 10:30 e coloquei o rádio-relógio perto do meu ouvido. Então acordei com um sobressalto às 3:30 da tarde e meu primeiro pensamento foi: "Que merda."

Sei que isso não é uma desculpa. Eu me sinto patético.

Além de ser débil, essa "desculpa" era uma mentira total. O trecho sobre ficar acordado até 9:00 da manhã era verdade, mas não havia nenhuma moça presente. A única coisa que me impedira de acordar fora uma garrafa de Johnnie Walker Black.

Logo que me contratou, Gooch falou em me transformar no "P.J. O'Rourke do Ciberespaço", mas nunca consegui implementar isso. O que ele queria era um escritor que pudesse executar algumas tarefas imaturas e, ao escrevê-las, continuar a rebelião contra o politicamente correto. Infelizmente, isso estava além dos meus talentos. Após um breve período como o boneco de testes de colisão de Gooch, minha carreira estava de volta ao vasosanitario.com.

32

Alex no País das Maravilhas

*N*O FINAL DE 1998 recebi um telefonema de Peter Stone, um amigo jornalista de L.A., contando que Alex estava saindo com ———, uma das mais famosas supermodelos do mundo. Eu começara a pensar que qualquer coisa era possível para Alex, mas essa podia ganhar o prêmio. Seria mesmo verdade? Rezei febrilmente para que não fosse. Deixei um recado na secretária eletrônica pedindo-lhe que confirmasse ser tudo aquilo um boato maldoso. Cerca de uma hora depois ele me ligou.

Alex: Olha, companheiro, você não está planejando escrever sobre mim e ———, está?

Merda, caralho, porra.

Eu: Não me diga que é verdade.

Alex: Promete que não vai escrever sobre isso?

Eu: Seu canalha de uma figa!

Alex [Rindo]: É, sei a impressão que dá. Parece que eu fui bem-sucedido ou lá o que seja, se você quiser chamar assim, e agora estou dormindo com uma supermodelo, seja lá o que isso quer dizer. Ela é uma supermodelo? Não sei. Supermodelo, modelo, seja lá o que for. Mas você sabe, ela é minha amiga há anos. Quando a conheci eu não tinha nem dinheiro para levá-la para jantar. Ela é apenas uma amiga que é também uma supermodelo, sabe? Como é que você descobriu isso?

Eu: Peter Stone me contou.

Alex: Como é que ele descobriu? Era para ser secreto.

Eu: Parece que você foi até ele num churrasco e disse: "Estou traçando uma supermodelo."

Alex [Rindo]: Eu nunca disse isso, companheiro. É uma tremenda mentira. Eu nunca diria isso. Ele contou mesmo que eu disse isso? Não posso acreditar. Certo, *posso* ter dito algo assim, sabe, na primeira semana em que saí com ela. Era muita exuberância, sabe? Claro, durante uma semana fiquei excitado com o fato de ela ser uma supermodelo, sabe, se é que é uma supermodelo, seja lá o que isso for. Mas agora ela é apenas ———, entende? Não posso acreditar que ele tenha contado isso a você.

Ele não tinha me contado só isso. Segundo Peter, Alex se gabara também de que a primeira vez que traçara ———, ele a estava possuindo por trás quando ela olhou por cima do ombro e disse, "Alex, você é melhor do que o De Niro."

Alex: De qualquer forma, companheiro, você não vai escrever sobre isso, não é?

Eu: Não se você não quiser que eu escreva.

Alex: Por favor. Quer dizer, ——— ia me matar. Estou lhe pedindo, certo? É que parece tão ruim. Sabe, eu vendo um roteiro e depois a próxima coisa que você sabe é que estou fodendo uma supermodelo, como se tudo fosse só isso, entende o que quero dizer? Tem tão pouco a ver com qualquer coisa [Ah. Eu sei]. Toby, você tem que acreditar, porra, sou a mesma pessoa, tá? Ainda dirijo o mesmo carro de merda, ainda moro no mesmo apartamento de merda, todos os meus amigos são...

Eu: Os mesmos amigos de merda.

Alex: Puta que pariu, você sabe o que quero dizer. Isso não mudou coisa nenhuma.

Eu: [encarando a coisa adequadamente pela primeira vez]: Você só está dormindo com ———. Você de fato vendeu a alma ao diabo, não é? "Tudo bem, Lúcifer, pode ficar com a minha alma, mas em troca quero morar em Hollywood, vender um roteiro por um quarto de milhão de dólares e começar a sair com uma supermodelo." É isso? Já teve tudo que queria? Por favor, não me diga que lhe sobrou algum desejo.

Alex [Rindo]: Você vai escrever sobre isso, não vai? Sei como você é, cara. Minha nossa, você tem que me prometer que não vai.

Eu: Prometo.

Alex: Eu conheço você, Toby. Provavelmente vai sair por aí contando a todo mundo: "Alex está traçando uma supermodelo, Alex está traçando uma supermodelo." Vai, não vai?

Eu: Não, não vou. Não vou mesmo. [Na verdade ia sim.]

Alex: Bem, por favor, não faça isso, certo, porque não é assim, não é mesmo. Sei que pode dar essa impressão, mas realmente não é assim.

Eu: Não se preocupe.

Depois que Alex desligou, ocorreu-me que afinal de contas talvez ele *quisesse* que eu escrevesse sobre o assunto. Quer dizer, se eu estivesse dormindo com ——— eu certamente ia querer que o mundo inteiro soubesse. Mas, no final, possivelmente porque ele queria que eu escrevesse, não o fiz. Não até agora, de qualquer modo.

33

O monstro de olhos verdes

A NOTÍCIA DE QUE ALEX estava dormindo com ——— atingiu-me com força. Minha reação era resumida pela descrição feita por Elizabeth Kübler-Ross dos diferentes estágios por que passa uma pessoa ao saber que tem uma doença terminal: recusa, raiva, barganha, depressão e, afinal, aceitação. Como a maioria dos homens heterossexuais, eu crescera tendo fantasias de dormir com supermodelos. Não era o ato de fazer sexo com elas que eu achava tão atraente — embora Deus sabe que isso já teria sido fantástico — mas me gabar depois. Poder passar por uma banca de jornal, apontar para a capa de uma revista de luxo e dizer "eu estive lá, etc. e tal"... essa era a minha idéia do Céu. Agora Alex estava vivendo essa fantasia!

Em *Experience*, Martin Amis fala de sua ansiedade em 1970 de que seu amigo Rob, cuja carreira era "horripilantemente meteórica", estivesse prestes a se projetar para fora de sua órbita. Senti que Alex estava a ponto de voar para fora da minha órbita, também. Amis liga esse sentimento ao "medo de deserção" e meus amigos certamente pareciam estar desertando de mim em manadas no início de 1999. Não só Alex. Em Londres, meus contemporâneos disparavam para a frente aos pulos e saltos. Até chegar a Nova York, sempre pensara em mim como entre os mais bem-sucedidos membros de meus pares, mas agora estava sendo deixado para trás. Eu não estava nem sequer no grupo dos corredores que bufavam e resfolegavam para alcançar os líderes. Eu claudicava pelo caminho com os extraviados. Merda, eu estava prestes a afundar.

Não se passava uma semana sem que um de meus colegas de Oxford conseguisse algo importante. Hugh Fearnley-Whittingstall — conhecido em Oxford como *Hugh Fairly-Long-Name* [Hugh de Nome Bem Comprido] passou a ter seu próprio programa de culinária no Channel Four. Boris Johnson substituiu Frank Johnson como editor da *The Spectator*; Patrick Marber tinha uma peça no National Theatre — sua *segunda* peça. O que é que eu tinha realizado? Picas. Um golpe especialmente doloroso foi a descoberta de que John Heilemann, um escritor cuja primeira matéria assinada aparecera na *The Modern Review*, tinha vendido um livro para a HarperCollins por 1 milhão de dólares! Liguei para ele e deixei uma mensagem em sua secretária eletrônica, esperando descobrir como conseguira aquilo. Ele jamais retornou minha chamada.

Nada me havia preparado para a percepção de que eu não era um dos vencedores na vida. Isso pareceu cair sobre mim subitamente. Num determinado minuto pensei que conquistaria a imortalidade através de um grande livro ou um filme clássico ou... *qualquer coisa*; no minuto seguinte eu me preocupava em manter um trabalho fixo. Toda a minha autoconfiança desaparecera num piscar de olhos. Pela primeira vez na vida comecei a pensar que o fracasso pudesse ser uma possibilidade real. Estava destinado a ser um dos derrotados da vida? Imaginei meu obituário no *The Brazen Nose*, a revista anual do Brasenose College:

Toby Young, 58, jornalista *freelancer*

Toby Young, jornalista *freelancer*, será sempre lembrado principalmente por suas contribuições ocasionais a jornais regionais sobre os perigos dos carrinhos instáveis dos supermercados. Após um breve período nos Estados Unidos, no final dos anos 1990 onde, segundo ele, foi amigo do produtor e ganhador do Oscar Sir Alex de Silva, voltou à Inglaterra, encontrando trabalho ocasional como escritor de artigos para *The Wolverhampton Express & Star*. Aposentou-se cedo e usou sua poupança para abrir um *pub*, A Primeira Sala, em Little Snoring, Bucks. Nos últimos anos, Toby estava trabalhando num livro de memórias transcorridas em sua velha faculdade. Espera-se que esse volume possa ser publicado um dia. Ele nunca se casou.

Comecei a sentir o temor irracional de que os amigos que tinham êxito estivessem recolhendo as recompensas que de algum modo eram destinadas a mim. Foi isso que Gore Vidal quis dizer ao comentar: "Cada vez que um amigo tem êxito, eu morro um pouco"? Era como se o irmão mais velho e menos romântico de Cupido — o deus romano do sexo e do dinheiro — estivesse constantemente disparando flechas na minha direção, mas atingia continuamente as pessoas perto de mim por engano. Até passei a dar um nome a esse imortal de mão oscilante: eu o chamava de Estúpido. Pensei que talvez eu devesse cobrar para as pessoas me freqüentarem. *Aproximem-se, aproximem-se. Fique perto de mim por meia hora e graças à infalível incapacidade de Estúpido acertar no alvo você estará faturando uma supermodelo dentro de uma semana!*

Segundo Freud, o destino é olhado como um substituto para "agenciamento paterno": se as coisas estão indo bem, instintivamente sentimos que é porque somos amados por nossos pais, e se as coisas vão mal, deve ser porque caímos em desfavor com eles.

Por isso nos focalizamos em nossos contemporâneos bem-sucedidos quando sofremos uma seqüência de reveses. Aha, pensamos nós. É por isso que os deuses nos abandonaram. Amam mais nossos irmãos do que a nós! Isso, por sua vez, explica por que sentimos um súbito jorro de satisfação ao tomarmos conhecimento que alguma terrível calamidade caiu sobre um de nossos amigos. Se algo mau aconteceu a eles, ora, isso deve significar que caíram das graças dos deuses! Mais amor para nós. Alex estava no alto de uma longa lista de pessoas a quem eu desejava que ocorresse algo realmente horrível.

Eu não sentia tanta inveja de Alex a ponto de fazer algo para prejudicá-lo, mas a idéia de indiretamente feri-lo por um ato de *omissão* era bastante atraente. Uma fantasia recorrente envolvia Alex pendurado na borda de um rochedo e me implorando que lhe salvasse a vida. Eu olharia para ele cheio de piedade — se você ao menos não estivesse tão perto de mim quando Estúpido fazia pontaria — até que suas forças acabassem e ele mergulhasse para a morte. *AAAAaaaaaa...Tum!* O psicanalista alemão Theodore Reik afirmava que um assassinato em pensamento por dia mantém o psiquiatra à distância, mas não tenho tanta certeza.

As pessoas que eu invejava eram, na maioria, as que conquistavam alguma coisa que eu me sentia capaz de conquistar. O crime de Alex fora escrever um roteiro de sucesso, algo que por muito tempo tinha sido uma ambição minha. (Era eu que devia estar dormindo com ———, droga!) Sempre que falava com um de nossos amigos comuns em Londres, eu tentava convencê-los de que o sucesso de Alex era inteiramente imerecido, que ele era COMPLETAMENTE SEM TALENTO. Eu precisava me convencer de que o único motivo de ele ter tido sucesso nos Estados Unidos fora a sorte. Claro, eu estava protestando demais. No fundo de minha cabeça eu havia começado a suspeitar de que Alex sabia algo que eu não sabia. O patifezinho parecia ter a bossa para sair-se bem. Mas qual era o seu segredo?

Segundo Alex, era ter descoberto a própria vocação; fazia aquilo para o que fora posto no mundo. "Encontre algo que o apaixone, algo que você *não* possa deixar de fazer", disse ele. "Vai ficar surpreso de quão rapidamente tudo se encaixa no lugar quando se faz algo que realmente se ama."

Mas isso era exatamente o blablablá de Hollywood. No pouco tempo que fiquei em Los Angeles desde que tinha chegado nos Estados Unidos, chegara a me admirar com a habilidade das pessoas em produzir rapidamente trabalho jornalístico em quantidade para se convencerem que eram artesãos capacitados. Eu havia esperado encontrar um grupo de cínicos duros amaldiçoando a si próprios por serem tais putas, mas a maioria dos escritores que eu conhecera parecia espantosamente contente — exatamente como seus equivalentes de Nova York, na realidade. Onde estava a auto-recriminação que as pessoas talentosas supostamente usavam para se torturar quando desperdiçavam seus talentos?* De algum modo, haviam conseguido se convencer de que, apesar de recebe-

---

*É claro que a queixa tradicional dos escritores de Hollywood, de que estão prostituindo seus talentos, deve ser encarada com alguma reserva. Hecht: "Antes que possa parecer que estou escrevendo sobre uma tribo de Shelleys acorrentados, devo deixar claro que os escritores de cinema 'destruídos' pelo cinema são, na maior parte, um bando de jornalistas cobiçosos e burros incompetentes." *A child of the Century* (Nova York: Simon & Schuster, 1954), p. 474.

rem meio milhão de dólares para reescreverem as comédias de Adam Sandler, não tinham feito concessões sérias.

Claro, era possível que escondessem o que realmente pensavam. Em Los Angeles, como em Nova York, ser percebido como cínico é o beijo da morte. Muito melhor ser considerado um James Stewart do que um Jimmy Cagney. Em Hollywood existe até um nome para a estratégia de carreira de alguém que finge ser mais inocente do que é a fim de impressionar pessoas com a sua pureza de alma: é o "pilantra não-pilantra". Seria esse o segredo de Alex? *Faux naiveté?*

Eu não achava isso. Alex pode se contradizer de um momento para o outro, mas acredita no que diz quando o diz. Alex é maquiavélico, certo, mas é completamente inconsciente. Não é um cara honesto e direto que ocasionalmente diz o que as pessoas querem ouvir a fim de cair nas graças delas; todo o seu ser é montado para agradar as pessoas. Não pode ser acusado de fazer teatro já que todo ele é isso — um teatro. Era como se não tivesse nenhuma identidade além do que sua carreira requer que ele tenha; toda a sua personalidade é completamente subordinada à sua vontade de poder. Quando ri das piadas do patrão é porque genuinamente as acha engraçadas.* Esse é o segredo do sucesso de Alex. Isso o capacita a formar uma série de amizades íntimas com pessoas poderosas sem que elas pensem que estão sendo "usadas" de alguma forma. Para utilizar outra frase de Hollywood, ele é o perfeito "animal de estimação de celebridade".

Na vez seguinte em que falei com Alex, disse-lhe que seu talento primordial era a sua capacidade de conversar intimamente com as pessoas.

Alex [Desdenhoso]: Eu achava que meu "talento primordial" era escrever. Ter um amigo poderoso pode ser suficiente para abrir portas, mas não faz com que o trabalho seja feito. Quer dizer, Julia Roberts não pode conseguir que o projeto de seu melhor amigo seja realizado, entende o que estou dizendo? [Sim, Alex. Você está dizendo que é incrivel-

---

*Um amigo meu e de Alex em Los Angeles me disse que "o riso de Alex" quando dirigido a ele, o fazia sentir-se como "Oscar Wilde sob efeito de cocaína."

mente talentoso.] Enfim, a verdade esquisita e brutal sobre essa cidade é que no final das contas não importa quem você conhece ou quantos churrascos freqüentou com Steven Spielberg, tudo se resume *ao trabalho*. [Talentoso PRA CACETE, na verdade.]*

Eu: É, mas você pensa assim porque conseguiu chegar lá. Se fosse um escritor sem sucesso, pensaria o oposto.

Alex: Estou lhe dizendo, companheiro, é o trabalho.

Eu: Mas você precisa admitir que tem um número suspeitamente grande de amigos famosos. Está dizendo que é apenas uma feliz coincidência? Que você se tornou amigo de gente que está numa posição de ajudá-lo por mero acaso?

Alex: Eu sei que acha difícil acreditar nisso, companheiro, mas as pessoas de quem fiquei amigo são aquelas cujo trabalho eu realmente, realmente respeito. Não há nada de *estratégico* nisso.

Eu: Então o motivo de ter ficado amigo de ———, por exemplo, foi por admirar o "trabalho" dela? Como por exemplo o trabalho dela na passarela? Não tinha nada a ver com o fato de você querer faturá-la direitinho?

Alex [Rindo]: Escute, companheiro, para mim elas não são *de fato celebridades surpreendentes*, são apenas pessoas comuns, sabe? Eu não penso, "Ah meu Deus! Estou conversando com Madonna!"

Eu: Espere um minuto. Pára tudo. Você conhece a *Madonna*?

Percebi porque eu jamais poderia competir com Alex. Eu era diametralmente o seu oposto. Em vez de agradar as pessoas em posição de me ajudar, eu sempre terminava por antagonizá-las. Mas da mesma forma como acontecia com Alex, isso era totalmente inconsciente. Era como se nós reagíssemos a alguém numa posição de autoridade de modo completamente diferente. Ele queria agradá-las, conquistar sua aprova-

---

*A seriedade com que gente como Alex discute "o trabalho" é um completo contraste com os roteiristas dos anos 1930 e 1940. Segundo Pauline Kael, "Eles eram talentosos e sofisticados demais para atribuir um alto valor ao que faziam, divertidos demais ante o espetáculo do que estavam fazendo e do que faziam parte..." *Criando Kane e outros ensaios* — Editora Record. Ben Hecht usava os inúmeros Oscars que ganhara como prendedor de porta.

ção, enquanto eu queria que soubessem que eu era completamente indiferente ao que pensavam de mim. Em termos freudianos, eu ficara preso no estágio edipiano de meu desenvolvimento psicológico; ainda queria matar meu pai. Esse, possivelmente, era o motivo de sua carreira ter deslanchado e a minha ido para o brejo.

Ou eu estava me enganando? Talvez Alex estivesse certo. Talvez tudo se resumisse no trabalho. Não me escapava que minha teoria do motivo de eu não ter conseguido sucesso ser bastante lisonjeira. Não porque me faltasse talento, ah isso não, era só porque eu não era bom em agradar! Mesmo assim, minha total incapacidade de manter boas relações com aqueles em posição de me ajudar tinha que ser um *fator*. Quer dizer, eu contratara uma *stripper* no Dia Levem suas Filhas para o Trabalho. Não se podia tirar isso de mim. Infelizmente, embora eu tivesse consciência de quanto meu comportamento era autodestrutivo, não tinha certeza se podia modificá-lo em qualquer aspecto. Não tinha certeza se queria fazê-lo.

Em *A Child of the Century*, Ben Hecht observa que uma das marcas de todos os escritores infelizes e sem um tostão que conhecera nos anos dourados de Hollywoodd era que, bem no fundo, eles realmente não desejavam o sucesso.

> Apesar de sua espirituosidade e mesmo talento, o insucesso estava nos seus olhos. A necessidade de ser um destituído e vociferar contra a existência era tão forte neles quanto sua sede de fama e dinheiro. Podia-se ver isso não apenas em seu rosto mas ouvi-lo na triunfante satisfação com que detalhavam seus infortúnios.

Seria esse o meu problema? Que eu na realidade *preferisse* ser um perdedor?

O que realmente me assustava é não estar nem de longe aterrorizado com a perspectiva do fracasso. Eu podia sentir que gradualmente ia me acostumando com ele, tentando avaliá-lo e chegar à conclusão de que não era tão ruim quanto eu pensava inicialmente. *Talvez ser um* freelance, *publicar uma matéria aqui e outra ali não fosse o fim do mundo, afinal de contas!* Eu descobrira que era perfeitamente possível ir levando com muito pouco dinheiro. Certo, "ir levando" não era o que eu esperava para o resto da vida, mas talvez fosse a hora de diminuir as minhas expectativas.

Senti-me como Tom Cruise em *Nascido em 4 de Julho*, desistindo da esperança de que algum dia andaria.

Era hora de fazer algo — qualquer coisa — antes que afundasse no abismo.

34

No fundo do poço

NATURALMENTE, EU RESOLVI aumentar meu consumo de álcool. Logo que cheguei a Manhattan, meu consumo de bebida era encarado como excessivo por meus colegas da *Vanity Fair*, mas pelos padrões de jornalista médio da Fleet Street era completamente normal. Entretanto, na primavera de 1999, meu consumo de álcool estava completamente fora de controle *até pelos padrões* da Fleet Street. (Num determinado ponto, o próprio Anthony Haden-Guest me disse que eu era alcoólatra!) Eu andava enxugando a maior parte de uma garrafa de Scotch por dia.

Isso não teria importado tanto se eu não fosse um bêbado tão *energético*. Quando enchia a cara, eu não adormecia simplesmente; eu me tornava absurdamente gregário. Sou aquele sujeito irritante do final da festa, tentando convencer todo mundo que estiver ouvindo a ir com ele para um "lugarzinho secreto", que ele conhece e que é "muito, muito bacana" — invariavelmente algum porão infestado de ratos no meio do nada. Se as pessoas se recusam — e geralmente o fazem —, não tem importância. Eu prossigo sozinho. Quando chego lá, puxo conversa com um total estranho e, nas próximas seis horas, ele é o meu Novo Melhor Amigo: "Não é só a bebida falando, cara. Eu gosto realmente, realmente de você." Quando por fim me arrasto para a cama, faço elaborados planos de encontrá-lo novamente no dia seguinte. E é claro que, se por acaso acabo esbarrando com o sujeito algum dia, não tenho a mínima idéia de quem seja.

Foi nessa época que comecei a freqüentar um bar aberto a noite toda chamado Marylou's, na rua 9, Oeste. Com sua atmosfera subterrânea e clientela insalubre, o Marylou's é o equivalente nova-iorquino do Café Bar Sicilia, minha velha toca no Soho. É totalmente deserto até as 2:30 da manhã, quando subitamente começa a se encher, e por volta das 4 da manhã está fervilhando. O fantástico no Marylou's é que ninguém tem cerimônia. É como uma espelunca da velha escola em que celebridades acotovelam-se com gângsters, moças bonitas misturam-se com músicos chapados de droga e jornalistas fofocam com funcionários públicos — todos unidos pelo mesmo amor ao álcool.

Quando lembro de algumas das coisas que cheguei a fazer no Marylou's eu estremeço de constrangimento; mas o pior, de longe, foi a vez em que "peguei" "Jennifer", um homem de cinqüenta e cinco anos vestido de mulher. Não tenho nem a desculpa de achar que Jennifer era mulher. Eu já vira travestis mais convincentes no *pub* australiano local de Shepherd's Bush. Além da acentuada sombra de sua barba, podiam-se ver pequenos tufos de cabelo saindo dos furos das meias arrastão de Jennifer. Apesar disso, acabei levando essa esquisitice para meu apartamento no West Village.

Quero deixar completamente claro — e não consigo sublinhar isso o suficiente — que não estava atraído por Jennifer. *De. Modo. Nenhum.* Foi um ato de solidária caridade. Quando comecei a falar com ele por volta das cinco da manhã no Marylou's, ele explicou que o único motivo de estar lá era porque seu namorado o havia expulsado do apartamento deles e ele não tinha outro lugar para ir. Normalmente eu não reagia a uma história lacrimosa dessas, mas já que estava completamente bêbado eu o convidei para ir para o meu apartamento. Afinal de contas ele era o meu Novo Melhor Amigo. Eu realmente, realmente gostava dele! Além disso, meu colega de apartamento, Euan Rellie, que trabalhava num banco mercantil, estava fora, portanto eu não teria que partilhar uma cama com Jennifer. Ele poderia ficar no quarto de Euan e, provavelmente, no dia seguinte seu namorado o perdoaria.

Fomos para o meu apartamento onde, naturalmente, continuamos a beber. No entanto, após uma hora e meia de ouvir Jennifer me contar que "vaca" seu namorado era, eu já estava farto. Mostrei-lhe o quarto — ou melhor, o quarto de Euan — e dei a noite por encerrada. Já eram cerca de 7 horas da manhã.

Exatamente uma hora depois, quando Jennifer e eu dormíamos profundamente, meu colega de apartamento voltou inesperadamente. Devo explicar que Euan é um profissional bem típico da classe média alta. Tendo estudado em Eton e Cambridge, acostumou-se às melhores coisas da vida. Estava sempre se queixando que o apartamento era "uma imundície, porra" — embora o local fosse bastante limpo — e me incentivava a ter uma "diarista". Mantinha seu quarto meticulosamente arrumado e me proibia de pôr os pés lá. A idéia de que eu pudesse tomar emprestado um de seus ternos de Savile Row... argh! Além de ter retenção anal, ele é fóbico com germes.

Assim, pode-se imaginar a cena quando Euan entrou em seu quarto. A primeira coisa que notou foi o cheiro, uma poderosa combinação de álcool e odor corporal. *Yak!* A seguir viu uma peruca empoleirada em sua mesinha-de-cabeceira. O que estaria fazendo ali? Poderia ser uma das de Toby? Não conseguia reconhecê-la. Finalmente seus olhos se ajustaram à luz. O que era... não podia ser... era! *Puta que pariu!* Ali, deitado na sua colcha Ralph Lauren, usando nada a não ser meias arrastão, estava um homem de cinqüenta e cinco anos chamado Jennifer.

— Toby — disse Euan, irrompendo no meu quarto e me sacudindo. — O que é que essa *coisa* está fazendo na minha cama?

— Desculpe, cara — disse eu. — Esperava que você só voltasse amanhã.

Euan respirou profundamente.

— Vou para um hotel, mas quando voltar espero que seu *hóspede* tenha ido embora. Espero também que você tenha mudado meus lençóis e esterilizado o quarto.

Eu ri.

— Isso não é engraçado — bufou ele. — Não estou achando nada divertido.

Não estava mesmo. Ele se vingou contando a todos os nossos amigos comuns que voltara para casa inesperadamente certa manhã e encontrara um homem nu no apartamento. "Não estou dizendo que Toby seja ou qualquer coisa assim", declarou, parecendo o Senhor Bom Senso — "mas vocês devem admitir que foi bastante suspeito, *porra*."

Desnecessário dizer que todos os meus amigos concluíram que eu era uma tremenda bicha.

O episódio Jennifer foi bastante constrangedor, mas nos anais de minhas nauseantes façanhas de bêbado nada se comparou ao fim de semana de Páscoa que passei em Verbier, uma estação de esqui nos Alpes suíços. Como se diz nos Alcoólatras Anônimos, foi quando eu "cheguei no fundo do poço".

Não sou lá essas coisas como esquiador, mas quando meu amigo Hutton Swinglehurst — outro que lidava com banco mercantil — me disse que planejava ir de Londres a Verbier em seu BMW M3 acabado de comprar, não resisti. A idéia era pisar na tábua na auto-estrada. Ele calculava que se fizéssemos uma média de 250 quilômetros por hora, poderíamos fazer a viagem em menos de seis horas. Na verdade, aquilo era improvável, considerando-se serem os 250 quilômetros o máximo de velocidade do carro, mas eu não podia considerar sua atitude errada. Era o tipo de aventura de garotão que eu adorava.

Voei para Heathrow no corujão em 2 de abril de 1999, e Huttie me pegou do lado de fora do Terminal 3 às 9:30 da manhã. Dirigimos quase sem parar, e embora não fizéssemos a média de 250 quilômetros por hora, mesmo assim chegamos bem rápido. Era pouco antes da meia-noite quando paramos no pátio em frente ao hotel e, por meus cálculos, eu ficara acordado por trinta e duas horas. O sensato a fazer naquele momento seria ir direto para a cama; portanto, naturalmente, resolvi dar uma passada no Farm Club para uma bebida antes de dormir. Por concordância geral, o Farm Club é o clube noturno mais depravado dos Alpes, mas ficava apenas a cinco minutos de nosso hotel, o que fazia dele a escolha óbvia.

Seis horas depois emergi de lá, piscando com a luz, tendo consumido uma garrafa inteira de Macallan dezoito anos. Nesse momento, Huttie já tinha ido embora há muito tempo; então comecei a andar na direção do hotel, e duas horas e meia depois eu ainda procurava por ele. Isso não teria sido tão penoso se eu não tivesse deixado o paletó no Farm, sem falar na chave do meu quarto *e* na minha carteira. Assim, quando encontrei o hotel e posteriormente me enfiei na cama, estava num avançado estado de hipotermia.

Depois do que pareceu dez minutos, fui acordado por Huttie, já com sua roupa de esqui.

— Anda, cara preguiçoso — disse ele. — Vamos chegar atrasados.

Olhei o relógio. Eu só dormira dez minutos! Então notei que algo parecia estranho no meu dedo mindinho.

— Huttie — guinchei. — Onde está o meu anel com sinete?

Ele deu uma gargalhada.

Ah não!

— Você não lembra?

— Não lembro não, droga.

— Você o deu para aquela estudante sueca de dezesseis anos a quem pediu em casamento na noite passada.

— Está brincando?

— Não.

— Que estudante sueca de dezesseis anos?

— A que você tentou agarrar no Farm.

— Deus do céu. Você pelo menos sabe em que hotel ela está?

Mais riso.

— Lamento, companheiro. Ela já voltou para a Suécia hoje de manhã.

As comportas se abriram e a auto-recriminação começou. Eu era um idiota patético, um perdedor indigno. Como podia ser tão descuidado? Eu me sentia pior naquela manhã do que já me sentira em toda a vida. Meu anel com sinete era um de meus tesouros mais queridos. Sempre que eu estava ansioso com alguma coisa, minha mão direita ia instintivamente para ele e eu me via apalpando-o entre o indicador e o polegar. Agora ele se fora.

A perda de meu anel com sinete foi a gota-d'água. Como Michael Henchard, o herói de *The Mayor of Casterbridge*, jurei ali *mesmo* que jamais tocaria noutra gota de álcool. É claro que eu tinha feito aquela promessa dúzias de vezes antes, mas daquela vez realmente pretendia cumpri-la. Cumpri-la mesmo. Enquanto minhas perspectivas declinavam, meu consumo de álcool havia aumentado e se eu não parasse agora, a espiral para baixo continuaria cada vez mais inexorável. Eu me dissera há muito tempo que se a coisa ficasse realmente séria eu sempre poderia parar de beber, e isso me forneceria a energia extra para sair daquilo. Bom, tinha chegado a hora de testar a teoria na prática.

É claro que tinha minhas dúvidas sobre os benefícios de desistir do álcool. Talvez a sobriedade não fosse a cura de tudo, como eu imaginava. Em vez de aumentar meus poderes em 20%, como esperava, talvez os aumentasse apenas em 2%. Apesar disso, eu tinha de tentar.

Em parte, tal decisão foi uma reação retardada ao espancamento recente sofrido por meu ego. O fracasso em Manhattan me deixara com uma aguda sensação de minha própria mortalidade. Antes disso, minha vida esticava-se diante de mim como uma interminável planície, e eu não tinha noção de seu término algum dia. Achava que o número de chances que tinha para acertar as coisas era infinito. Se um caminho profissional em que eu havia embarcado terminava sem me levar a parte alguma, ora, eu simplesmente o abandonaria e tentaria outro! Raramente pensava no futuro e quando o fazia não era a dez ou vinte anos dali, era sempre só o "futuro". Agora, pela primeira vez na vida, eu tinha a sensação do tempo acabando. Longe de ter um ilimitado número de oportunidades, eu provavelmente já usara a maior parte das minhas.

Entretanto, isso era também uma conseqüência direta da perda de meu anel com sinete. Ele pode ter custado apenas cem dólares, mas seu valor sentimental era incalculável. Tinha a insígnia da família de minha mãe e, na minha cabeça, passara a simbolizar minha conexão com ela. Num certo sentido, era a única que eu tinha, já que mamãe tinha morrido.

Mamãe morrera na manhã de 22 de junho de 1993. Foi como se um enorme glóbulo de amor tivesse sido removido de minha vida. Seria errado dizer que a perda de meu anel tenha desencadeado um jorro de dor, mas mesmo assim ela me afetou profundamente. Olhar para meu dedo mindinho sem o anel lembrava a ausência de mamãe. Percebi quanto sua morte me deixara sozinho.

Nesse estado frágil, descobri meus pensamentos voltando-se para Caroline. Teoricamente, eu tinha consciência de que *algo* em Caroline me lembrava mamãe — por que outra razão teria me apaixonado por ela? — mas jamais fora capaz de apontar precisamente em quê. Fisicamente, eram bastante parecidas: a mesma altura, a mesma silhueta, os mesmos olhos. Tinha até o mesmo senso de humor seco, sardônico. Mas além disso eu não conseguia perceber.

Naquele momento a coisa me ocorreu: era porque Caroline me *desaprovava*. Como mamãe, Caroline sentia-se fundamentalmente perplexa com meu fascínio pela sociedade da corte internacional. Por que eu ficava tão excitado com a possibilidade de ir à inauguração de outra loja de estilista na Madison Avenue? Os nomes em negrito que eu achava tão glamourosos eram apenas um bando de *"fashion victims"*, na sua opinião. Caroline partilhava a mesma impaciência de mamãe com o mundo superficial pelo qual eu era mesmerizado; ela era muito pão-pão-queijo-queijo para ver sua atração. Para ela, aquilo era apenas uma colossal perda de tempo. Era como se, através dos olhos de Caroline, pudesse sentir exatamente o que mamãe teria sentido sobre a vida que eu estava levando em Nova York.

Minha mãe era uma pessoa muito séria, sóbria e direta, não era muito de brincadeira. Isso não quer dizer que fosse mortalmente séria sobre tudo, mas ela não partilhava minha visão cômica do mundo. Para ela, os defeitos dele não eram matéria para risos. Ela sentia muito agudamente o sofrimento das outras pessoas, e considerava errado desperdiçar a vida num redemoinho de compromissos sociais quando havia tantas coisas de mais valor para se fazer. Após formar-se em Inglês em Cambridge, ela se tornou uma das primeiras produtoras da BBC — ali conheceu meu pai em 1958, ao fazer um programa sobre um dos livros dele. Ela se tornou editora da revista educacional *Where?* e escreveu dois romances: *A Lavender Trip*, que ganhou vários prêmios, e *In the Shadow of the Paradise Tree*. Em Highgate, uma periferia rica ao norte de Londres onde moramos de 1968 a 1976, ela criou um centro de artes comunitário chamado

Lauderdale House, e quando nos mudamos para Devon, iniciou a Liga Antinazista. Depois de sua própria carreira brilhante, a vida jornalística que eu escolhera era fonte de certa tristeza para ela. Não teria sido tão ruim se eu fosse um correspondente estrangeiro, mas eu só parecia me interessar pelos mexericos sociais. Eu não estava jogando minha vida fora, exatamente, mas estava desperdiçando meus talentos, fazendo algo trivial e fundamentalmente raso.

Comecei a perceber como aquilo fazia com que eu me sentisse culpado, sabendo a que ponto minha mãe teria ficado desapontada com minha vida atual. Num certo sentido, o motivo de eu ter escolhido o caminho que escolhera depois de ter abandonado meu doutorado era tratar com desdém os desejos de mamãe. Fora atraído para uma carreira que sabia que ela considerava abaixo de mim por me sentir adulto com isso, independente para desafiá-la. Tinha cortado o cordão umbilical com a navalha que eu usava cada vez que cheirava cocaína. Ao fazer algo tão *verboten*,* eu me sentira livre.

Entretanto, eu via agora que aquilo fora uma ilusão. O prazer que tivera com cada ato de rebeldia era manchado pela culpa que inevitavelmente ele provocava. Ir para os Estados Unidos não diminuíra meu senso de culpa, como eu esperava: apenas o havia tornado mais forte. Em algum ponto de minha mente estava sempre uma imagem de mamãe, com uma expressão desaprovadora. No final, o impacto cumulativo de toda essa ansiedade foi demais. Eu tentei escapar dela através do álcool, mas a sensação de imponderabilidade que eu tinha quando bêbado era sempre contrabalançada por um terrível ódio por mim mesmo no dia seguinte. O fato de mamãe já ter morrido e jamais saber o indigno réprobo que eu tinha me tornado fazia a coisa muito pior. Na morte, o domínio de mamãe sobre mim se tornara muito maior do que em vida. Nesse aspecto ela era como Obi-Wan Kenobi: "Se você me derrubar com um golpe, eu me tornarei mais poderoso do que você pode vir a imaginar."

Quando perdi meu anel com sinete, tornou-se de repente claro para mim que o único modo de expurgar a culpa que sentia de não estar à

---

*Proibido (*N. do T.*)

altura das expectativas de mamãe — minha única chance de redenção — seria poder convencer Caroline a voltar para mim. Já que ela partilhava a severa visão moral de mamãe, seria como se mamãe estivesse me perdoando. O amor de Caroline seria uma forma de absolvição.

O motivo de Caroline atingir em mim um acorde tão profundo não era só por ser uma substituta tão ideal de mamãe. Era também porque eu sabia quanto mamãe teria gostado dela. Eu podia facilmente imaginá-las juntas, tagarelando animadamente. À medida que Caroline se tornava o foco de meus pensamentos, eu tinha a sensação de que mamãe me empurrava para ela, quase como se a estivesse escolhendo para mim. Não sou supersticioso e não acredito em vida após a morte, mas sempre que pensava em Caroline eu podia sentir mamãe a meu lado, aprovando com a cabeça. "É essa, Toby", parecia dizer. "Não a deixe escapar."

35

TPM (Tensão Pré-Milênio)

*N*ESSE PONTO, CAROLINE ESTAVA SOLTEIRA de novo. Por mais de um ano ela parecera tão feliz com seu vigoroso jovem advogado que eu quase jogara a toalha, mas na primavera de 1999 ela me ligou de repente e me disse que estava tudo terminado. Ele estava jogando basquete e ela resolvera aproveitar a oportunidade para deixá-lo. Eu poderia ir até lá para ajudá-la a se mudar?

Fui para lá no mesmo minuto. Consegui convencê-la a ficar no meu apartamento naquela noite e passamos nossa primeira noite juntos assistindo a *Friends* e comendo um monte de sorvete Häagen-Dazs. Era como nos velhos tempos. Pelo menos, teria sido se Caroline tivesse dormido comigo.

— Não — disse ela, quando inevitavelmente tentei abordá-la fisicamente. — Gosto muito, muito de você, mas não há possibilidade de eu dormir com você de novo algum dia. Desculpe.

Nas próximas noites fiz todo o possível para convencê-la a voltar para mim. Era irônico que Caroline estivesse segurando um volume de *Orgulho e preconceito* na primeira vez em que pus os olhos nela, já que eu agora estava na mesma situação difícil de Darcy: tinha que convencer a mulher que eu amava de reconsiderar e voltar para mim, tendo causado uma péssima impressão da primeira vez. Fiz o melhor que podia. Contei-lhe sobre a epifania que tivera depois de perder meu anel. Estava apaixonado por ela e queria dedicar o resto de minha vida a fazê-la feliz. Não me daria ao menos uma chance?

A resposta foi não. Ela simplesmente não se sentia da mesma forma que eu. Eu era mais seguro do que excitante; um porto na tempestade em vez de um relâmpago. Certa vez, quando eu lhe perguntei o que sentia a meu respeito, ela disse que eu era como "um confortável par de chinelos", algo que quase me mandou de volta para a bebida. (Saúde, Caroline!)

Na vez seguinte em que lhe dei uma cantada, ela deixou seus sentimentos ainda mais claros:

— Ouça, Toby, isso nunca vai rolar, está entendendo? Jamais. *Sob nenhuma circunstância.*

Quando chegou o verão e eu ainda não fizera nenhum progresso, ela anunciou que voltaria a Londres para assumir um emprego na escola de Direito. Pedi que ficasse mas ela não mudou de idéia. O melhor argumento que consegui foi que eu não confiava em mim para continuar sem beber de novo se ela me abandonasse.

Caroline não se deixou convencer. Entretanto, ofereceu-se para passar a semana antes da virada do milênio comigo. A véspera do Ano Novo seria o teste crucial da minha sobriedade e, embora ela não pudesse estar em Manhattan para segurar minha mão de vez em quando, ela prometeu ser minha babá na virada do século. Ainda estávamos em julho, mas a fim de avisá-la que pretendia fazer com que cumprisse seu oferecimento, reservei um apartamento em Val d'Isère, uma estação de esqui francesa, de 26 de dezembro a 1º de janeiro, e comprei duas passagens para Genebra. É claro que no fundo de minha mente eu achava que aquela seria a época ideal para tentar voltar com ela. Se isso não acontecesse numa estação de esqui francesa na véspera do Terceiro Milênio, não iria acontecer.

Em termos de carreira, as coisas começaram a melhorar na segunda metade de 1999. Geordie Greig, um antigo colega da Fleet Street, tornou-se editor do *Tatler* e me contratou para escrever uma "Carta de Nova York" mensal. Taki Theodoracopulos, o notório *socialite* grego, tornou-se editor de uma seção numa publicação semanal livre chamada *The New York Press*, e me ofereceu uma coluna. Além disso, agora que eu não estava bebendo, descobri que tinha muito mais energia para dedicar às minhas atividades *freelance*. Comecei fazendo dois ou três artigos por semana.

Umas das melhores mudanças na minha vida foi arranjar outro colega de apartamento na forma de Sophie Dahl. Eu fiquei em contato com Sophie depois do número Cool Britannia da *Vanity Fair*, e sempre que estava em Londres a levava para almoçar. Quando ela anunciou que estava vindo a Nova York para começar uma carreira de atriz, convidei-a a se mudar para o meu quarto extra e, para minha perplexidade, ela aceitou. De súbito, vi-me morando com uma supermodelo!

Não foi o mar de rosas que eu imaginara. O pior foram os telefonemas. Do momento em que ela se mudou para meu apartamento, o telefone não parou de tocar. Noventa e nove por cento dos que ligavam eram homens — e nenhum queria falar comigo. Nas raras ocasiões em que era alguém que eu também conhecia, tínhamos uma das daquelas conversas constrangidas e embaraçosas em que eles se sentiam obrigados a falar comigo por uma extensão de tempo adequada antes de educadamente pedirem para falar com Sophie. Uma conversa típica era assim:

Eu: Alô?

Cavalheiro que ligava [Surpreso]: Ah. Alô, Toby. Como vai?

Eu: Bem. *Nossa, e você, como vai?* Não sei de você há mil anos.

Cavalheiro: É, você sabe como é. Bem, ahn, e então, como vão as coisas?

Eu: Ah, nossa, por onde começar? Você não adivinha o que me aconteceu no outro dia...

Cavalheiro [Interrompendo]: Desculpe, estou com um pouco de pressa. Sophie está, por acaso?

Eu: Ah. Sim. Um momento. Vou passar para ela. [Para Sophie]: É Alex de Silva.

Perto da vida de Sophie, a minha parecia quase insuportavelmente miserável. Na estação social do outono de 1999, não houve uma festa digna de se freqüentar a qual ela não fosse convidada. Antes de ela se mudar para minha casa, sempre que a campainha tocava no meio do dia não era nada mais glamouroso que uma entrega da Amazon.com. Agora era um interminável fluxo de convites. Se eu quisesse descobrir onde ela tinha estado na noite anterior, era só olhar no Page Six.

Despejei meu coração para Sophie sobre meu amor não correspondido por Caroline, e ela ficou tão comovida com a minha história de dor que chegou a chorar. Sophie era uma romântica inveterada e para ela havia só uma coisa a fazer: eu teria que pedir Caroline em casamento. Por que não levantar a questão em Val d'Isère? Sophie tinha certeza de que, uma vez que Caroline percebesse que eu estava falando a sério ela logo mudaria de idéia. "Mas você tem que ter um anel", insistiu. "Só conta se você tiver um anel."

Até aquele momento eu era um solteirão convicto. Havia pensado brevemente em pedir Syrie em casamento mas decidi não fazê-lo porque sacrificaria coisas demais. Eu me fazia a seguinte pergunta: estou pronto para desistir da possibilidade de fazer sexo como um macaco excitado com uma fila de bonecas de fechar o trânsito a fim de me casar? Obviamente a resposta era não

Desnecessário dizer, são apenas homens com namoradas que têm essa visão rósea da vida de solteiro. Por alguma razão, todos imaginamos que se ao menos não estivéssemos presos à velha bola de ferro e à corrente, nós estaríamos levando a vida de Hugh Hefner. Porque Hef conseguiu fazer isso, todo pobre coitado de robe acha que viver numa mansão em Beverly Hills com um harém de garotas adoráveis em *topless*, de algum modo, é uma opção. Conseqüentemente, quando pesamos os prós e os contras do casamento nunca pensamos na alternativa de uma existência solitária e miserável, pontuada por comida congelada e vídeos de Jenna Jameson. Pelo contrário, é sempre uma fantasia Austin Powers na qual somos um libertino que estala os dedos e é rodeado por um bando de louras de minissaia.

Após um período de trabalho em Manhattan, todas as minhas ilusões sobre as alegrias da vida de solteiro haviam desaparecido. Existe algo imaturo e um pouco triste em querer dormir com uma mulher diferente a cada noite, especialmente se você teve apenas cinco vezes uma noite assim em sua vida. Aos trinta e tantos anos, perseguir colegiais suecas de dezesseis anos não é digno, sem falar que é ilegal nos Estados Unidos.

Além disso, eu estava apaixonado. Eu teria desejado me casar com Caroline mesmo que eu tivesse um bando de mulheres fazendo fila para dormir comigo. Pensei em Alex e todas as conquistas que ele amealhara em Los Angeles. Se uma das dez mais famosas supermodelos do mundo tivesse me dito que eu era "melhor do que De Niro" enquanto eu a possuía por trás, teria eu uma visão diferente? Quer dizer, além da visão de sua bunda? Acho que não. Estava absolutamente certo de que eu tinha encontrado a mulher com quem queria passar o resto da minha vida.

Comprei o anel de noivado de um amigo meu no comércio de diamantes de Nova York. Eu sabia que a coisa era ABSOLUTAMENTE SEM ESPERANÇA mas Sophie tinha razão. Precisava tentar. Se Caroline recusasse, como estava certo que faria, pelo menos eu teria uma espécie de encerramento. Então estará acabado, disse a mim mesmo. Fim da história. Eu poderia encerrar o assunto enquanto entrava no novo século.

Então, no final de outubro, apenas alguns dias depois de meu aniversário de trinta e seis anos, Caroline deixou um recado na minha secretária eletrônica dizendo que mudara de idéia sobre Val d'Isère. Tinha sido convidada para uma festa "má" em Londres com todas as suas velhas amigas de William Ellis, e decidira ir para lá em vez de viajar comigo. Esperava que eu não me importasse muito, mas tinha certeza que eu entenderia. O pensamento de passar a Véspera do Milênio preso numa estação de esqui com um abstêmio de trinta e seis anos não era sua idéia de diversão. Era a melhor noite de festa do século, e ela queria passá-la enchendo a cara com suas amigas mais chegadas.

Com o incentivo de Sophie, tomei um avião para Londres para tentar convencer Caroline a mudar de idéia. Ela concordou em se encontrar comigo no Rasa, um restaurante indiano vegetariano na Rua Charlotte. Senti um fluxo de prazer quando a vi de novo, enquadrada na porta. Ela parecia fulgurar de calor e vitalidade. Não havia nenhum constrangimento entre nós. Pelo contrário, era como se nada tivesse mudado. Sempre nos déramos incrivelmente bem e, apesar de tudo, ainda era assim. Ela podia não querer passar a véspera do Ano Novo comigo, mas ainda parecia sentir por mim bastante afeição.

Caroline disse que o motivo de ela não voltar para Nova York comigo não era por não ter atração por mim, como eu parecia pensar. Era porque não queria se casar comigo. Aparentemente, tinha pensado seriamente na questão. Ela me contou uma conversa que tivera com o pai na qual disse que eu era o primeiro homem que conhecera com quem se via passando o resto da vida. Entretanto, no final, após vasculhar muito a alma, decidira que eu não era "o cara". Além disso, tinha vinte e cinco anos — jovem demais para casar.

— Espere um minuto — protestei. — Por que acha que eu quero me casar com você?

— Não sei — disse ela. — É só uma impressão minha.

Fiquei desanimado com isso porque significava que as chances de convencê-la a ir comigo para Val d'Isère diminuíam a zero. Possivelmente ela adivinhara que era lá que eu pretendia levantar a questão, e esse tinha sido o motivo dela cair fora. Contudo, eu viera de muito longe e tinha de tentar. Cheguei à conclusão que minha única esperança era apelar para seu lado caridoso. Se pelo menos eu pudesse fazê-la sentir pena de mim — pena de mim *de fato* — havia uma chance de que pudesse mudar de idéia.

A discussão teve um mau começo quando ela se ofereceu para devolver metade do depósito.

— Ah, isso não é necessário — disse eu. — Ainda estou planejando ir mesmo se você não for.

Ela pareceu horrorizada.

— Você não pode ir sozinho!

— Claro que posso. O que é que vou fazer na virada do Milênio? Sei que não será muito divertido, mas de alguma forma vou conseguir passar por isso.

Então continuei, pintando um quadro de mim mesmo sentado no apartamento a 31 de dezembro, acalentando um copo de água Perrier e lendo um romance de suspense comprado no aeroporto, enquanto o relógio batia meia-noite.

— Não! — guinchou ela. — É deprimente demais.

Estava funcionando!

— Acho que a pior parte vai ser no ônibus — suspirei.
— Que ônibus?
— O que vai para Val d'Isère do aeroporto de Genebra. Já reservei dois lugares e a idéia de me arrastar montanha acima naquele ônibus com um lugar vazio a meu lado...

Deixei a imagem pairar no ar.

— Ah, meu bem — disse ela, a voz começando a tremer. — Acho que vou chorar.
— Não se preocupe — disse eu, tristemente. — Vou ficar bem.

Ela cobriu o rosto com as mãos. Estaria chorando? Eu não sabia.

Finalmente ergueu a cabeça.

— Olhe, se eu for, você tem que jurar, e estou dizendo *jurar*, que não vai tentar nada. Vou como sua amiga, não sua namorada.
— Querida, é mesmo?
— Você JURA?
— Juro, juro.
— Não vou fazer sexo com você DE MANEIRA NENHUMA.
— Entendo. Nada de sexo. Apenas bons amigos.
— Você está entendendo?
— Estou sim.

Ela me fixou longamente, duramente.

— Certo. Eu vou.

36

VAL D'ISÈRE

Meu plano era trazer a questão à baila no soar da meia-noite da véspera do Milênio. Certo, era sentimentalóide, mas tudo no meu pedido — o anel de diamante, o champanhe gelado, o joelho dobrado — era sentimentalóide. Sophie tinha me aconselhado a seguir estritamente a fórmula experimentada e comprovada. Eu comunicara a Sophie minha preocupação de que Caroline pudesse achar essa abordagem um pouco barata. Não seria melhor tentar algo original? Sophie descartou isso com um gesto. "As mulheres adoram todo esse negócio." Eu torcia para ela estar certa.

Quando o 31 de dezembro surgiu, o prognóstico não era bom. Foi ruim quando partimos, mas estava pior ainda agora. Chegáramos a Val d'Isère a 26 de dezembro, e nos poucos dias que passamos juntos ela deixara mais claro do que nunca qual seria sua resposta. Estávamos diividindo uma cama — só havia um quarto no apartamento — mas poderíamos muito bem estar dormindo em diferentes zonas de tempo por todo o contato que tivemos sob os lençóis. Não era um bom augúrio. Se ela não queria voltar para mim durante os feriados, quais eram as chances de ela querer passar o resto da vida comigo?

Num determinado ponto eu lhe perguntei como qualificaria seus sentimentos para comigo, me amando mas não estando *apaixonada* por mim?

— É — disse ela. — É mais ou menos isso.

Foi como se eu tivesse levado um soco no estômago. Quis objetar que aquilo era apenas um clichê, um modo *Ally McBeal*-zado de colocar a questão, mas percebi que fora eu que a colocara daquele modo. Tentei outra abordagem: não seria possível que seus sentimentos ficassem entre os dois pontos?

— Bem, obviamente não estou *apaixonada* por você — retorquiu ela. — Isto é, se eu estivesse *apaixonada* por você, estaria saindo com você, não é? O que é que esperava? Que eu viesse para um feriado, mudasse de opinião e acabasse voltando para você?

Bem, sim, na verdade era aquilo que eu esperava. Ou tinha esperanças que acontecesse. Ela pegara meu desejo mais profundo e o encarava como uma proposta absolutamente risível. *Realmente, ora, vamos e venhamos.*

Resolvi fazer um último esforço.

— Talvez você esteja apaixonada por mim mas simplesmente não perceba isso — sugeri.

Ela me deu um olhar secante.

— Deve ser bom viver no seu mundo.

Refletindo sobre isso na véspera do Ano Novo, eu não podia dizer que *era* especialmente bom viver no meu mundo. Entretanto, apesar das possibilidades aterradoras, estava decidido a ir até o fim. Eu já viera de muito longe até aqui. Tinha o anel guardado no meu bolso, o champanhe na geladeira. Estava usando até um par de cuecas limpas de acordo com o conselho de Chris Lawrence. "Certifique-se de estar usando cuecas limpas", aconselhou ele. "Se ela disser 'sim' vocês vão para a cama, e se ela disser 'não', você pode conseguir uma trepada de misericórdia."

Mesmo assim eu estava assaltado pelas dúvidas. E se Caroline se irritasse? Ela tinha deixado totalmente claro qual seria sua reação, portanto por que eu me dava ao trabalho de perguntar? Por que eu a forçava a passar pela situação desagradável de me rejeitar formalmente? Eu estava aterrorizado de ela terminar pondo a culpa em si mesma por não me desencorajar o suficiente e decidir cortar completamente nossa relação: "Não há mais nada a fazer, Toby. É o único modo disso entrar na sua cabeça dura." Mesmo que ela não quisesse casar comigo, eu não queria perdê-la como amiga.

Entretanto, eu não podia recuar agora. *Coragem, homem, coragem.*

Em vez de sairmos, resolvi fazer um jantar para Caroline. Ela é uma vegetariana radical, portanto minhas opções eram bem limitadas. No final, optei por um risoto de cogumelos selvagens e passei a maior parte do dia reunindo os ingredientes. O fato de jamais ter cozinhado algo mais ambicioso do que ovos mexidos não me perturbou por nenhuma razão. Eu confiava que podia realizar a tarefa.

Ela ficou na porta, rindo, enquanto eu escrupulosamente media tudo. Eu baixara uma receita da Internet mas tinha que levar em conta que a água ferve numa temperatura mais baixa em grandes altitudes. Isso significava que eu devia usar mais ou menos água? Não conseguia descobrir. Posteriormente, consegui ter tudo sob controle e despachei Caroline para a sala de jantar segurando uma garrafa de champanhe. Se ela dissesse "sim", eu ia quebrar minha regra de não beber. Podia sentir o anel ardendo no meu bolso.

— Querida — disse eu —, tem algo que eu queria lhe perguntar.

Ela me olhou expectante. Fechei os olhos e respirei profundamente.

De repente, o aposento encheu-se de um ruído agudo de rachar os tímpanos.

— Seu cabeça-oca — disse ela. — Você ligou o alarme de fumaça.

Corri para a cozinha. Não havia dúvida, a água queimara toda e saía fumaça do risoto. Desliguei o alarme e raspei o que sobrara da comida em dois pratos. Não parecia muito apetecível, portanto ralei um pouco de queijo em cima e levei os pratos para a sala de jantar.

Caroline olhou a comida com desconfiança.

— Que tipo de queijo você usou?

— Ahn, da espécie normal.

Resposta errada, aparentemente. Ela explicou que o queijo é feito com algo chamado coalho que vem do revestimento do estômago da vaca. No que dizia respeito a ela, o risoto era intragável (além de ser envenenante). As coisas não estavam saindo de acordo com o plano. O que eu esperava ser a noite mais romântica da vida de Caroline estava virando um episódio de desencontros como em *Faulty Towers*. Mesmo assim, não havia volta possível agora. Reuni as forças para a ação.

— Sei que é uma tentativa com pouca chance — disse eu, observando os destroços de nosso jantar — mas...

— Não — exclamou ela, as palmas das mãos erguidas. — Não quero ouvir.

Teria pressentido minha pergunta? *Ah Deus!* Resolvi dar o mesgulho mesmo assim. Enfiei a mão no bolso e coloquei o anel na mesa.

— Quer se casar comigo?

Por um segundo uma nuvem escura passou por sua testa. Ah não, pensei. Aqui vamos nós. Apertei o cinto para a tempestade que chegava.

Então, para meu imenso alívio, ela se ruborizou de prazer. Pegou minhas mãos nas delas e me deu um enorme sorriso, os olhos cintilando de afeição. Tanto quanto eu podia dizer era uma reação completamente espontânea. Certamente, ela me vira chegando a um quilômetro de distância. Como poderia eu tê-la pegado de guarda aberta? Mas surpreendentemente ela parecia comovida de fato.

Então ela começou a pensar alto, pesando os prós e os contras de casar comigo. Os contras eram mais numerosos que os prós em dez para um, mas como eu esperava ser derrubado imediatamente, estava agradavelmente surpreso. Realmente não ouvi o que ela estava dizendo. Podia pensar apenas em: *Ela não disse "não", ela não disse "não"*. Sentia-me como um condenado que teve uma suspensão da sentença.

— Você parece tremendamente satisfeito consigo mesmo — disse ela, notando meu sorriso tolo.

— É porque você não disse "não" ainda — repliquei.

— É — falou ela lentamente —, mas *implicitamente* eu disse não...

Naquele momento é que eu soube que ela tinha me recusado. Eu estava esmagado de tristeza mas, concentrando-me num ponto da toalha da mesa, consegui não chorar. Ou melhor, consegui não emitir fungamentos lamentáveis enquanto as lágrimas cascateavam pelo meu rosto. Minha inclinação imediata foi lhe perguntar se, em vez disso, ela consideraria a hipótese de voltar para mim, mas achei que soaria patético. Eu não queria sair daquilo como um perdedor miserável, louco para conseguir qualquer migalha.

Ah, a quem eu estava enganando? Eu tinha um enorme "P" esculpido na testa.

Apesar disso, o efeito do pedido de casamento foi surpreendentemente positivo. Ela não se encolheu como eu temera: pelo contrário, parecia gravitar na minha direção. Suponho que não é todos os dias que uma moça recebe um pedido de casamento, especialmente não de um rapaz que se deu ao trabalho de comprar um anel. Ela se aproximou e enxugou minhas lágrimas com seu guardanapo.

Então algo miraculoso aconteceu: ela me beijou. Isso mesmo, ela me beijou!

Foguetes foram disparados por toda a Europa naquele momento, mas eles não eram nada comparados com a exibição de fogos de artifício que eu tinha na cabeça.

Aleluia! Ela está me beijando!

Fomos para o quarto e ela fez amor comigo com uma ternura que jamais demonstrara antes. Em todas as ocasiões anteriores que eu fizera sexo com Caroline, havia alguma parte de mim que não atuava, que apenas observava os procedimentos de uma distância segura. Não daquela vez. Eu estava totalmente absorvido, perdido nas quentes dobras de sua carne. Era assim que era com alguém por quem você está completamente apaixonado. Todo o resto era masturbação.

Depois, deitado na cama e olhando fixamente a cabeça de Caroline no travesseiro, tive uma dessas experiências "Oceânicas" que Freud pensava jazer na raiz de todas as religiões. Subitamente, tudo pareceu encolher de tamanho, como se eu estivesse viajando para longe da cena a 160 quilômetros por hora. Só que não era uma sensação espacial, não era um movimento linear. Era como se a gravidade que mantinha minhas emoções contidas desaparecesse. Era como estar no alto de uma onda, mas não exatamente. Acima de tudo havia a sensação de estar fora do tempo, o que Freud chamava "a sensação de eternidade". Era como tocar algo com uma parte de mim da qual normalmente eu não tinha consciência. Senti como se eu fizesse contato com a própria essência do universo.

Na manhã seguinte — o primeiro dia do novo Milênio — estávamos sentados num teleférico no alto dos Alpes Franceses quando, de repente, Caroline perguntou se eu poderia sublocar meu apartamento em Nova York por três meses.

— Por quê? — disse eu.

— Para que pudéssemos viver juntos em Londres por um período de três meses de experiência — respondeu ela.

Espere! Ela tinha dito realmente isso? Eu não conseguia acreditar.

— Diga de novo.

— Bem, eu pensei, sabe, que a gente podia tentar. Mas eu não quero *mesmo* uma coisa a longo prazo.

Caí das nuvens. Eu imaginei que quando tínhamos feito amor na noite passada, por mais fantástico que tivesse sido, fora a trepada de misericórdia que Chris havia previsto, um modo simpático de dizer adeus. Entretanto, parecia que ela voltaria para mim afinal de contas, pelo menos por três meses. O pedido de casamento tinha tido um efeito mágico, ainda que não fosse bem aquele que eu pretendia. Ela não dissera "sim" mas tinha me jogado um osso.

Agora eu só precisava decidir se queria deixar Nova York.

37

Adeus a tudo aquilo

Eu queria desesperadamente morar com Caroline, mas estava relutante em deixar Nova York, agora que minha carreira estava finalmente deslanchando. Além de minhas colunas no *Tatler* e no *The New York Press*, eu *morava com uma supermodelo*, pelo amor de Deus! Embora não estivesse dormindo com ela, mesmo assim era duro dizer adeus a toda aquela beleza. Se meu eu de catorze anos pudesse me ver, diria: "É isso aí!". Por outro lado, se eu me mudasse para Londres, ele atiraria em mim com seu rifle de ar comprimido.

Não era como se Caroline tivesse concordado em casar comigo. Ela estava oferecendo apenas um "período de experiência" de três meses, após o qual ela decidiria se ia querer levar as coisas adiante. Ia ficar comigo num contrato de *leasing* com uma opção de renovação. E se ela resolvesse não renovar? O pior cenário possível seria eu ter que me arrastar de volta a Nova York em três meses, tempo suficiente para que todos os meus amigos tivessem se acostumado com o fato de eu ter ido embora da cidade. Por anos depois, sempre que eu tropeçasse em algum deles nas festas eles diriam: "O que está fazendo aqui? Achei que tinha se mudado para Londres!"

Havia também algo bastante humilhante no fato de eu abandonar os Estados Unidos para ficar com ela na Inglaterra em vez do contrário. Eu era um homem de trinta e seis anos, e ela uma mulher de vinte e cinco. Não devia ser ela a sacrificar a carreira para ficar comigo? A brutal verdade era que eu tinha menos laços em Nova York do que Caroline em Londres. Como jornalista *freelance*, eu poderia pendurar meu boné praticamente em qualquer parte, enquanto ela estava comprometida a ficar na Escola de Direito nos dois anos seguintes.

Meu maior temor era que, virando minha vida de cabeça para baixo para ficar com Caroline por três meses, eu parecesse pouco viril aos olhos dela. Eu não devia pelo menos *fingir* ter um pouco mais de orgulho masculino? A atitude de macho seria ficar em Nova York e pôr minha carreira de novo nos trilhos, provando assim a mim mesmo ser digno de Caroline. Se pelo menos eu pudesse obter um pouco mais de sucesso quando ela se formasse na Escola de Direito, talvez ela atravessasse o Atlântico para estar comigo.

Ah, quem eu estava enganando? Após nove meses de sobriedade, eu tinha a resposta para a pergunta de quanto mais entusiasmo lhe dá o fato de não beber: uns meros 5%. Eu não tinha virado Super-Homem. Ainda era Clark Kent. Com toda a probabilidade, eu não estaria mais perto de conquistar Manhattan em dois anos do que naquele momento. Por que jogar fora o que seria provavelmente minha única chance de pôr um anel no dedo de Caroline por causa de um ridículo castelo no ar? E daí se eu parecesse um patético cachorrinho de colo? Ela me atirara um osso e eu pretendia roê-lo.

Sublocar meu apartamento de Nova York não foi problema nenhum. Meus amigos homens fizeram fila para morar com Sophie Dahl. Na verdade, eu era capaz de dizer que bons amigos eram contando os segundos entre eu dizer que planejava voltar para Londres por três meses e eles perguntarem o que eu pretendia fazer com meu apartamento. Nunca consegui ir além dos cinco segundos.

Deixei Nova York em 28 de janeiro de 2000. Meu ato final foi enviar a todos os meus amigos um daqueles *e-mails* circulares, avisando-os que eu não desistira de ter êxito em Manhattan; apenas tinha me apaixonado. Minha esperança era que em vez de parecer um grande perdedor, eu surgisse como o último dos grandes românticos. Não funcionou. Uma das pessoas da lista era um agressivo empresário chamado Cromwell Coulson, e ele respondeu a minha mensagem quase imediatamente, fazendo cópias de sua resposta para todos os outros. Era a seguinte: "Outro sonho de imigrante de obter sucesso e riqueza no Nova Mundo é lentamente estilhaçado pelas ásperas realidades de NYC. É um dramalhão!"

Pedi Caroline em casamento novamente em 21 de abril. Este não foi um ato tão audacioso quanto o pedido da véspera de Ano Novo, mas mesmo assim ainda era bastante otimista. Ela me dissera no início do mês — três semanas antes do período de experiência terminar — que eu "tinha passado", embora deixasse claro que não estava aceitando se comprometer. Só estava concordando em continuar vivendo comigo por enquanto.

Até este ponto, eu simplesmente colocara minha vida em Nova York em suspensão. Não queria abrir mão de meu apartamento se ia acabar voltando para lá dali a três meses. Contudo, depois de Caroline me dar sinal verde, espalhei que ia me mudar permanentemente e organizei uma festa de despedida para 27 de abril. Foi na véspera de minha viagem final a Manhattan que decidi pedir Caroline em casamento.

O motivo disso naquele momento determinado era que, no caso improvável de ela dizer "sim", eu poderia anunciar isso na festa. Dessa maneira, não pareceria tão patético por concordar inicialmente em voltar a Londres em termos tão desfavoráveis.

Escolhi trazer o assunto à baila no Le Caprice na Sexta-feira Santa — exatamente um ano depois que perdi o anel de sinete. Segundo minha opinião, o Le Caprice é o restaurante do "resultado" final, e eu precisava de toda a ajuda que pudesse obter. Entre outras coisas, eu não estava com um anel. Quando Caroline recusara o pedido pela primeira vez, eu convencera meu amigo que negocia diamantes a aceitar sua devolução e me reembolsar do dinheiro. Eu achava que não conseguiria comprá-lo de volta para uma segunda tentativa.

A ausência de um anel no evento era o último dos meus problemas.

— O único motivo de você querer ficar noivo — disse Caroline — é poder fazer um anúncio na sua festa de despedida.

Fiz uma expressão de horror.

— Não seja absurda — respondi. — Quero ficar noivo porque amo você.

Ela não engoliu a coisa. Posteriormente, confessei que ela estava metade certa: meu motivo por querer ficar noivo naquela circunstância determinada era manter as aparências, mas não era por isso que eu queria me casar com ela.

— Então por que quer casar comigo?
— Por motivos apropriados, não-cínicos.

Ela me me fixou, incrédula.

— Essa é a coisa mais romântica que eu já ouvi — disse.

Tendo perdido a deixa uma vez, eu não ia fracassar de novo. Nos próximos quarenta e cinco minutos tentei explicar exatamente porque queria casar com ela. Eu a amava. Queria ter filhos com ela. Queria envelhecer com ela. Depois de esgotar os clichês, tentei ir mais fundo: tinha a ver com a sensação de calma que eu sempre tinha quando perto dela. Era como se eu a conhecesse por toda a vida. Bastava que eu fechasse os olhos para ver a menina, pairando ao fundo, segurando um volume de *Orgulho e preconceito*. A felicidade que eu sentia em sua companhia era a pura e simples alegria da infância. De algum modo, através de Caroline, eu podia voltar a um lugar que achava perdido para mim há muito tempo; quando estava com ela, não importa onde, eu me sentia em casa.

Ela disse que ia pensar sobre o assunto.

Na manhã seguinte, estava deitado na cama olhando para o teto, repassando todas as coisas que tinha que fazer em Nova York, quando Caroline resmungou algo. Achei que ela estava dormindo.

— O que foi, querida? — disse eu, afastando suavemente o cabelo de sua boca.

Caroline abriu os olhos e me encarou.

— Certo — disse ela.

Foi a coisa mais romântica que já ouvi.

Minha festa de despedida foi um triunfo inesperado. Convidei quase todas as pessoas que conheci em Nova York, e um número surpreendente delas compareceu. Olhando em torno, vi os rostos de pessoas que não tinham me ligado de volta por pelo menos dois anos! Podia ser porque minha festa estava sendo conduzida pelos lendários festeiros Richard e Nadine Johnson. Graydon Carter foi, assim como Matt Tyrnauer e Aimée Bell. Candace Bushnell estava lá com o chili "quente": "Olá Tobee". Anthony Haden-Guest cambaleou festa adentro, apoiado em sua última conquista. Euan Rellie conseguiu até desencavar Jennifer e levá-lo à festa! Fiquei aliviado de saber que ele estava novamente vivendo com o namorado. Muito gentilmente, Sophie Dahl ofereceu-se para apresentá-lo a seu depilador de pernas.

Chris Lawrence foi, exibindo um terno novo em folha, risca de giz, dos "Brothers". Ele ainda trabalhava na *Vanity Fair* mas estava quase no final de seus limites. "Descobri por que nunca fomos bem-sucedidos na Condé Nast", anunciou. "O truque era ser afável mas não abertamente impressionado com os chefões. Nosso problema é que não somos afáveis e estávamos impressionados demais."

Depois de todos terem chegado, subi numa cadeira e fiz um curto discurso anunciando que Caroline tinha aceitado meu pedido de casamento. *Hurra!* Também agradeci a todos por agüentarem minhas brincadeiras pueris nos últimos cinco anos.

Assim que desci da cadeira, Graydon me puxou imediatamente para um lado. Achei que ele ia me dar os parabéns pela notícia, mas estava enganado.

— Seu *babaca* ingrato — disse ele. — Você não me agradeceu. Para começo de conversa, se não fosse por mim, você não teria vindo para a porra desta cidade.

Eu não tinha certeza se ele estava brincando ou não — jamais sabia quando se tratava Graydon —, mas ele estava certo. Se eu não tivesse passado cinco anos perseguindo o Santo Graal em Manhattan, poderia não ter me encontrado jamais. Certamente não teria encontrado Caroline. Às vezes você tem que viajar meio mundo para descobrir que o que procura está em casa.

Eu devia ter agradecido a Graydon.

38

De volta ao Remetente

*O*ORGULHO FILIAL PODE ÀS VEZES PEGAR você de surpresa. Não o fato de você o sentir, mas a intensidade com que o sente, a *ferocidade*. Foi na noite de 30 de outubro de 1999, e meu pai de oitenta e quatro anos tinha vindo para ficar comigo em Nova York. Levei-o a uma festa dada por um famoso jovem escritor e lá estava ele, com seu paletó modesto já no fio, rodeado pelos *gliterati* de Manhattan. Certamente não havia escassez de moças bonitas.

A mulher com quem eu conversava, uma jornalista na casa dos trinta, pegou-me olhando para ele do outro lado da sala e sorriu solidária.

— Sei exatamente como é — disse ela.

— Como é o quê?

— Ter que tomar conta de seu pai. Eles podem ser um verdadeiro fardo nessa idade.

Senti um estremecimento de irritação. Que diabo ela estava dizendo? Ele não era um bebê de dois anos, fora do controle, arrastando-se pela sala. Não precisava que ninguém *tomasse conta* dele.

Então ela fez algo imperdoável. Rolou os olhos para o teto.

Fiquei tão furioso que não conseguia falar. Como ousa, pensei. *Como ousa, porra?* Fiquei tentado a sacudir na frente dela algumas coisas que esse "fardo" tinha realizado. Como diretor do Departamento de Pesquisa do Partido Trabalhista durante a Segunda Guerra Mundial e autor de seu manifesto em 1945, foi um dos arquitetos do consenso de pós-guerra da Grã-Bretanha. Fundou a Associação dos Consumidores, o National

Extension College e o College of Health. Escrevera mais uma dúzia de livros, dois deles tendo entrado na lista dos mais vendidos. Iniciou a revista *Which?* Ele havia desovado dúzias de organizações, enriquecendo a vida de dezenas de milhões de pessoas, do East End de Londres ao Chifre da África. Esse homem é um gigante, eu queria dizer, pairando acima dessa sala como um colosso. Ao lado dele, essas chamadas "locomotivas" não são *nada*.

Entretanto, quando minha raiva diminuiu, percebi que nenhuma dessas conquistas significaria muito para ela. Não eram especialmente "sexy". Ele não podia ser considerado um "VIP", não alguém *realmente* importante como um fotógrafo de moda ou um colunista de fofocas. Aos olhos dela, ele não era alguém digno de atenção, esse velho de cabelos brancos com seu paletó gasto. Ele só fizera mudar a vida das pessoas.

Eu soube então que tinha me desapaixonado pelos Estados Unidos. Fui para Nova York em busca das mercadorias habituais — sexo, fama e dinheiro — e pensei que faria de bom grado todo o necessário para consegui-las. De volta a Londres, contra o cenário da atmosfera literária na qual fui criado, perseguir essa concepção muito americana da boa vida tinha parecido moderno e vigoroso, um modo de sinalizar minha rejeição aos valores liberais de meus pais. Mas após cinco anos em Manhattan, o sistema de crenças que eu rejeitara começou a parecer cada vez mais atraente. Talvez uma sociedade vencedor-leva-tudo, na qual os únicos árbitros do bom gosto são celebridades, não seja tão maravilhosa, afinal de contas.

É claro que isso soa como se eu rejeitasse os Estados Unidos quando, em grande parte, era o contrário. Para mim, os Estados Unidos não tinham sido a terra da oportunidade; foram a terra dos telefonemas não respondidos. Teria sido irrealista da minha parte achar que eu poderia conquistar Manhattan? Talvez Frank Sinatra estivesse certo e apenas os melhores têm o talento e a garra para estar "no alto da pilha" na "cidade que nunca dorme." "New York, New York" é como um clarim chamando os jovens e ambiciosos gladiadores de toda parte, desafiando-os a competir no maior anfiteatro do mundo. *Você tem o que é preciso para se destacar na Roma dos tempos modernos?* Eu respondera àquele chamado e os Imperadores de Gotham haviam abaixado o polegar para mim.

Obviamente, prefiro pensar que não foi por me faltar o material certo. Talvez eu não fosse esperto o suficiente para conquistar Manhattan, mas minha burrice me fez cometer erros elementares do manual. Sinto-me como um atleta que nunca teve a chance de competir porque não conseguia amarrar o tênis. Honestamente não acho que Alex seja tão mais brilhante do que eu e, mesmo assim, após cinco anos em Los Angeles, o sacana tinha toda a Hollywood comendo em sua mão. Por quê? Porque tinha a habilidade essencial que me falta: é brilhante em estabelecer uma rede de contatos e conexões. Quando se trata da ciência das conversas amigáveis e persuasivas, sou um completo retardado.

Mesmo assim, talvez isso seja apenas vontade de tornar meu desejo realidade. Certamente é menos danoso para o ego pensar que o motivo de meu fracasso é porque eu não era suficientemente hábil nas lisonjas. Mas isso é de fato verdade? Quando penso nos cinco anos que passei em Nova York, não era tanto que me faltasse a habilidade de várias pessoas; era mais o fato de ter uma capacidade especial de antagonizar os ricos e famosos. Era como se houvesse duas pessoas coexistindo em minha mente: uma era um carreiristazinho determinado, pronto para exercer o puxa-saquismo que fosse preciso; a outra era um anarquista demente, atirador de bombas, cujo objetivo era devastar e arrasar o máximo possível. Não há como negar que eu fiz algumas coisas ESPETACULARMENTE IDIOTAS. Perguntar a Nathan Lane se ele era *gay*? Loucura. Dizer a Graydon que ele não tinha ido além da primeira sala em sua viagem a Londres? *Insano.* Provocar Harry e Tina numa completa guerra nuclear? *Piração absoluta e total.* Até certo ponto, esses episódios foram simplesmente o resultado de ignorância cega; de não saber, e não me importar em descobrir, o modo adequado de me comportar. Mas alguns dos atos mais destrutivos pareciam o resultado do lado anárquico do meu caráter causando dificuldades, fazendo sempre o que podia para que eu jamais realizasse as coisas que desejava fazer. Eu fui meu pior inimigo — e no momento em que deixei Nova York, havia um monte de gente competindo pelo título.

Contudo, fracassando em me tornar alguém, eu permanecia apenas um ninguém? Ou me mantivera fiel a mim mesmo? Não consigo evitar a sensação de que o terrorista dentro de mim era a parte inglesa sabotando a parte americana. Quanto mais tempo eu passava nos Estados Unidos, mais inglês eu me sentia. Como tantos outros, achei que mudando para Nova York eu poderia me reinventar; poderia me tornar um americano. Parecia inteiramente possível, também — por cerca de seis meses. Então minha britanicidade começou a se reafirmar. Era como se eu tivesse atravessado o Atlântico de avião e minha nacionalidade tivesse ido de barco. (Fico surpreso de que ela tenha passado pela Alfândega.) Descobri-me estranhamente irritado por coisinhas estúpidas, como o fato dos americanos dizerem "*in back*" em vez de "*in the back*", aparentemente baseando-se na idéia de que é mal-educado dizer algo que possa ser interpretado como uma referência ao ânus.

O desejo de não ofender, de levar os sentimentos de todos em consideração, expressa-se de maneiras menos benignas também. Consideremos a "etiqueta do elevador" com que um executivo de publicidade britânico se deparou ao vir trabalhar numa agência de Nova York. Era política da companhia que, se um homem estivesse sozinho no elevador e uma mulher entrasse, esperava-se dele que saísse, permitindo à mulher viajar sozinha. Muito melhor que ele sofresse uma inconveniência momentânea do que ela se sentisse "desconfortável". Sua incapacidade de dominar essa etiqueta era citada pelo patrão como evidência do problema de atitude geral do inglês quando ele foi despedido da agência depois de seis meses. Descobri que a sociedade de Nova York é muito mais dirigida por regras do que qualquer londrino toleraria. Comecei a perceber a verdade da famosa máxima de Horácio: *Coelum non animum mutant qui trans mare currant.* (Os que atravessam o mar mudam o céu acima deles, mas não suas almas.)

Por que os nova-iorquinos conseguem agüentar essas regulamentações menores? Onde está o amor à liberdade que supostamente arde tão fortemente no coração de cada americano? Fiquei especialmente chocado até que ponto os escritores de revistas de luxo haviam desistido de seu direito ao discurso livre em troca do acesso a celebridades. Graças ao comportamento estúpido de mulheres como Pat Kingsley, o poder de divulgadores para controlar o que é escrito sobre seus clientes é agora absoluto. Numa ocasião famosa, Kingsley rejeitou catorze escritores antes de se decidir por um que era suficientemente deferente para entrevistar Tom Cruise para a *Rolling Stone*. Em 1992, um grupo de editores de revista resolveu dar um basta e formou uma aliança antidivulgadores. A idéia era que se um número suficiente deles ficasse firme, os divulgadores não mais poderiam ditar os termos segundo os quais cada revista teria acesso às celebridades. Contudo, essa aliança desmoronou quase imediatamente, e Kingsley passou a se sentir mais segura que nunca. "A mídia é incapaz de sustentar qualquer código", concluiu ela.

Fiquei especialmente desapontado pela falta de espinha dorsal que os jornalistas de Nova York demonstram, considerando-se quão vivos e ingovernáveis costumavam ser. Cheguei à cidade com histórias do lendário mau comportamento de Ben Hecht, Herman J. Mankiewicz e Dorothy Parker na cabeça, esperando encontrar seus equivalentes atuais nos escritórios da *Vanity Fair*. (É ridículo, eu sei.) Imaginava uma comunidade bizarra e maluca onde ninguém tinha cerimônia e todos chegavam com uma frase espirituosa na ponta da língua. Mas aquela atitude que-se-lixem, aquele senso do engraçado, eu não consegui encontrar em parte alguma. Ao invés disso, fui confrontado por um regimento de carreiristas boçais e mesquinhos que jamais ficavam bêbados e estavam enfiados na segurança de suas próprias camas às 10:00 da noite. O jornalista médio de Nova York hoje está a anos-luz dos bêbados heróis dos Frenéticos Anos 20. Ele é um aterrorizado conformista, um subalterno emasculado. Em Londres, eu via contadores profissionais se comportarem com mais liberdade.

Após passar meu primeiro ano indo excessivamente a cada festa literária que podia, sempre buscando o elusivo grupo de escritores brilhantes e destemidos, percebi que o círculo que eu freqüentara em Londres estava muito mais próximo da Round Table do Algonquin do que qualquer grupo de jornalistas que eu teria probabilidade de encontrar em Manhattan. Apesar de todas as suas falhas, Julie Burchill tem muito em comum com as damas atrevidas e boas-de-copo da Era do Jazz. Sua mente é independente, iconoclasta e espirituosa, o que é mais do que pode ser dito da maioria dos jornalistas da Nova York de hoje. Nos cinco anos que passei nos Estados Unidos, não encontrei ninguém que fosse mais parecida com Dorothy Parker do que ela.

Seria simpático pensar que as falhas da atual geração dos jornalistas de Nova York são mais uma aberração temporária do que um exemplo daquela "apatia geral" que Tocqueville identificou como um perigo sempre presente nas sociedades democráticas. Segundo Richard Klein, um graduado professor de Francês em Cornell, os Estados Unidos estão simplesmente passando por um mau período:

> Estamos no meio de um desses momentos periódicos de repressão, quando a cultura, que se originou de Puritanos, impõe suas visões histéricas e reforça suas repressões culpadas na sociedade, distribuindo julgamentos morais sob o disfarce de saúde pública, ao mesmo tempo em que aumenta o poder de vigilância e o alcance da censura para conseguir uma restrição geral da liberdade.

Entretanto, embora haja indubitavelmente um elemento cíclico nessas mudanças culturais, parece mais provável que a erosão gradual da liberdade seja um processo irreversível, a conseqüência inevitável do triunfo da igualdade sobre a liberdade contra o qual Tocqueville advertiu em *Democracia na América*. O aglomerado de restrições menores a que os nova-iorquinos se submetem de bom grado a cada dia é um exemplo do que Tocqueville se referiu como um "despotismo suave". Por que eles as agüentam? Porque usufruem o apoio da maioria, tornando-as absolutamente irresistíveis numa sociedade tão completamente democrática. É uma forma de servidão voluntária, o meio pelo qual a maioria impõe sua vontade sobre o indivíduo.

Ao elogiar as sociedades aristocráticas, Tocqueville não favorecia o princípio hereditário contra a doutrina do governo da maioria. O que tinha em mente era a definição clássica de aristocracia: o governo do melhor. O motivo de ele achar a Inglaterra do século XVIII tão atraente era por ela ser uma sociedade em que o *status* era largamente baseado mais no tipo de homem que você era do que em quanta riqueza você acumulava. Claro que era patentemente injusto que o grupo do qual os melhores homens eram retirados fosse restrito aos de nascimento nobre, mas Tocqueville achava ser possível preservar a hierarquia de tipos humanos ao mesmo tempo em que se elimina o princípio hereditário. Era sua férvida esperança que a democracia pudesse ser combinada com a aristocacia para produzir uma sociedade baseada no princípio da igualdade, mas na qual todos os homens ainda aspirem ser da mais alta qualidade. Segundo sua concepção, esse era o tipo de sociedade que os *Founding Fathers** esperavam estar criando na América.

No Capítulo Três, falei sobre a animação que senti na aula de Stanley Cavell sobre a descoberta do que achava serem os aristocratas naturais de John Adams nas comédias clássicas dos anos 1930 e 1940. No livro que Cavell escreveu para acompanhar suas aulas, *Pursuits of happiness — The Hollywood Comedy Of Remarriage*, ele fala sobre o vínculo entre os cidadãos ideais de Tocqueville e os personagens daqueles filmes. Tocqueville prezava tanto a liberdade porque a considerava essencial para que os cidadãos de uma democracia transcendessem a frenética busca de ganhos materiais e se tornassem seres humanos completos. Num debate sobre *Núpcias de escândalo*, Cavell escreve:

> Temendo grandemente a tendência na democracia para um despotismo da maioria, uma tirania sobre a mente... [Tocqueville] considerava a capacidade aristocrática para a independência de pensamento e conduta, talvez uma capacidade para a excentricidade, como uma virtude preciosa, uma virtude aristocrática pela qual o sucesso das virtudes democráticas tem que ser avaliado, para determinar se em sua busca pela igualdade individual a democracia abandonará a tarefa de criar o genuíno indivíduo.

Segundo esse teste, a atual geração de jornalistas de Nova York — os equivalentes contemporâneos dos personagens representados por Clark

---

*Os que escreveram a Constituição dos Estados Unidos (1787). (*N. da T.*)

Gable, James Stewart e Cary Grant — não parecem se sair muito bem. Repetidamente durante os cinco anos que passei em Manhattan, tive a sensação de encontrar pessoas que não eram muito humanas. Isso se tornou aparente de inúmeras maneiras. Uma das mais surpreendentes foi a esmagadora similaridade de todo mundo que eu conheci, como se tivessem saído de uma linha de montagem; faltava a elas aquela centelha divina que torna todos os seres humanos indivíduos singulares. Parece medonho dizer isso, mas era como se não tivessem alma.

A seguir, houve a dificuldade que tive em fazer amigos adequados. (Não é de espantar, você pensará, após ler o parágrafo anterior.) Eu tinha dúzias de conhecidos em Nova York, gente que eu gostava de freqüentar, mas no final do meu período lá eu tinha feito apenas dois amigos verdadeiros. Descobri ser fácil formar laços superficiais com jornalistas em Manhattan, mas quase impossível estabelecer relações duradouras de amizade — parcialmente porque tão poucos deles estavam querendo se embebedar comigo. Percebi isso quando perdi o emprego na *Vanity Fair* e aqueles a quem eu considerava meus companheiros subitamente se afastaram. Na verdade, sempre que eu avistava um antigo colega numa festa e me dirigia a ele, uma expressão de pânico tomava seu rosto: *AmeuDeus! Como vou escapar?* No mundo da mídia de Nova York, assim que se espalha que você foi despedido, ninguém mais quer se relacionar com você. Exatamente como no Vietnã os soldados da infantaria ficavam longe daqueles que consideravam não ter sorte, na Condé Nast ninguém que ser associado a um perdedor.

Talvez a indicação mais patente de que as pessoas que eu encontrei não eram completamente desenvolvidas era sua falta de interesse pelo amor romântico. Obviamente havia exceções, mas eu ficava perplexo pelo pouco significado que davam a Eros, especialmente quando se tratava de escolher um marido ou uma mulher. O casamento era um negócio inteiramente prático, uma aliança a ser feita por motivos mais de ganho material que espiritual. A parceria ideal não era a mescla de duas almas na eternidade e sim um arranjo mutuamente benéfico que pudesse ser dissolvido assim que deixasse de ser útil. Esse rebaixamento do amor romântico era o custo mais elevado que eles pagavam por sacrificar sua liberdade ao ganho profissional.

É claro que mesmo enquanto eu fazia as malas, uma parte de mim ainda ansiava pelos ricos ornamentos de uma carreira bem-sucedida em Nova York. Eu estaria mentindo se dissesse que fiquei completamente desiludido com o mundo de extensas limusines e restaurantes poderosos. Num certo nível, ainda sonho em me tornar um nome em negrito em Nova York e dormir com supermodelos. Mas em outro mais profundo, sei que esses objetivos não me trariam felicidade duradoura. Isso era o mais pungente em relação a Harry e Tina, a coisa que vários de seus amigos registravam. Apesar das brilhantes carreiras dos dois, nem um nem outro parecia feliz. Pelo contrário, pareciam ansiosos e inseguros, aterrorizados com a idéia de que tudo que haviam construído estivesse prestes a desmoronar. Segundo Ben Hecht: "Há um nervosismo que acompanha a fama em Nova York. A celebridade é assombrada pelo temor de despertar de manhã e, como um Byron ao inverso, descobrir-se desconhecido."

Depois que terminei o primeiro esboço deste livro, em junho de 2001, mandei uma cópia para meu pai e alguns dias depois jantamos juntos em sua casa. Eu estava lá para receber seu veredicto.

Ele foi simpático com o livro — "muito engraçado" — mas não especialmente entusiástico. "Por que não escrever um livro mais sério?", perguntou. Ele me lembrou da diferença feita por T.S. Eliot entre dois tipos de realizações, aquelas pelas quais somos aclamados em vida e aquelas que atravessam as épocas. Já não era tempo que eu parasse de perseguir as ostentações baratas do sucesso mundano e buscasse algo mais substancial? Ele estava certo, claro. Segundo o escritor Nicholas Lemann, *The Rise of the Meritocracy* fizera de meu pai "um pequeno imortal". Esqueçam os deuses de Hollywood pelos quais eu era tão impressionado na primeira festa do Oscar da *Vanity Fair*. O tipo de imortalidade conquistada por meu pai é a que realmente vale perseguir.

Mesmo assim, não posso honestamente dizer que lamento o tempo que passei cultuando falsos ídolos. Algumas pessoas têm sorte suficiente para esbarrar com o caminho certo imediatamente; a maioria de nós só descobre esse caminho palmilhando primeiro o errado.

Epílogo

*N*O FINAL DE MAIO DE 2000, soube por Peter Stone, meu amigo jornalista de L.A., que Alex havia sido chutado por ———. Não era de surpreender que ele não tivesse me ligado para contar isso. Entretanto, deixei um recado em sua secretária perguntando-lhe se era verdade, e uns dois dias depois ele me ligou.

Alex: Ela não me *chutou*, companheiro. Não foi nada desse tipo. Acho que nós dois sabíamos que não estava funcionando. Ela é totalmente pirada. É alguém que foi adorada, lisonjeada e mimada desde a idade de dezoito anos, e por quê? *Devido a um acidente da biologia.* Isto é, desde que tinha dezoito anos lhe dizem como é fantástica, como é maravilhosa, quando basicamente tudo que ela precisava fazer era *andar por uma passarela de madeira*, sabe? E isso pira a pessoa. Estou contente que tenha terminado agora, antes que a gente tivesse um filho ou coisa assim. Então seria realmente complicado, entende o que quero dizer?

Eu: Ora, Alex. Você estava dormindo com ——— e agora ela se foi. Isso tem que doer.

Alex: Olha, eu não estou fingindo que não estou perturbado com a coisa — estou, estou perturbado, *certo*? — mas nunca fui tão impressionado com aquele mundo como você. Quer dizer, ele não é de fato tão maravilhoso, sabe? Eu estava lá quando Tommy Hilfiger disse: "Vamos tomar o avião particular e passar uma semanas nas Ilhas Maurício." Eu estava lá quando Bono disse: "Venha a Dublin para festejar o aniversário de Salman." Olha, companheiro, eu estava na exibição de um filme em que as únicas outras pessoas eram Sean Penn e Brad Pitt. Mas sabe de uma coisa? A realidade é muito decepcionante. Sean Penn é só esse bêbado desagradável e brigão tentando foder tantas mulheres diferentes quanto puder. Brad Pitt é um garoto doce, mas depois de se conversar com ele por meia hora percebe-se que ele é apenas isso — um garoto doce.

Eu [Reverente]: Isso é o que eu invejo em você, Alex. Quando você critica aquele mundo tem total credibilidade. Esteve lá e fez aquelas coisas. Mas quando eu o critico, simplesmente parece que as uvas estão verdes. Tommy Hilfiger e Bono não me deixariam entrar nem pela porta de serviço. Quando me vissem subindo o caminho de carros, soltariam os Dobermans.

Alex: Sei que você romantiza aquele mundo mas, acredite, é apenas uma coisa oca. Sim, durante algum tempo se fica eletrizado, mas no final você perde o interesse. Eu estava saindo com uma das mulheres mais bonitas do mundo, e sabe o que mais? Depois de algum tempo isso não significa muito.

Eu: Eu não romantizo aquele mundo — pelo menos não mais. Mas gostaria de ter sido parte dele para que eu pudesse condená-lo de modo mais convincente. Tenho inveja de sua *autoridade*. Mesmo como um cínico desiludido, você é mais bem-sucedido que eu. É muito injusto.

Alex: Você tem que parar de olhar para aquele mundo tão competitivamente. A coisa não é só uma questão de vencer, companheiro.

Eu: Ouça, Alex, você tem que escrever sobre isso. Esqueça os tratadores *gays* de cachorros galês. Escreva um roteiro sobre um cara comum do Norte de Londres que vai para Hollywood e acaba dormindo com —. No início ele está totalmente seduzido por ela e pelo mundo em que ela se move, mas posteriormente leva um fora e se torna o Sr. Zangado, e vocifera sobre como ela e os amigos dela são superficiais. O personagem Alex pode mesmo acabar assediando-a e...

Alex [Exasperado]: Olha, companheiro, ela não *me deu o fora*. Tire isso de sua cabeça. Se você quer mesmo saber, eu rompi com ela.

Eu: Você rompeu com ela? Meu Deus, Alex, eu sacrificaria literalmente meu testículo esquerdo para poder dizer isso. "Claro, eu conheço ———. Namoramos por alguns meses. Mas sabe o que mais? Depois de algum tempo essa coisa de beleza fica um pouco cansativa. Então eu rompi com ela."

Alex [Rindo]: Bem, foi basicamente isso que aconteceu.

A última vez que falei com Alex, ele estava escrevendo um roteiro para Jim Carrey.

Agradecimentos

*E*U ESTAVA PENSANDO EM COMEÇAR os Agradecimentos com um daqueles comunicados pós-modernos que coloca em questão toda a noção da verdade objetiva, mas quase tudo que ocorre neste livro aconteceu exatamente do modo como descrevi. Eu digo "quase tudo" porque ocasionalmente dei às coisas uma leve torcida humorística, mas o leitor ficaria surpreso com há pouco exagero ou enfeite no livro. Quando folheio estas páginas e leio todas as coisas humilhantes que me aconteceram, gostaria de *ter* inventado a maioria delas. Infelizmente, é um relato bastante acurado do que ocorreu.

Sempre que possível usei os nomes verdadeiros das pessoas, mas por motivos legais tive ocasionalmente que mudá-los ou deixá-los em branco. Tentei o máximo possível ser fiel em todos os detalhes factuais do livro, e gostaria de agradecer a ajuda de Consuelo Moorsom em relação a isso. Contudo, inevitavelmente haverá inúmeros equívocos. Se o leitor deparar-se com algum e se puder enviar-me um *e-mail* a respeito para howtolose@hotmail.com, eu agradeço. Alternativamente, o leitor pode apenas me dizer o que achou do livro. Se quiser saber o que outros acharam, pode ler algumas resenhas em www.tobyyoung.com.

Há uma longa lista de pessoas a quem gostaria de agradecer, mas infelizmente se eu as citasse elas perderiam o emprego. Pessoas que trabalham nas revistas de luxo de Nova York o fazem numa atmosfera de paranóia total. Na realidade, um funcionário de *Talk*, a extinta revista de Tina Brown, certa vez comparou seu trabalho a "trabalhar para a Casa Branca de Nixon." Liberdade de discurso pode ser garantida pela Constituição, mas pobre do jornalista de revista de luxo que tente exercer esse direito falando do patrão. (Um nome melhor para *Talk* seria *Omertà*.) Apesar disso tive muitas Gargantas Profundas e, embora não possa citá-las, gostaria de aproveitar a oportunidade para agradecer a tais pessoas. Elas sabem quem são.

Os que posso citar incluem minha agente Emma Parry, meu editor John Radziewicz na Da Capo Press, e meu advogado Martin Soames. Várias pessoas leram o livro no decorrer de sua evolução, e melhoraram-no crucialmente com suas sugestões, inclusive meu falecido pai Michael Young, Sean Macaulay, Cosmo Landesman, Chris Lawrence, Melik Kaylan, Christopher Caldwell e Cromwell Coulson. É desnecessário dizer que todos os erros, inclusive usar a expressão "é desnecessário dizer" com uma freqüência excessiva, são meus.

Finalmente, gostaria de agradecer a Graydon Carter. O retrato que pintei dele nestas páginas não é especialmente lisonjeiro, mas espero que a afeição que sinto por ele transpareça. Sem Graydon, este livro jamais teria sido escrito.

Índice

A gaiola das loucas (filme), 171
Aconteceu naquela noite (filme), 45
Adams, John, 46, 48, 259
AIDS, 40, 65, 103, 253
Al Fayed, Mohamed, 119
Albarn, Damon, 208
Allen, Keith, 205, 206, 208
Allure, 71
American Mercury (Mencken), 156
Amis, Martin, 169-70, 307
Andersen, Kurt, 50, 56, 156, 264
Anderson, Pamela, 181
Arcebispo de Canterbury, 51
Around the world in New York (Bercovici), 158
Associação Psiquiátrica Americana, 284
Auden, W.H., 139
Auletta, Ken, 142
Austen, Jane, 139-40

Baldwin, Alec, 223
Barber, Lynn, 119, 168-69
Barkin, Ellen, 140
Beaton, Cecil, 161
Bell, Aimée, 57-59, 76, 90-94, 110, 112, 123, 148, 152, 167, 183, 199-206, 218, 221, 343

Bellow, Saul, 156
Benchley, Robert, 26, 249
Bercovici, Konrad, 158
Berman, Lisa, 199
Blair, Tony, 204
Bleckner, Ross, 92
Bloom, Allan, 40, 44
Bloomingdale, Betsy, 179
Blow, Isabella, 209
Bondy, Caroline, 269-74, 289, 291, 319-26, 328-43
Bondy, Nati, 269
Bono, 355-26
Boone, Mary, 92
Bowery Bar, 113-14, 123, 125-27
Bowery, Leigh, 62-66
Brantley, Darryl, 188, 227
Brasenose College, 41, 308
Brenner, Marie, 120
Bring Home the Revolution: The Case for a British Republic (Freedland), 262
British Press Awards, 169
Broccoli, Barbara, 226
Bronfman, Edgar, Jr., 181
Brosnan, Pierce, 130
Brown, Dana, 25, 51, 53-54

Brown, Tina, 26-27, 54, 117, 142, 277-79, 285, 297, 347
    e "matérias lisonjeiras", 92
    e Heilpern, 280
    e Newhouse, 163, 229, 279
    raízes britânicas de, 163-64
    sensibilidade de, à crítica, 282-841
Brown, James, 210-11
Bülow, Claus von, 129
Buffett, Warren, 264
Burchill, Julie, 27-30, 32-33, 349
Burns, Walter, 47-50
Bush, George, 261
Bushnell, Candace, 124, 129, 141, 144-45, 236, 292-94, 343
Cage, Nicolas, 191
Callaghan, James, 143
Cambridge, Universidade de, 80
Campbell, Martin, 130
Canfield, Lewis, 133-34
Capra, Frank, 45
Carleton, Universidade de, 155
Carlyle Hotel, 137
Carrey, Jim, 189-92, 300, 356
Carter, Bronwen, 108
Carter, Graydon, 25-27, 29, 33-34, 49-60, 89-90, 131, 148-56, 225, 243, 256, 343-47
    discurso das "sete salas", 56, 59
    e a doença de Young, 218
    e a festa do Oscar da *Vanity Fair*, 177-79, 180-83, 187, 192, 195, 197-98
    e Amis, 170
    e Barber, 168-69
    e Evans, 286
    e *GQ*, 151
    e Haden-Guest, 162-63
    e Lane, 171, 172
    e matérias de humor, 89-90, 167-68
    e Newhouse, 279
    e o "incidente com a *stripper*", 111-12, 160
    e o artigo sobre Al Fayed, 119
    e o número "Cool Britannia", 201, 203, 221-22
    e Saltzman, 102-04
    e *Spy*, 92, 154, 156-58, 167-68, 279
    e *The New Yorker*, 279
    estilo gerencial de, 59
    filhos de, 108, 162
    indicado editor de *Vanity Fair*, 73
    personalidade de, 49-58, 151-55
    restrições de, sobre a publicação de certas palavras, 90-91
    salário de, 73
    Young é despedido por, 221-23, 249-50
Carter, Max, 162
Cavell, Stanley, 44-45, 351
Channon, Olivia, 278
Cheltenham Ladies College, 270
Child of the century, A (Hecht), 47, 120, 313
Cícero, 121
Clinton, Bill, 282
Cockburn, Leslie, 183
Cocker, Jarvis, 208
Cohen, Claudia, 140
Cohen, Katherine, 261
Cohn, Harry, 48
Colette, 26
Consulado Britânico, 162
Cooper, Art, 74
Coração Valente (filme), 194
Cornell, Universidade de, 350
Coulson, Cromwell, 340

Crônica de uma morte anunciada, (Márquez), 281
Crowninshield, Frank, 249
Cruise, Tom, 114, 314, 349
Cumming, Alan, 165
Curtis, Jamie Lee, 64

Dahl, Sophie, 289, 327, 340, 343
Daily Express, The, 142
Daily Mail, The, 35
Damon, Matt, 175
Dance to the Music of Time, A (Powell), 151
Davis, Barbara, 179
declínio da cultura ocidental, O (Bloom), 40
Deeson, Martin, 210
DeGeneres, Ellen, 181
Demarais, Ann, 238-41
Democracia na América (De Tocqueville), 42-44, 230, 350
Dempster, Nigel, 281
Despedida em Las Vegas (filme), 191
Details, 173
Diller, Barry, 142, 181
Dillon, Matt, 131
Disney, Anthea, 164
Dominguez, Wade, 90, 116
Doonan, Simon, 165
Dunne, Dominick, 222

Eisner, Michael, 285
Eliot, T.S., 26, 353
Elle, 165
Ellis, Bernice, 54
Ellis, Bret Easton, 124
Ellis, William, 270, 329
Esquire, 30

Evans, Harold, 142, 164, 277-87, 297, 346
Evening Standard, The, 33, 111, 183, 188, 192, 197-98, 243, 247, 250, 286
Everett, Rupert, 160

Fallow, Peter, 65
Farquhar, George, 45
Fearnley-Whittingstall, Hugh, 308
Feirstein, Bruce, 226
Felker, Clay, 142
Fielding, Helen, 138
Fiennes, Ralph, 133-35
Florio, Steve, 71, 281
Fogueira das vaidades, A (Wolfe), 161
Forbes, 71
Forstmann Little & Co., 255
Fort Lauderdale Sun-Sentinel, The, 125
Foster, Jodie, 114
Fraser, Honor, 237-38
Freedland, Jonathan, 262
Freelantzovitz, Josh, 76
Freud, Sigmund, 273-75, 309, 337
Fulbright, bolsa, 39-40
Furstenberg, Diane von, 142, 181

Gable, Clark, 45-49
Gallin, Sandy, 181
Gallipoli (filme), 195
Gear, 297, 301
Geffen, David, 181
Gibson, Mel, 194-95
Gill, Brendan, 47, 234
Gillies, John, 180
Giuliani, Rudolph, 199
Glamour, 71, 173
Goddard, Theodore, 277, 281, 285, 286
Goldberg, Bill, 301

Goldman Sachs, 267
Goodney, Fielding, 170
Google, 289
GQ (revista), 30, 51, 74, 76, 151, 173
Grant, Hugh, 93, 132, 159
Greig, Geordie, 306
Grubman, Lizzie, 121
Guccione, Bob, Jr., 297-302
Guest, Christopher, 64
Guinness, Jasmine, 237

Haden-Guest, Anthony, 64-67, 114, 155, 162, 245, 315, 343
Hanks, Tom, 179
Harper's Bazaar, 165
HarperCollins Publishers, 308
Harrington, Ann, 222
Harris, David, 200
Harrison, Elizabeth, 116
Harrods, 119-20
Hartley, Aidan, 29
Harvard, Universidade de, 39-41, 44-46, 49, 79, 96
Harvey, Tamara, 133-35
Heche, Anne, 181
Hecht, Ben, 27, 47-48, 120, 132, 313, 349, 353
Hefner, Hugh, 328
Heilemann, John, 308
Heilpern, John, 280-81
Henchard, Michael, 319
Herrera, Carolina, 263
Herrera, Patricia, 263
Hilfiger, Tommy, 355-56
Hirst, Damien, 204-07, 208, 210
Hitchens, Christopher, 64, 224
Hodgman, George, 58, 199
Hoover, J. Edgard, 125

Hornby, Nick, 28
House & Garden, 74
Hurley, Elizabeth, 30, 93, 181

Imigração e Naturalização, Serviço de, 163

Jagger, Mick, 145
Jah, Jeffrey, 114
James, Alex, 205, 206, 208
Jefferson, Thomas, 46
Johnson, Boris, 308
Johnson, Frank, 277, 308
Johnson, Nadine, 123, 144, 343
Johnson, Richard, 124-25, 144, 343
Johnson, Syrie, 34, 38, 79-87, 95, 99
Jong, Erica, 246
Jong-Fast, Molly, 246-47

Kael, Pauline, 28, 46
Kahan, Hazel, 290-94
Kamp, David, 76, 203
Katzenberg, Jeffrey, 181
Kaufman, George S., 256
Kerr, Walter, 47
Kerrigan, Nancy, 179
Keynes, John Maynard, 200
Kidd, Jodie, 237
Kingsley, Pat, 114, 118, 168, 171, 349
Klein, Calvin, 129, 148-49
Klein, Joe, 282
Klein, Richard, 350
Kohlmayer, Zoe, 137-38, 142
Kravis, Henry, 255
Kseniak, Beth, 187
Kübler-Ross, Elizabeth, 307

LaChapelle, David, 210-11
Landesman, Cosmo, 27, 30-31
Lane, Nathan, 171-72, 347
Laranja Mecânica, A (filme), 210
Larose, Lawrence, 232-33
Larsen, Helmut, 60
Larsen, Margit, 60
Lawrence, Chris, 58-61, 70-73, 100-02, 106-11, 130, 175, 225-26, 241,, 256, 271, 334, 343
Lawrence, D.H., 26
Lawson, Wayne, 57
Le Carré, John, 283
Leavis, F.R., 28
Lebowitz, Fran, 181
Lee, Tom, 255
Leibovitz, Annie, 168
Lemann, Nicholas, 258, 353
Lennon, John, 208
Leno, Jay, 150
Levine, Gregg, 242
Lewinsky, Monica, 179
Liberman, Alexander, 71
Long, Rob, 30
Luce, Clare Boothe, 226

Maddox, Bruno, 247
Madonna, 188, 312
Mail on Sunday, The, 290
Mailer, Norman, 54
Mankiewicz, Herman J., 26, 48, 249, 349
Marks, Sara, 180, 188
Márquez, Gabriel García, 281
Marx, Karl, 262
Marxismo, 41, 262
Masters, Kim, 185
Mastrianni, Gregory, 199
Maxwell, Robert, 28, 29

McAllister, Ward, 114
McBeal, Ally, 138
McCarthy, era, 40
McElhone, Natascha, 273
McInerney, Jay, 124
McNally, Brian, 162
McNally, Keith, 233-34
Mencken, H.L., 156
Mentes Perigosas (filme), 90
Metropolitan, Museum, 129
Millay, Edna St. Vincent, 234
Modern Review, The, 27-30, 31-33, 45, 52, 60, 81, 116, 308
Money, 170
Moore, Demi, 114
Moore, G.E., 200
Moorsom, Christopher, 160
Moorsom, Raisley, 165
Morris, Dick, 285
Ms (revista), 27
Muggeridge, Malcolm, 151
Murdoch, Rupert, 179, 283
Murphy, Morgan, 154
Musto, Michael, 132

Na cama com Madonna (documentário), 188
Nascido em 4 de julho (filme), 314
Nation, The, 27
National Enquirer, The, 181
National Magazine Award, 279
Newhouse, 26, 34, 58, 71, 73, 102, 112, 285
    e Graydon, 156, 279
    e o *Zeitgeist*, 228
    pai de, 173
    preferências de contratação, 163-64
New Republic, The, 263

New York (revista), 118, 121, 150, 155
New York Daily News, The, 281, 282
New Yorker, The, 26, 47, 51, 60, 117, 278-79
New York Observer, The, 124, 144, 169, 280
New York Post, The, 123, 180, 249
New York Press, The, 326, 339
New York Times, 47, 114, 243-45, 264
Nichols, Mike, 142
Nolte, Nick, 168
Nobrow: The culture of marketing — the marketing of culture (Seabrook), 117
Norton, Edward, 175
Norwood, Mandy, 164

O'Shaughnessy, Elise, 58
Onassis, Jacqueline, 137
Orth, Maureen, 120
Oscars. *Ver* Prêmios da Academia
Ovitz, Mike, 279
Oxford, Universidade de, 41, 278, 308

Pacino, Al, 114
Paglia, Camille, 30
Palmer, Iris, 237
Palmer-Tomkinson, Tara, 178
Paltrow, Gwyneth, 179
Paralisia de Bell, 217-18
Parker, Dorothy, 25
Patricinhas de Beverly Hills, As (filme), 144
Penn, Sean, 355
Penthouse, 297
People (revista), 119
Perelman, Ronald, 140, 181
Peretz, Evgenia, 263
Peretz, Marty, 263

Philippe, Louis, 44
Pitt, Brad, 186, 355
Platão, 263
PMK (companhia), 145
Porter, Ed, 29
Porter, Henry, 204
Powell, Anthony, 151
Pratt, Sam, 37
Prêmios da Academia [Oscars], 131, 177-84, 192, 195-98
Primary Colors (Klein), 282
Primeira Emenda, 282
Primeiras Impressões, 238-40, 242
Pritchett, V.S., 230
Private Eye, 49
Pursuits of happiness (Cavell), 351

Raines, Howell, 243-44
Random House, 277, 281-82, 285
Ravelstein (Bellow), 156
Raven, Charlotte, 27, 32, 33
Reagan, Nancy, 179
Redstone, Sumner, 179
Reeves, Keanu, 52
Rellie, Euan, 316-17, 343
Reportagem de *60 minutos*, 147
Rifkin, Arnold, 252
Rise of the Meritocracy, 259, 266, 353
Roberts, Julia, 311
Rodman, Dennis, 226
Rolling Stone, 349
Ross, Diana, 194, 197
Roth, David Lee, 127
Rourke, Mickey, 125
Rubell, Steve, 56

Saltzman, Elizabeth, 58, 72-73, 102-08, 148-49, 222, 233

Sarkin, Jane, 90
Sastre, Ines, 237
Saunders, Jennifer, 139
Sawyer, Diane, 142
Schrager, Ian, 198, 213
Schwarzenegger, Arnold, 114
Seabrook, John, 117
Self (revista), 71
60 Minutos (noticiário), 147
Shakespeare, William, 45
Shatner, William, 184, 190
Shawcross, William, 283
Sheehy, Gail, 142
Sherwood, Robert E., 249
Shone, Tom, 81
Shriftman, Lara, 118
Siegal, Peggy, 115, 121
Silva, Alex de, 95-97, 184-92, 251-55, 266, 303-13, 327, 355-56
Silverstone, Alicia, 144
Singer, Isaac Bashevis, 280
Smith, Krista, 117
Smith, Liz, 141
Soderbergh, Steven, 179
Spectator, The, 35, 151, 277, 281-82, 284, 286-87, 308
Spin, 297
Spy, 49, 56, 65, 92, 154, 156-57, 162, 247, 264
Stallone, Sylvester, 216
Star, The, 178
Stengel, Richard, 162
Stone, Peter, 303-04, 355
Stone, Sharon, 114, 144
Strange Days (filme), 132
Streisand, Barbra, 175
Stumpf, Douglas, 58

Sun, The, 121
Sykes, Lucy, 234-36

Talk, 175
Tang, David, 223
Tarantino, Quentin, 117
Tatler, 26, 89, 326, 339
Theodoracopulos, Taki, 326
Thernstrom, Stephan, 41
Thomas, D.M., 30
Thompson, Hunter S., 124
Time, 50, 56
Tocqueville, Alexis de, 42-44, 49, 230, 258, 351
Trelford, Donald, 169
Trinity College, 79, 81, 96
Trudeau, Margaret, 56
Trudeau, Pierre, 155
Truman, James, 164
Trump, Donald, 130, 149, 156
Tyrnauer, Matt, 57, 90-94, 123, 148, 183, 204, 343

Urban, Binky, 142

Vidal, Gore, 309
Village Voice, The, 132, 174, 242
Vogue, 51, 55, 69, 71-75, 161, 165
Vreeland, Diana, 75

Wall Street Journal, The, 116
Walter, Basil, 178
Ward, Bumble, 117
Washington Post, The, 264
Waugh, Evelyn, 25
Wayne, George, 125-28, 149
Weinberger, Casper, 143
Weistein, Harvey, 179, 252

Weitz, Chris, 28
Wharton, Edith, 141
White, Marco Pierre, 204
Wigand, Jeffrey, 120
Wilde, Oscar, 283
Williams, Robin, 171
Wilson, Edmund, 26
Wintour, Anna, 51, 55, 70, 74-75, 149, 164
Wintour, Charles, 74

Wolcott, James, 224
Wolfe, Tom, 64, 161, 260
Wood, James, 28
Wollcott, Alexander, 132

Young, Michael, 258, 353

Zarem, Bobby, 115
Zimmerman, David, 262

Este livro foi composto na tipologia Minion em
corpo 10,5/14,5 e impresso em papel
off-white 80g/m² no Sistema Cameron
da Divisão Gráfica da Distribuidora Record.

Seja um Leitor Preferencial Record
e receba informações sobre nossos lançamentos.
Escreva para
RP Record
Caixa Postal 23.052
Rio de Janeiro, RJ – CEP 20922-970
dando seu nome e endereço
e tenha acesso a nossas ofertas especiais.

Válido somente no Brasil.

Ou visite a nossa *home page*:
http://www.record.com.br